Praise for *Feathers* ∟

"*Feathers Brush My Heart 2* weaves together the wonder and magic of making contact with loved ones on the other side. Sinclair Browning has once again brought to life the remarkable experience and inexplicable phenomenon of afterlife connection. Her book is filled with abundant joy running through each poignant story and is a testimony to the power of everlasting love. *Feathers 2* is a healing elixir for the heart and soul."

> **Dr. Jane Greer**, nationally renowned relationship expert, marriage and family therapist, and author of *The Afterlife Connection*

"These beautiful stories about the creative and unexpected ways our loved ones reach out to us from the other side just might open you to receiving communications of your own."

> **Annie Kagan**, author of *The Afterlife of Billy Fingers: How My Bad-Boy Brother Proved To Me There's Life After Death*

"Sinclair Browning has done nothing short of advancing the cause of humanity. For once we are free of our fear of death, we will be free of our fear of everything—and imagine what we will do then! This generous, thoughtful and down-to-earth volume moves us ever closer to that time."

> **Steven Morrison, M.A.**, author of *An Extra Year: Grief and Loss in the New Age* and creator, Spiritual Workout

"As a critical care nurse, I've seen evidence of afterlife gifts time and again. My late mother, who was also a nurse, gave me the most amazing gift in getting families to their loved ones in time to say goodbye. These stories are wonderful affirmations that even after death, our spirits go on."

Lisa Slayton

"*Feathers Brush My Heart 2* is full of amazing personal stories of how love can connect us, and that our lives are so much more than we could ever imagine."

Sarah Willis, author of *The Sound of Us*

Praise for *Feathers Brush My Heart*

"The sacred mother-daughter bond goes beyond this life and is eternal. Read the wonderful stories of *Feathers Brush My Heart* and your faith in love will grow. I have been inspired by the truth and power of this book!"

Judith Orloff, M.D., author of *Second Sight* and *Intuitive Healing*

"*Feathers Brush My Heart* is a comforting book for women in times of loss. . . . And while the details vary, the core message remains consistent: those who love us are never truly gone, and contact is always available if you remain open to the possibilities."

Jill Lightner, reviewer

DE GUTENBERG
À BILL GATES

Terre d'inventeurs II

ALAIN FREREJEAN
CHARLES-ARMAND KLEIN

DE GUTENBERG À BILL GATES

Terre d'inventeurs II

TALLANDIER

Ouvrages d'Alain Frerejean

Les Maîtres de forges, saga d'une dynastie lyonnaise (en collaboration avec Emmanuel Haymann), Albin Michel, 1996
(épuisé).

Napoléon IV, un destin brisé, Albin Michel, 1997.

André Citroën-Louis Renault, un duel sans merci, Albin Michel,
1998 (épuisé).

Terre d'inventeurs, Tallandier, 2000.

Ouvrages de Charles-Armand Klein

La Terre dans les veines, Fayard, 1978.

Chambord, écrin des folies du maréchal de Saxe, Le Cercle
d'Or, 1981.

Le Paysan dépaysé, C.L.D., 1983.

Les Discrets Châteaux de Sologne, Le Clairmirouère du Temps,
1985.

Denis Papin, illustre savant blésois, C.L.D., 1987.

Robert-Houdin, prestigieux magicien de Blois, C.L.D., 1988.

Maréchal Maunoury, le soldat exemplaire, Froberville, 1990.

La Vie multiple d'Alphonse Karr, Froberville, 1990.

Alphonse Karr, prince de l'esprit, Le Cherche Midi éditeur, 1994.

Les Pensées des boulevardiers, Le Cherche Midi éditeur, 1994.

Le Grand Fragonard, Équinoxe, 1996.

Grandes heures des châteaux du Var, Équinoxe, 1998.

© Éditions Tallandier, 2001.
74, avenue du Maine, 75014 Paris
www.tallandier.fr
ISBN : 2-235-02304-5

PRÉAMBULE

La communication est au cœur de toute activité humaine. Communiquer suppose à la fois un langage et un médium. Un code et un moyen d'échange. Ces deux aspects sont intimement liés pour tous les pionniers de la communication dont nous entreprenons ici de faire le portrait. Aventures étonnantes que celles de ces hommes mus par une incroyable curiosité, une fantaisie génialement créative, pour donner leur griffe à l'histoire de l'humanité. Un miroitier pour reliques religieuses révolutionne le livre ; un médecin a l'idée de créer le premier journal et invente les petites annonces ; un peintre et un poète nous donnent le télégraphe et le phono ; Edison, l'homme aux 1 130 brevets d'invention, débute comme vendeur ambulant... de cacahuètes ! Les inventions sont le fruit de recherches passionnées ou de hasards heureux, leur histoire est parfois drôle, souvent insolite, toujours liée au rêve ou au conte de fées, que l'on songe à la saga de Bill Gates devenu en quelques années l'homme le plus riche du monde !

On pourrait se demander pourquoi ont-ils inventé l'imprimerie ou la gazette, le télégraphe ou le micro-ordinateur. Pour faire circuler un discours particulier, idéologique ou religieux ? Par unique plaisir de diffuser des nouvelles ou de rendre accessible la culture au plus grand nombre ? Par ambition personnelle et, peut-être, dans le but de gagner de l'argent, ou de l'autorité, et de se faire un nom ? Les motifs qui poussèrent ces inventeurs de génie paraissent le plus souvent bien obscurs. Bizarre : Morse, Bell, Cros, Edison ont connu le drame de la surdité... Auraient-ils été inconsciemment poussés, inspirés, par de très personnelles et très secrètes angoisses ? Doit-on voir dans le geste individuel de l'inventeur une façon détournée de répondre aux grandes questions que se pose l'homme depuis la nuit des temps ? Invente-t-on comme on fait de la philosophie ?

La question reste ouverte mais les quelques portraits que nous proposons de ces inventeurs de la communication racontent en tout cas l'histoire fabuleuse de simples mortels qui, par leur imagination et leur génie, ont radicalement changé la face du monde.

REMERCIEMENTS

Je voudrais tout d'abord remercier Roland Moreno, qui m'a si souvent reçu et avec tant de cordialité pour me raconter la genèse de la carte à puce et me faire partager ses enthousiasmes, ses coups de cœur, parfois aussi son ironie sur les choses de la vie. Je me suis régalé de son humour et de son sens critique.

Ma gratitude s'adresse également à Bill Gates, qui a bien voulu nous autoriser gracieusement à reproduire sa photo sur la couverture de ce livre, ainsi qu'à tous ses collaborateurs de Microsoft qui m'ont aidé avec compétence, notamment Olivier Ezratty et Guillaume Tourres.

Merci enfin à Daniel Ichbiah et aux Éditions Pocket, qui m'ont autorisé, eux aussi de façon gracieuse et très sympathique, à m'inspirer de plusieurs anecdotes tirées de *Bill Gates et la Saga de Microsoft*, Pocket, 1995.

Alain FREREJEAN.

GUTENBERG (1400-1468)
Un homme de caractères

À la fin du Moyen Âge, Mayence était une république battant monnaie, l'un des minuscules États, duchés, évêchés ou cités constituant l'Allemagne de l'époque. La petite ville, nichée dans les vignobles, comptait 6 000 habitants, cinq fois moins que Strasbourg, Francfort ou Cologne. Mais ses échoppes, ses orfèvres, ses fontaines publiques et ses belles maisons aux emblèmes taillés dans la pierre témoignaient de son opulence. Les cloches de ses quarante églises rythmaient la vie quotidienne. Une multitude de chalands circulaient sur le Rhin, et des chevaux les halaient sur la berge. Un pont de bateaux traversait le fleuve, obligeant toute embarcation qui transitait sur l'eau à s'arrêter pour acquitter le péage. Deux grues flottantes déchargeaient sur le quai les marchandises ; des portefaix les emmenaient à la halle, où les citoyens avaient priorité pour les acheter.

L'archevêque de Mayence, électeur du Saint Empire, laissait les patriciens contrôler la police, la monnaie et le commerce des métaux précieux. La ville leur versait des rentes viagères, qu'ils réussissaient à transmettre de père en fils. Ils se répartissaient toutes sortes de privilèges et de monopoles. Au grand dam des boutiquiers et des artisans, regroupés en corporations appelées guildes, qui réclamaient l'égalité devant l'impôt et la suppression des rentes. Périodiquement, des conflits mettaient aux prises les deux clans.

C'est dans cette ville florissante que naquit entre 1396 et 1402 Johann Gensfleisch, dit Gutenberg ; la date exacte de sa naissance n'est pas connue, faute d'avoir retrouvé son acte de baptême. Les Gensfleisch, qui exerçaient les premières magistratures de Mayence, étaient alliés depuis plusieurs générations à tous les notables de la cité. Ils possédaient plusieurs propriétés tant à la ville que dans les environs. Friele Gensfleisch, son père, maître de la Monnaie de l'archevêque, avait oublié un moment son orgueil patricien pour épouser Elsie Wilse, fille d'un simple négociant. Elle lui apportait en dot une belle maison de pierre, connue sous le nom de *Zum guten Berg* (« à la bonne montagne »). Il en prit le nom, comme c'était l'usage, et se fit appeler Gensfleisch zum Gutenberg. Les familles changeaient de nom en même temps que de domicile ou de profession, mais conservaient leurs armoiries. Celles des Gensfleisch portaient une sorte de clown au long bonnet pointu, une bosse ou un bagage sous le manteau, une canne et un chapeau tendu comme pour demander l'aumône. Friele et Elsie eurent trois enfants. Johann, souvent surnommé Hänschen ou Henne, était l'aîné.

À cette époque, peu de gens savaient lire ; on apprenait l'Histoire sainte en regardant les vitraux. Le savoir était réservé à l'Église et aux clercs, qui le diffusaient avec parcimonie. Les personnes osant proposer ou diffuser des idées novatrices étaient généralement persécutées et leurs manuscrits brûlés lors d'autodafés. En dépit de cela, le petit Johann apprit à lire et à écrire.

Lorsqu'il eut une quinzaine d'années, il connut son premier exil. Les artisans, exaspérés par les inégalités, avaient exigé des postes de responsabilité au sein du conseil municipal. Devant le refus des patriciens, les guildes avaient tenté et réussi un coup de force. Les Gensfleisch, chassés de Mayence comme tous ceux de leur classe, se réfugièrent à Eltville, à une vingtaine de kilomètres. Quatre ans plus tard, Johann fut envoyé à Erfurt afin d'apprendre le latin ; curieusement, on l'inscrivit sur les registres de l'université sous le nom de Johannes Altavilla, Jean d'Eltville. Comme beaucoup d'étudiants, il dut copier interminablement des manuscrits au *scriptorium*, l'atelier d'écriture du monastère bénédictin, afin de gagner un peu d'argent. Cette expérience le marqua pour la vie.

Le calme revenu, Johann retourna à Mayence, où sa famille, amnistiée, avait récupéré sa maison, ses rentes et ses affaires. Il trompa son oisiveté en observant attentivement le travail des fondeurs à leurs moules de métal ou de sable, et celui des orfèvres, qui taillaient les poinçons et gravaient en creux les monnaies, les médailles et les sceaux. Il étudia tout aussi attentivement le travail des relieurs, qui inscrivaient au poinçon en lettres de bronze le titre et le nom de l'auteur sur la couverture en cuir des manuscrits.

En 1428, un nouveau coup de force des guildes obligea les Gutenberg, comme tous les autres patriciens, à s'exiler à nouveau. Cette fois, Johann en profita pour voyager. À Nuremberg, il eut sans doute l'occasion d'admirer la fabrication du papier, ancienne invention chinoise qui commençait à se répandre en Italie et en Allemagne. Les chemises en toile de lin ou de chanvre remplaçaient peu à peu le linge de corps en laine. Il en résultait une abondance de vieux chiffons, qui alimentaient les moulins à papier, où l'invention toute récente de la bielle facilitait le battage au maillet.

En Hollande, Johann eut certainement l'occasion de voir les Frères de la vie commune diffuser les *Bibles des pauvres*. Des recueils d'images pieuses accompagnées d'une courte légende, vendus à un prix abordable. Il se renseigna sur leur fabrication. On l'envoya à Haarlem, chez un certain Laurent Janszoon, surnommé *De Coster* (« le Sacristain ») qui, outre ces bibles, imprimait de petites grammaires latines, les donats, du nom d'un grammairien romain, Aurelius Donatus.

De Coster était parti de la *xylographie*, un terme forgé de deux mots grecs, *xylos*, le bois, et *graphein*, l'écriture ; cette technique de gravure sur bois avait été inventée vers l'an mille par les Chinois. On l'employait pour imprimer des tissus ou des cartes à jouer. Il suffisait d'une planche, d'un couteau, d'un burin, d'encre et d'une petite brosse.

De Coster prenait des planchettes et les rendait aussi planes que possible. Un calligraphe traçait au crayon texte et image à l'envers. De Coster travaillait les contours au burin, ne laissant saillir que les lettres inversées. Il encrait les parties en relief en passant un tampon imbibé d'encre, puis il les recouvrait d'une feuille de papier, dont il frottait légèrement le verso afin que le recto adhère à toutes les saillies de la planche.

Cette technique demandait moins de temps que de recopier interminablement les manuscrits mais, pour les corrections, il fallait extraire la lettre ou le mot de la planche et monter avec une cheville le mot qui le remplaçait. Pire, ces planchettes gravées ne pouvaient servir qu'à une seule ligne ; pour les suivantes, il était impossible de détacher les caractères des planches, ils y étaient sculptés. On devait donc recommencer à tailler et à enlever les neuf-dixièmes du bois.

Partant de ce constat, De Coster avait démonté et replacé dans d'autres textes des mots récurrents, tels que Jésus et

Marie, puis préfabriqué des « a » ou des « e ». Il évitait ainsi d'avoir à les tailler constamment. Une deuxième idée consistait à décomposer le texte en lettres isolées, en bois, réutilisables sur d'autres lignes ou d'autres pages. Il avait inventé, ou plus exactement réinventé, après les Chinois et les Coréens, la typographie, l'impression au moyen de caractères mobiles appelés *types*.

Passionné par cette innovation, Gutenberg jugeait cependant qu'il y avait mieux à faire que de sculpter le bois. Avec les scies et les burins de l'époque, on ne pouvait donner des bords rigoureusement parallèles à ces cubes minuscules découpés dans des planches. Comment maintenir unis ces caractères ? Former une surface parfaitement plane et l'encrer de façon homogène. Obtenir des lettres toujours identiques et respecter les marges sans couper les syllabes. Le bois ne pouvait servir que pour les caractères de grand format. Il fallait trouver plus pratique. Mécaniser l'écriture, se disait-il, était un travail d'orfèvre, non d'ébéniste.

En 1434, Gutenberg décida de se fixer à Strasbourg. Des remparts imprenables flanqués de vingt-sept tours carrées, de huit portes fortifiées et de ponts couverts enjambant les bras de l'Ill, abritaient un dédale de rues étroites bordées de belles maisons à pans de bois, tout en hauteur et ornées de pignons à créneaux. Sur la place de la cathédrale, sculpteurs et tailleurs de pierre décoraient la façade en rivalisant de talent. La tour nord pointait à cent quarante-deux mètres sa flèche toute neuve sur le majestueux massif de grès rose, pour proclamer jusqu'au ciel la gloire de Dieu et permettre aux voyageurs d'admirer la puissance et la richesse des Strasbourgeois.

Gutenberg loua une maison dans les dépendances du couvent Saint-Arbogast, en bordure de la ville, et s'établit orfèvre et miroitier. Il excellait à fondre et ciseler les métaux, à tailler et polir miroirs et pierres précieuses. Devenu maître en orfèvrerie, il enseigna cet art plus qu'il ne le pratiqua.

Gutenberg réussissait et menait joyeuse vie – le fisc a recensé deux mille bouteilles dans sa cave – avec son plus proche voisin, André Heilmann, qui exploitait au bord de l'Ill l'unique moulin à papier de la région. Lorsque l'archevêque de Mayence amnistia à nouveau les patriciens exilés, Gutenberg choisit de ne pas retourner dans sa ville natale. Peut-être n'y aurait-il pas joui de la même liberté de déroger et de travailler de ses mains. De ce fait, la municipalité de Mayence négligea de rétablir sa pension, qui avait été supprimée depuis son bannissement.

Gutenberg ne l'entendit pas de cette oreille. Son titre de rente précisait que le paiement des annuités était garanti par n'importe lequel de ses concitoyens. Ainsi, lorsque le secrétaire de la ville de Mayence, Nicolas Woerstaed, se trouva de passage à Strasbourg, Gutenberg, usant de son droit, le fit emprisonner pour dettes. Malgré ses protestations, Woerstaed ne fut libéré qu'en jurant de payer de ses propres deniers avant la Pentecôte, à défaut de paiement par la ville.

Dotée du même sens aigu de ses intérêts et du même esprit de chicane, une demoiselle de bonne famille, Enneline zu den Yserin Tür, à qui Gutenberg avait promis le mariage, le traîna devant le tribunal épiscopal pour fausse promesse. Gutenberg se défendit comme un beau diable. Un témoin, qu'il avait traité de « pauvre type dans le besoin, menant une misérable vie de mensonges et de tromperies », se jugea offensé et lui fit infliger une amende de quinze florins pour diffamation. On a retrouvé dans le registre de la gabelle des vins pour 1442 la mention d'une taxe acquittée par une certaine Enneline zum Gutenberg.

Obligé de rembourser ou d'épouser, l'inventeur en mal d'argent finit-il par épouser sa créancière en mal de mari ?

Depuis qu'il avait peiné à recopier des manuscrits à Erfurt, Gutenberg n'avait qu'une idée en tête : mécaniser les tâches répétitives, produire en série. Une utopie en cette fin de Moyen Âge, où la production était étroitement régentée par les corporations et les échanges paralysés par les octrois. Uniquement sur le Rhin, de Bâle à Rotterdam, on ne comptait pas moins de quarante-six péages ! Rien de plus étranger à ce monde que la diffusion de masse. Pourtant, la production en série allait devenir le rêve de Gutenberg, mieux encore, un but, un projet de vie. Il mettra vingt ans à le réaliser sans hésiter à contracter dette sur dette.

Curieusement, c'est grâce à des miroirs portatifs que Gutenberg entra en industrie comme d'autres en religion. Depuis le XIIIe siècle, Aix-la-Chapelle, où l'on couronnait les empereurs du Saint Empire, était le sanctuaire le plus important d'Allemagne. Tous les sept ans, en juillet, d'immenses foules de pèlerins venaient y chercher la protection de reliques miraculeuses. Évêques et prélats se relayaient sur la galerie entre les tours de la cathédrale pour déployer quatre étoffes sacrées. Un héraut les désignait aux fidèles à très haute voix, tel un commissaire-priseur dans nos ventes aux enchères actuelles : « Les langes de l'Enfant Jésus ! Le drap qui ceignait les reins du Christ sur la Croix ! Un morceau du voile de la Vierge Marie ! Le linge qui a enveloppé la tête décapitée de saint Jean-Baptiste ! »
La foule était si dense que l'on devait parfois fermer les portes de la ville afin d'éviter l'écrasement. Les fidèles refluaient alors sur une colline ayant vue sur la cathédrale. Beaucoup portaient, cousu à leur chapeau comme un insigne, un petit miroir qu'ils prenaient grand soin d'orienter

vers la haute galerie où se déroulait le spectacle, dans l'espoir de capter un peu de cette lumière divine, de ces rayons bénéfiques. Les grâces émanant des reliques se répandaient ainsi sur le porteur. De retour chez eux, les pèlerins accrochaient à la porte de leur maison, ou à la tête du lit, ce *speculum* censé les protéger du démon et conserver les vertus de ce qu'il avait « vu ».

Le prochain pèlerinage était prévu pour 1440. L'occasion, pensa Gutenberg, de tenter une fabrication en série. Allait-il imprimer des images pieuses ? Faire revivre les personnages de la Bible, représenter les miracles du Christ, les scènes de la Passion, la lutte des anges et des démons autour de l'âme des mourants ? Fabriquer des images de saint Christophe, présumées préserver des accidents ? Des saint Sébastien, pour éviter les blessures ? Des sainte Apolline, contre le mal de dents ? Non. Dans l'esprit fertile de Gutenberg, la meilleure opportunité viendrait de ces fameux miroirs. En deux semaines, il s'en vendait plus de cent mille ; les orfèvres d'Aix-la-Chapelle ne suffisant pas à la tâche, leur monopole était suspendu de Pâques à la Saint-Rémi.

Mesurant deux centimètres de diamètre, ces portebonheur avaient une forme convexe, afin de recevoir le plus possible de rayons divins. Ils étaient enchâssés dans un cadre de plomb et d'étain représentant des scènes religieuses en relief.

Avec de l'antimoine, se disait Gutenberg, l'alliage de plomb, d'étain et de cuivre de la surface réfléchissante se durcirait. Au tour à polir, il la rendrait plus brillante. Une fine feuille de métal insérée entre deux moules permettrait d'estamper plus rapidement les cadres.

Prévoyant de produire trente-deux mille miroirs, Gutenberg persuada son voisin Heilmann et deux autres

Strasbourgeois, Drietzehn et Riffe, de s'associer avec lui et d'apporter chacun quatre-vingts florins d'or. En homme organisé, Gutenberg rédigea un contrat. Dans leur association, conclue pour cinq ans, il se réserva la moitié du profit et interdit à ses associés de trahir les secrets de fabrication. Si l'un d'eux venait à décéder, ses héritiers ne pourraient prétendre qu'à une simple indemnité, sans droit de regard ni sur les procédés ni sur l'outillage. Il n'existait encore aucune loi protégeant les inventeurs, la meilleure protection restait le secret.

Tout en travaillant aux miroirs, Gutenberg mena activement, à l'insu de ses associés, des recherches sur la préfabrication en relief de caractères d'écriture. Il renoua alors avec un ami de Mayence, Nicolas de Cues, un fils de batelier qui avait étudié le droit, le grec et le latin et même tiré de l'oubli les comédies de Plaute. Devenu homme d'Église, il avait appris l'arabe dans le but d'essayer de comprendre l'Islam. Il avait su se faire apprécier du pape, au point d'être envoyé en mission de confiance à Constantinople, la ville fabuleuse, la porte de cet Orient par où étaient venus de Chine, entre autres inventions, la poudre et la porcelaine, la boussole, le papier et les cartes à jouer.

Sans doute Nicolas de Cues y avait-il appris que les Chinois utilisaient des billets de banque et que le roi de Corée, King Tadchong, avait établi en 1403 une fonderie de caractères mobiles en bronze, afin de répandre la religion de Confucius. Les Coréens gravaient dans le buis des poinçons en forme de lettres, avec lesquels ils formaient dans une matrice d'argile une sorte de négatif. Ils laissaient durcir, puis inséraient cette matrice dans un moule où ils versaient du bronze en fusion ; cela devenait un caractère.

Même si Gutenberg réinventa après eux les caractères mobiles en métal, du moins n'avait-il aucun modèle sous

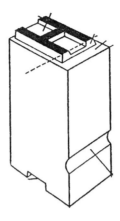

Un caractère d'imprimerie

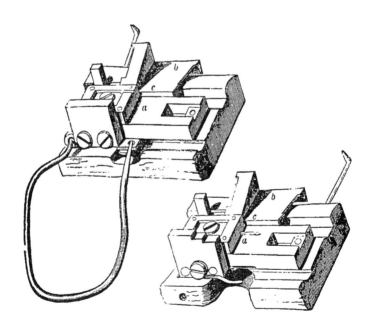

Le moule à caractères

les yeux. Il dut tout improviser, combiner et perfectionner sans relâche un puzzle de techniques propres à différents métiers.

Derrière son atelier, ouvert à tout venant comme ceux des autres artisans, il s'enfermait dans une grande pièce où il travaillait à l'abri des regards. À grands frais, il s'était acheté une bible latine. Il en calquait dix fois les lettres pour tenter de les reproduire mécaniquement. Qui sait combien d'heures il passa ainsi à dessiner, à mesurer l'épaisseur d'un caractère ? Les cloches de la ville égrenaient les heures de la nuit tandis qu'il taillait et limait inlassablement.

Depuis longtemps, on utilisait en Europe des poinçons dans la fabrication des monnaies, des médailles et des sceaux. Depuis longtemps aussi, des moules de métal ou de sable servaient à couler des métaux en fusion. Comme les fondeurs de cloches, Gutenberg allia ces deux arts, fabriquant un outil puis un autre. À partir de poinçons en relief, il forgea d'abord une matrice en creux. Moulant ensuite le métal dans la matrice, il obtint des figures en relief.

Il ne réussit pas du premier coup et ses essais coûtaient cher. Sans doute puisait-il dans la caisse commune de l'affaire de miroirs. Ses associés soupçonnant qu'il leur cachait quelque chose, voulurent savoir ce dont il s'agissait. Gutenberg tergiversa, craignant d'être accusé de sorcellerie. Intrigués et alléchés, Heilmann et Drietzehn proposèrent de doubler leur mise de fonds. Comme Gutenberg hésitait toujours, ils allèrent jusqu'à offrir de contribuer pour deux cents florins chacun. Il finit par accepter d'étendre leur association à ce « nouvel art », nom de code sous lequel il désignait son « œuvre du livre ».

Avec le concours de ses associés, Gutenberg put aller de l'avant. Pour mouler les caractères avec une précision parfaite et les assembler comme des dominos, il combina trois outils en métaux de dureté décroissante. Un poinçon d'acier, une matrice en cuivre, des caractères en plomb. Il appliquait l'envers d'une lettre sur l'une des faces d'un poinçon, qu'il gravait pour le faire apparaître en relief avant de l'enfoncer d'un coup de marteau dans un petit cube de cuivre, qui gardait l'empreinte en creux comme une matrice.

Gutenberg plaçait cette matrice au fond d'un moule à parois mobiles, le « i » n'ayant pas les mêmes dimensions que le « m » ou le « f ». Le fondeur en réglait la largeur et la hauteur en faisant coulisser les côtés, puis il insérait la matrice et verrouillait le moule. Quelques minutes après avoir versé à la cuiller un alliage de plomb, d'étain et d'antimoine en fusion, cet alliage durcissait et formait en relief le dessin de la lettre. On démoulait et on sortait le caractère.

Afin de composer les lignes du texte, Gutenberg conçut un présentoir de caractères en plan incliné, la « casse », comportant une trentaine d'alvéoles. Les caractères correspondant aux lettres les plus fréquemment utilisées étaient placés à portée de main du « compositeur ». Au-dessus, à hauteur des yeux, on lisait sur un chevalet, le « visorium », la page de manuscrit qui servait de modèle. Le compositeur choisissait à la pince les caractères dans la casse et les plaçait un à un dans un petit récipient allongé, le « composteur ».

Lignes et interlignes étaient regroupées en une « forme » calée et ficelée, correspondant à une page. Tous les éléments qui devaient imprimer se trouvaient en relief et parfaitement à la même hauteur ; les autres étaient en retrait, de manière à ne pas recevoir l'encre.

Restait l'impression proprement dite, le transfert de la surface encrée des caractères vers le parchemin ou le papier. Après bien des essais, Gutenberg mit au point une encre grasse et adhésive avec du noir de fumée, du blanc d'œuf, de l'essence de térébenthine et de l'huile de noix, qui ne coulait pas autour du signe à reproduire. À ce jour, tous les exemplaires conservés de ses œuvres ont gardé intacte l'intensité de leur encre.

Comme De Coster, les Coréens ignoraient la presse. Pour faire adhérer la feuille de papier aux caractères encrés, ils se servaient d'un « frotton » en crin de cheval ou d'une spatule. Cela obligeait à soulever la feuille pour vérifier l'encrage et risquait d'abîmer le verso, soit double coût de papier ou de parchemin.

Voulant obtenir une surface parfaitement plane, Gutenberg pensa au pressoir de son enfance, celui des vignerons des environs de Mayence. Il commanda à un ébéniste une grande presse à vis sans fin, tout en bois. Il y adapta une manivelle, le « barreau », et un plateau compresseur, la « platine », ainsi qu'un chariot coulissant sur lequel on superposait forme et feuille à imprimer. L'ouvrier abaissait la platine en tirant des deux bras sur le « barreau » qui actionnait la vis sans fin. Puis il la relevait en repoussant le barreau vers l'avant. En deux coups, il réussissait à imprimer plusieurs pages. Ensuite, il faisait coulisser le chariot pour retirer la feuille, la retourner et imprimer le verso. Des repères permettaient de caler la feuille en centrant le texte par rapport aux marges, exactement comme au recto. Gutenberg fut ainsi le premier homme de l'histoire à imprimer recto verso.

Pendant ce temps, un compagnon frottait l'un contre l'autre deux gros tampons à encrer, qu'il passait et repassait sur la forme suivante afin d'encrer bien régulièrement les caractères.

Gutenberg craignait que l'on ne lui vole son invention, ou que les copistes ne veuillent lui faire du tort. Aussi veillait-il à préserver le secret sur son travail. À Strasbourg

il répartit les trois phases de fabrication sur trois sites différents : chez lui, la taille des poinçons et la fonte des caractères ; chez Andreas Heilmann, la composition du texte ; et
chez Andreas Drietzehn, l'impression sur parchemin ou
papier. À la mort de ce dernier, Gutenberg s'empressa de
faire démonter la presse afin que nul ne pût connaître les
secrets de son art.

Après une longue suite d'essais et de perfectionnements,
Gutenberg imprima à Strasbourg, sans toutefois les signer,
une grammaire latine, un calendrier astrologique pour établir des horoscopes selon la position des étoiles, et les
Prophéties de la Sibylle.

Cependant, même à Strasbourg, son séjour n'était pas de
tout repos. Il y eut d'abord la peste, qui emporta en 1439
son associé Drietzehn. Lorsque les bubons apparaissaient
à l'aine ou sous les bras, on mourait en trois jours. Afin
d'éviter la contagion, il était interdit de laisser le mort dans
sa maison ; on l'enterrait immédiatement, sans prendre le
temps de passer à l'église. Des flagellants marchaient en
procession, deux par deux, portant une croix rouge à leur
chapeau et à leur manteau, armés d'un fouet à lanières de
cuir et chantant des cantiques. Administrée après confes-
sion publique, la flagellation était présumée désarmer la
colère divine.

Puis, à deux reprises, l'Alsace fut mise à feu et à sang par
seize mille Écorcheurs, appelés aussi les Armagnacs ou les
Pauvres hères, des bandes de routiers, mercenaires de la
guerre de Cent Ans. N'étant plus payés, ils vivaient de rançon et de pillage. À l'annonce de leur arrivée, chaque seigneur, chaque ville s'enfermait dans ses murailles, abandonnant les campagnes à leur triste destin. Entre 1439 et 1444,
les Écorcheurs brûlèrent cent cinquante villages d'Alsace.

Strasbourg échappa de justesse au massacre, mais l'alerte fut chaude. En 1448, Gutenberg préféra rentrer à Mayence. Peut-être parce que Enneline était morte. En 1450, il se remaria avec Catherine Jostenhofer de Schemberg, moins fortunée sans doute que sa première épouse, car il dut bientôt emprunter cent cinquante florins à un certain Arnolt Gelthus.

À Mayence, Gutenberg eut certainement l'occasion de revoir Nicolas de Cues, devenu légat du pape en Rhénanie. Son ami lui confia son rêve d'uniformiser dans toute la chrétienté le missel. Ce livre, qui contient, outre l'ordinaire de la messe, les épîtres et les évangiles des différents dimanches de l'année, est l'outil indispensable au prêtre pour célébrer la messe. Or, la liturgie variait d'un diocèse à l'autre et, à force de recopier les manuscrits, les fautes s'accumulaient. L'imprimerie semblait le moyen idéal d'obtenir un texte standard.

Gutenberg jugea le projet prometteur.

Mais où trouver l'argent pour construire les outillages, acheter le papier ou le parchemin, payer les techniciens ? Difficile de démarrer une affaire à une époque où le prêt à intérêt était considéré comme de l'usure. Demander de l'argent à l'archevêque de Mayence ou à un prince n'était pas dans les habitudes de Gutenberg ; en outre, il lui aurait fallu livrer ses secrets. Comme toujours, il avança avec prudence, ne mettant qu'une personne ou deux dans la confidence.

Gutenberg s'adressa à Johann Fust, un frère du bourgmestre de Mayence, pourtant un homme des guildes. C'était le négociant qui organisait la diffusion de ses grammaires latines, mais il était aussi banquier. Gutenberg lui expliqua son projet, montra son moule à caractères, dressa la liste du matériel nécessaire, évalua le nombre des caractères et le temps nécessaire pour les fondre.

« Nous garderons le même espace entre les mots, pour conserver à chaque page son unité, sa tonalité. Il faudra des lignes de même longueur et aligner la dernière lettre de chaque ligne avec la marge. Tantôt nous aurons à contracter le texte, tantôt à le dilater. Il faudra donc disposer d'une variété de caractères plus ou moins larges. J'ai calculé que pour occuper six compositeurs à la fois, nous devrons commencer par fondre quarante-six mille caractères. Avec six presses, cela prendra six mois.

– De combien auriez-vous besoin ?

– Huit cents florins. »

Une grosse somme : la valeur de cent bœufs ou le salaire annuel de trente orfèvres. Fust, fils d'orfèvre, était impressionné par le savoir-faire de Gutenberg dans le travail des métaux. L'inventeur convaincu se faisait convaincant.

Fust hésitait, subjugué mais effrayé. Gutenberg se montra persuasif, Fust se laissa convaincre. Il accepta de prêter à 6 pour cent d'intérêt huit cents florins d'or. Lui-même les empruntait à 5 pour cent. En homme rompu aux affaires, il prit soin d'exiger une garantie, un gage sur les futurs outillages de Gutenberg.

Sur ces entrefaites, Nicolas de Cues réunit à Mayence soixante-dix abbés bénédictins. Chacun s'engagea à commander une bible pour la bibliothèque de son abbaye. Mieux valait tenir que courir : Gutenberg remisa son projet de missel et proposa une monumentale bible en latin. Deux volumes de trois cent vingt-quatre et trois cent dix-huit feuillets. Chaque page comporterait deux colonnes de quarante-deux lignes. D'où son nom de *Bible « à 42 lignes »*. Gutenberg choisit ses caractères, ses capitales et ses bas-de-casse (ou minuscules). Plus ou moins larges pour se calibrer avec la marge. Il sélectionna aussi ses diphtongues et ses abréviations. Avec l'accord de Fust, tous les caractères furent créés en gothique, afin de donner le même aspect qu'un manuscrit. Il passa à l'ébéniste de Strasbourg commande de six nouvelles presses.

Il recruta ensuite trente compagnons, qu'il installa au Humbrechthof, un local plus vaste que le Gutenberghof. Sous le sceau du secret, il les initia au nouvel art. L'un devint graveur de poinçons, l'autre fondeur, tel autre distributeur de caractères ou fabricant d'encre. Il forma cinq compositeurs et douze hommes au maniement de la presse. D'autres apprirent à découper au format les feuilles de parchemin ou de papier, à les plier et à faire les repérages pour les marges à la pointe sèche.

Bientôt, on entendit le cliquetis des types dans les composteurs, le choc sourd du chariot mobile de la presse renvoyé sous la platine, qui grinçait en s'abaissant.

La *Bible « à 42 lignes »* devint un projet ambitieux – cent cinquante exemplaires sur papier et trente sur vélin – et un livre superbe. Après quinze ans de tâtonnements, Gutenberg atteignait la perfection.

En premier lieu, la régularité de l'impression était étonnante. Jusqu'alors, un scribe ne pouvait écrire un livre entier à la main avec des lignes de longueur exactement identique et d'encrage régulier. Même les premières grammaires de Gutenberg avaient des lignes de longueur légèrement variable. Cette fois, au contraire, l'alignement vertical au bord de la marge droite était aussi parfait qu'au bord de la marge gauche, cela reposait la vue.

En second lieu, la productivité atteignait des sommets : le fondeur réussissait à couler six cents caractères par jour, beaucoup plus que ne l'aurait fait un sculpteur sur bois.

Artiste autant qu'inventeur, Gutenberg, tout en multipliant la vitesse de travail et les quantités, restait fidèle à la tradition de qualité. Il fit ajouter à la main des peintures de toute beauté : têtes de chapitres, lettrines, marges ornées d'enluminures de fleurs et d'arabesques végétales, d'oiseaux, de serpents, de cerfs, de singes, d'ours ou de lions.

Cependant, la dépense excédait les prévisions. Gutenberg dut demander une nouvelle avance de huit cents florins.

« Encore huit cents florins ! » protesta Fust, abasourdi.

« Ce n'est plus pour la fabrication et l'essai des outils. Tout est maintenant bien au point, rassurez-vous. Il s'agit de payer les salaires, d'acheter l'encre, le papier et le parchemin. Tenez, savez-vous combien il faut de peaux de veaux pour fabriquer les trente exemplaires sur vélin ?

– Non.

– Pas moins de cinq mille. »

Fust posa ses conditions :

« Huit cents florins, soit, à condition cette fois d'être associé au projet, d'en partager le profit et la gloire. J'aimerais aussi que vous preniez à l'atelier un jeune homme que j'estime beaucoup, Pierre Schöffer, un brillant latiniste. C'est aussi un habile calligraphe. »

Gutenberg, le patricien, rechigna, mais fut forcé d'accepter. Il ne pouvait se douter que ce Schöffer serait le loup dans la bergerie.

Nous savons par une lettre du cardinal Piccolomini, le futur pape Pie II, alors légat en Allemagne, que les cent quatre-vingts exemplaires de la Bible « à 42 lignes » furent vendus dès 1455. Grand amateur de livres, ce prélat n'avait-il pas lui-même, avant d'entrer dans les ordres, commis des poésies érotiques, des comédies fort libres et un roman d'amour, L'Histoire de deux amants ? Ce témoignage ne signifie pas que ces bibles aient été entièrement payées à cette date. En fait, seule la typographie était terminée ; les cahiers imprimés étaient envoyés aux enlumineurs pour y être illustrés et reliés, travail qui pouvait encore prendre près d'un an. C'était donc un moment critique pour la trésorerie de l'entreprise.

Fust en profita pour assigner Gutenberg en remboursement des mille six cents florins et de leurs intérêts. Pris au dépourvu, Gutenberg protesta qu'il n'avait reçu que mille cinq cents florins et que sa dette ne portait que sur les huit cents premiers, le solde constituant une participation au capital. Néanmoins les bibles étant encore chez les enlumineurs, même ces huit cents florins-là, il était bien incapable de les restituer.

Gutenberg perdit le procès. Le tribunal le condamna à rembourser le premier prêt et les intérêts accumulés. Faute de pouvoir s'exécuter, il dut laisser Fust s'emparer des bibles, de l'atelier de l'Humbrechthof et de l'outillage. Son associé lui volait son invention, il ne gardait rien.

Fust avait gagné, mais que pouvait-il faire des presses, des moules et des matrices, n'étant pas typographe ? Il avait soigneusement préparé son affaire en s'acoquinant avec Peter Schöffer, lui promettant la main de sa fille. Sitôt le jugement rendu, Schöffer reprit en main l'atelier. Le gendre et le beau-père s'arrogèrent le mérite de la *Bible « à 42 lignes »*. Un exemplaire, conservé à la Bibliothèque nationale de France, indique que Heinrich Cremer, vicaire de Saint-Étienne de Mayence, en termina les enluminures et la reliure le 24 août 1456 : c'est donc la date effective de diffusion de ce chef-d'œuvre.

Fust n'avait pas tous les torts. À l'en croire, Gutenberg avait utilisé une partie de l'argent emprunté afin d'alimenter la presse qu'il gardait au Gutenberghof. Pourquoi ? Pour une turquerie.

Le 29 mai 1453, la prise de Constantinople, la ville la plus belle et la plus peuplée de l'époque, avait secoué l'Europe comme un tremblement de terre. On avait tranché la tête de l'empereur Constantin. Une partie de la population avait été déportée ou réduite en esclavage. Les Turcs, poursuivant leur progression, envahissaient la Moldavie, la Valachie et la Bosnie et faisaient des incursions en Hongrie. Le sultan menaçait déjà l'Italie, l'ancienne Rome après la nouvelle. Toute la chrétienté était atterrée. Certains se soumettaient passivement à cette punition expiatrice : Dieu les avait abandonnés à cause de leurs péchés. D'autres, au contraire, tel Jean de Lusignan, roi de Chypre, relevaient la tête, mais en appelaient au pape : « Très Saint-Père, envoyez-nous des soldats ! »

Le pape disposait bien de quelques galères, mais point de corps expéditionnaire. Aussi, le souverain pontife adressa au monde chrétien un solennel appel à la croisade. Il envoya partout des missionnaires prêcher, distribuant croix et indulgences.

Pour la guerre contre les Turcs, les mercenaires coûtaient cher. Aussi, le légat du pape en Rhénanie, Nicolas de Cues, autorisait les prélats des diocèses de Mayence et de Cologne à vendre des lettres de rémission des péchés, les Indulgences pour Chypre, que l'on achetait pour se rassurer et se donner bonne conscience. Ces lettres d'indulgence, dûment signées par une autorité religieuse, obligeaient les confesseurs à donner l'absolution. Ces formulaires comportaient toujours le même texte et quelques blancs pour ajouter une signature, une date et le nom de l'acheteur-bénéficiaire. L'envoyé du roi de Chypre, un certain Paul Chappe, en commanda des quantités et les paya comptant, pour les distribuer aux prédicateurs, généralement des franciscains. Ces indulgences étaient parfaites pour la reproduction typographique, une aubaine pour Gutenberg. Il y avait aussi un *Calendrier contre les Turcs* où, chaque mois, des chrétiens étaient exhortés à tour de rôle à combattre les Turcs : en janvier le pape, en février l'empereur, en mai les archevêques, en juin le dauphin de France, en août les villes libres de l'Italie…

Gutenberg saisit l'occasion. À l'insu de Fust, il imprima plusieurs milliers d'indulgences et de calendriers, allant peut-être même jusqu'à réutiliser des chutes de papier de l'atelier commun de Humbrechthof. Or, dans une petite ville comme l'était Mayence à l'époque, il devait se savoir que Gutenberg menait deux ateliers à la fois.

Autre motif d'inquiétude pour Fust : avec son esprit inventif, Gutenberg, non content de mécaniser l'impression du texte, tentait aussi de reproduire en série les grandes initiales en couleurs, les lettrines, et les motifs polychromes les plus répétitifs figurant sur les marges. Cette fois, il gravait les contours en creux, en taille douce. Dans la gravure en relief et sur bois, on enlevait les 9/10e de la matière, les copeaux, pour n'en garder que 1/10e, le trait. Il était logique que naisse l'idée inverse, la gravure sur cuivre. Muni d'un stylet ou d'un burin, on trace en profondeur le trait, qu'on remplit ensuite d'encre et qui, seul, imprime. L'invention de la gravure complétait celle de l'imprimerie.

Fust a-t-il suspecté Gutenberg de retarder la livraison aux enlumineurs pour réaliser lui-même l'illustration ? Moins possédé par la passion du progrès, il avait des raisons de s'inquiéter du délai et il lui reprochait certainement de se disperser.

Après la *Bible « à 42 lignes »*, Fust et Schöffer publièrent le 14 août 1457 – le premier livre imprimé auquel on puisse donner une date absolument certaine – et sous leur double signature, un livre luxueux auquel Gutenberg avait pourtant largement contribué, le *Psautier de Mayence*. Un recueil de psaumes de lamentations, de louanges et d'actions de grâces sur trois cent quarante pages de parchemin, imprimées en deux couleurs et en grands caractères pour que tous les chanteurs puissent aisément lire.

Tenu d'attendre la fabrication d'une presse neuve et la fonte de caractères en quantité suffisante, Gutenberg ne parvint à imprimer son ouvrage suivant, la Bible « à 36 lignes », qu'en 1458. Il dut la placer au Wurtemberg et en Bavière, car depuis dix-huit mois, Fust et Schöffer avaient saturé le marché de la Rhénanie. Grâce à un nouveau prêteur sur gage, Konrad Humery, Gutenberg put aussi imprimer en trois cents exemplaires une encyclopédie en sept cent quarante-six pages, le Catholicon de Joannes Balbus. Un ouvrage qui se proclamait « rédigé sous la direction du Tout-Puissant qui, sur un signe de tête, rend éloquentes les langues des petits enfants et révèle souvent aux simples d'esprit ce qu'il cache aux sages ».

Les deux imprimeurs rivaux de Mayence, Gutenberg et Schöffer, ne se doutaient pas qu'ils préparaient une révolution intellectuelle. Si Fust, riche et puissant, paraît avoir été un véritable éditeur, sélectionnant certains titres, Gutenberg, en constantes difficultés financières, fabriquait ce qu'on lui demandait ou ce qu'il imaginait être d'un rendement rapide. Il n'était pas assez fortuné pour exécuter plus que les commandes de l'Église. Pendant une dizaine d'années, son plus grand souci fut de garder le secret du « nouvel art ». Pourtant, de son vivant, des imprimeries se créèrent, à Strasbourg avec Johann Mentelin, à Bamberg avec Albert Pfister, à Cologne et à Bâle.

Sur ces entrefaites, un nouveau malheur arriva : le pape avait refusé de consacrer l'archevêque élu par les chanoines de la cathédrale de Mayence, Diether von Isenburg. Jusqu'alors, chaque abbé, évêque ou archevêque élu par un chapitre devait payer au pape des annates, une taxe représentant un an de revenus. Le nouveau pontife, Pie II

Piccolomini, n'avait plus qu'une idée en tête : la défense de la chrétienté contre les Turcs. Il dénonçait les disciples du « faux prophète Mahomet » et les bandes sanguinaires du « dragon chargé de venin ». Le sultan Mehmet était une punition envoyée par le ciel pour les péchés du peuple. Dieu l'avait placé, lui, Pie II, sur le siège de saint Pierre pour tirer le monde de ce péril extrême. Voulant financer une guerre de reconquête, il subordonnait désormais la consécration de tout nouveau prince de l'Église au versement d'une somme exorbitante qu'Isenburg ne voulait pas payer. Le pape avait insisté et Isenburg persisté dans son refus. Après une vaine ambassade, Pie II l'avait excommunié et démis de ses fonctions. Par mesure de rétorsion, Isenburg refusa de quitter sa cathédrale et interdit l'accès de la ville au successeur imposé par Rome, Adolf von Nassau. Mayence s'était retrouvée avec deux archevêques qui se livraient une guerre de pamphlets, un marché intéressant pour les deux imprimeurs rivaux de la ville, Fust et Gutenberg.

Le pape faisait lancer chaque jour l'anathème contre Isenburg, mais Nassau, considérant que les choses n'allaient pas assez vite, usa de grands moyens. Il réunit trois mille mercenaires et soudoya des sentinelles. La nuit du 28 octobre 1462, ses soldats pénétrèrent par traîtrise dans la ville. On sonna le tocsin, mais il était trop tard. Après douze heures de combats de rue, qui coûtèrent la vie à quatre cents citoyens, soit près du quart des hommes valides, Mayence capitula.

Les rues étaient jonchées de cadavres d'hommes et de chevaux. La ville fut mise à sac. Nassau et ses alliés se partagèrent l'argent et les bijoux pillés dans les maisons. Chaque cavalier reçut quinze florins, chaque fantassin sept et le reste fut pour le pape.

Le dimanche suivant, le nouvel archevêque fit son entrée à cheval et convoqua les survivants sur la grand-place. Les libertés municipales furent annulées ; toutes les pensions versées jusqu'alors par la ville désavouées. Avec huit cents compatriotes, Gutenberg apprit qu'il était banni, ses biens confisqués, ses rentes supprimées.

Comme jadis, il se réfugia à Eltville, où deux frères fortunés, les Bechtermuntze, lui demandèrent d'installer une imprimerie. Rares étaient les contemporains à avoir compris la portée de son invention. Il reçut néanmoins la visite de Nicolas Jenson, peintre, graveur et maître de la Monnaie de Tours, envoyé par Charles VII espionner l'art de l'imprimerie pour l'introduire en France.

Deux ans plus tard, Nassau, jugeant son pouvoir fermement établi, prit quelques mesures d'apaisement et Gutenberg put rentrer dans sa ville natale. L'épisode de la guerre de pamphlets avait fait comprendre au nouveau maître de Mayence l'intérêt de contrôler l'imprimerie ; sans doute avait-il aussi reçu du pape ou du cardinal de Cues un message en faveur de l'inventeur.

Le 17 janvier 1465, moyennant un serment de fidélité, Gutenberg fut nommé courtisan de l'archevêque, exempté d'impôt et pourvu d'une pension à vie. Il ne profita guère de cette sérénité recouvrée. Sa vue baissait et, les lunettes alors étant rares, il éprouvait des difficultés à lire et à graver des poinçons. En 1466, il apprit sans regret que Fust était mort de la peste à Paris. Le 3 février 1468, il s'éteignit à son tour dans la paix du Seigneur. Il ne laissait son nom sur aucun livre mais il avait mis en marche la révolution culturelle qui allait changer le monde en généralisant la lecture et l'écriture.

Quarante ans après les Coréens, Gutenberg avait réinventé la typographie en caractères métalliques. Il l'avait perfectionnée avec la presse qui, seule, permettait l'impression recto verso. L'alphabet européen n'étant composé que de 24 ou 26 signes, Gutenberg put utiliser son invention infiniment mieux que n'avaient pu le faire les Coréens. Leur alphabet ne comprenant pas moins de 5 000 signes était peu adapté à une fabrication de série.

L'invention de Gutenberg eut une tout autre portée. Coïncidant avec la montée en Europe de l'industrie papetière, le livre imprimé s'y répandit à une vitesse vertigineuse. Trente ans après la mort de Gutenberg, l'Europe comptait plus de mille imprimeries dans deux cent cinquante-cinq villes. On a recensé environ douze millions d'incunables, nom venant d'un mot latin signifiant « berceau » et donné aux livres imprimés avant 1501.

L'apparition de l'imprimerie ne provoqua cependant pas de révolution immédiate. Les deux premières générations d'éditeurs se contentèrent de diffuser des textes qui avaient déjà connu un grand succès sous forme de manuscrits : bibles, missels, bréviaires, écrits mystiques comme l'*Imitation de Jésus-Christ* ou les *Fioretti* de saint François d'Assise, ou encore des livres de droit. Les uns et les autres étaient presque tous écrits en latin.

Au début du XVIe siècle, les textes des auteurs grecs et latins l'emportèrent sur les ouvrages religieux. Visant un public plus large, les éditeurs firent alors imprimer dans les langues vulgaires ou nationales, non seulement les auteurs anciens, mais aussi les contemporains. L'imprimerie aida ainsi à diffuser connaissances et idées nouvelles. Grâce à elle, Christophe Colomb apprit que la terre est ronde, ce qui l'incita à rechercher une nouvelle route vers les Indes. Luther et Calvin s'échangèrent, chacun dans sa propre langue, les textes sacrés. Et, lorsque Luther entreprit de lutter contre le trafic des indulgences, il placarda sur les portes des églises et sous les portes cochères, ses thèses imprimées et les fit colporter dans les campagnes en plusieurs dizaines de milliers d'exemplaires. Juste retour des choses.

THÉOPHRASTE RENAUDOT (1586-1653)
Des faits divers et des bienfaits

« Il n'y a que deux sortes de journaux : ceux qui approuvent et soutiennent le gouvernement quoi qu'il fasse et ceux qui le blâment et l'attaquent quoi qu'il fasse », tranchait Alphonse Karr, pourfendeur et piquant fondateur des *Guêpes.*

La Gazette de Renaudot obéissait à la première catégorie. Toutefois, ayant pour confrères deux autorités omniprésentes, un cardinal-ministre et un roi, Richelieu et Louis XIII, Renaudot avait-il réellement le choix ?

En dépit d'une défense pathétique (« Je suis secrétaire de la vérité et non serf du mensonge ») et l'obligation d'être aux ordres, Renaudot demeure un modèle et le père des journalistes. Il fut le premier en France à introduire, à organiser et appliquer les règles d'un journal moderne. Rigoureux, professionnel, opiniâtre, cet homme de presse fut davantage encore homme de cœur et homme d'action. Autant de qualités inestimables.

En vertu de quoi on donna son nom à un prix que des journalistes littéraires décernent à un romancier, chaque année depuis 1925. Justice est rendue : une indifférence menant à l'oubli ensevelissait peu à peu le souvenir de l'un des esprits les plus inventifs de son époque.

Renaudot ou le destin d'un précurseur fourmillant

d'idées audacieuses, acharné à préserver son œuvre et sa *Gazette*. Prénommé Théophraste.

Il naquit en 1586, en pleine guerre des trois Henri – de Guise, de Navarre, Henri III – à Loudun, cité huguenote du Poitou. Sa famille était protestante, son père maître d'école.

Aîné de cinq enfants, Théophraste perdit sa mère à huit ans et en avait douze lorsque son père mourut. Ses oncles tuteurs conduisirent ses études provinciales. Venu les poursuivre à Paris, à peine arrivé, il y contracta les écrouelles. Cette tuberculose cutanée lui laissa définitivement le nez avachi et les joues creusées. Ses ennemis accableront sa disgrâce, raillant « le nez pourri de Théophraste Renaudot ».

Il entama des études de médecine, prit des cours de chirurgie et réussit aux divers degrés d'examen. À vingt ans il obtenait ainsi le diplôme de docteur de la faculté de Montpellier. Il préféra cette faculté à celle de Paris pour la qualité de son enseignement et parce que l'on n'y exigeait pas d'appartenir à la religion catholique.

Puis il voyagea plusieurs années, désireux de se perfectionner, s'intéressant aux différentes méthodes de médecine dans le royaume et au-delà. À vingt-six ans, de retour à Loudun, il s'y maria et exerça.

Renaudot, qui avait alors un enfant – il en aura neuf –, jouissait d'une position confortable ; il possédait une belle et vaste maison, sa situation financière était aisée. Il s'était forgé une belle clientèle, attirée par ses préparations de remèdes, ses connaissances anatomiques, sa pratique des simples. À Loudun et dans le Poitou, sa science était reconnue. Sa réputation s'amplifia lorsqu'il créa le *polychreston*, un médicament composé de quatre-vingt-trois substances végétales. Il le recommandait comme une panacée contre la paralysie, le tournoiement, le mal de mer, l'apoplexie et les maladies contagieuses.

Ce fut une jolie réussite commerciale. Sur sa lancée, il publia un *Discours sur le squelette c'est-à-dire sur les os de l'homme.* Il le lut en harangue devant les députés des Églises réformées assemblés à Loudun. Nouveau succès dont il sera récompensé d'une pièce d'argenterie.

Son ambition personnelle et la profonde compassion envers les pauvres constituaient la motivation essentielle de Renaudot. Alors qu'il goûtait une renommée grandissante, il avait écrit un *Traité sur la condition des pauvres du royaume.* Le bien-être des hommes lui tenait réellement à cœur. Ce profond souci justifia sa vocation de médecin. Le soulagement de la misère, lot des pauvres gens, était d'ailleurs une priorité dans la politique sociale du tout récent règne de Louis XIII. Il était en effet de sage politique de désengorger les hospices et d'assainir les bas quartiers.

Le royaume avait traversé une longue période de guerres de religion et son cortège de ruines, de victimes et de misères. Henri IV ayant été assassiné depuis peu et Louis XIII étant encore adolescent, les affaires de l'État étaient tenues non sans risques par sa mère, reine régente. Les ambitieux ne manquaient pas, tentés par le pouvoir. Deux cent mille mendiants pouvaient les aider à y accéder : un moyen dangereux, que le gouvernement se devait de désarmer. Une politique humanitaire, en réduisant la pauvreté, amoindrirait le nombre de vagabonds et donc les émeutiers possibles. On s'avisa de demander l'opinion de « personnes de qualité » et de les réunir. À vingt-six ans, Renaudot fut du nombre.

Son intérêt envers les pauvres l'avait incité à gagner Paris, où ils s'entassaient massivement. Sa petite gloire provinciale doublée de l'écho de son *Traité des pauvres du royaume* le qualifiaient pour parler d'eux. Cependant, en homme avisé, il se para du titre de « *médecin ordinaire du roi* ». Moyennant finances, il en avait le droit. Cette distinction – tout honorifique – l'autorisait à exercer dans la capitale. Elle permettait surtout de se faire connaître du gouvernement comme « personne de qualité ».

À l'ordre du jour de la réunion : le statut des pauvres pour l'apaisement du royaume. La plupart des notables sollicités étaient d'avis de les enfermer. On éviterait ainsi une révolte des gueux.

Renaudot avança une opinion opposée et singulière : « Il faut que dans un État les riches aident aux pauvres, son harmonie cessant lorsqu'il y a partie d'enflée outre mesure, les autres demeurant atrophiées. » Ce déséquilibre résultait de l'ignorance des uns envers les autres. Or, l'une des plus grandes incommodités était que souvent ces gens ne pouvaient pas se joindre.

Ainsi le maître ne savait où chercher un serviteur. Le sans-emploi ignorait où travailler et le malade où trouver son remède. La solution pour satisfaire ces recherches consisterait à créer un lieu, un « bureau d'adresses et de rencontres ». On tiendrait là un registre des besoins, que chacun pourrait consulter. En priorité les pauvres, les souffrants et les invalides. On pourrait également s'y rencontrer. Outre sa logique, la simplicité de la proposition de Renaudot avait le mérite de ne rien coûter à l'État. Rien à construire et donc à dépenser. On l'adopta. Les médecins ordinaires pesaient désormais les paroles de Théophraste Renaudot.

La Chambre du conseil jugea le projet raisonnable. Un brevet royal en confirma l'intérêt pour les pauvres et l'utilité pour la chose publique. Renaudot se vit donc accorder le privilège exclusif par un brevet, d'ouvrir des bureaux et registres d'adresses et de rencontres par tout le royaume.

Tout innovatrice qu'elle parût, la nouveauté n'en était pas vraiment une. Naguère, le père de Montaigne l'avait envisagée. Sans renier cette antériorité, le médecin de Loudun avait le mérite de la réaliser malgré les multiples difficultés qui s'ensuivirent et malgré dix-huit années d'âpres procédures. En empiétant sur des intérêts corporatifs, il allait s'attirer des haines tenaces. À coups de libelles, on tapera fort sur son pauvre nez !

Il défendra son idée et la fertilisera de maints rameaux, dont l'un, original et distinct des autres, le projettera sur l'avant-scène du pouvoir comme fondateur de *La Gazette*.

Le brevet du roi ne pouvait être nié, mais contrecarré par les puissantes institutions de Paris, qui elles aussi bénéficiaient de privilèges royaux, antérieurs à celui de Renaudot. Arrêts, approbations, entérinements, appels et mesures exécutoires se heurtèrent à une opposition renouvelée. La confirmation par le Parlement des prérogatives accordées à Renaudot pour établir son bureau d'adresses demanda dix-huit années de patience et de luttes.

Entre-temps, il était revenu à Loudun. Ses affaires et sa famille prospéraient, sa notoriété dépassait les limites de sa province, parée d'un nouveau titre honorifique : commissaire général des pauvres. Son grand dessein de leur être utile ne le quittait pas. Chaque obstacle franchi le rapprochait de la nécessité pressante d'ouvrir son « bureau ». Dans cette perspective, il finit par se fixer définitivement à Paris. Puis, il abjura la religion protestante. Quand en sa faveur la décision ultime arriva, tout était prêt !

En 1629, Renaudot ouvrit son bureau d'adresses. Il était situé dans l'île de la Cité, rue de la Calandre « à l'enseigne du *Grand Coq*, sortant au Marché-Neuf près le Palais ».

Ambitieux, habile et propre à nouer des intrigues, Renaudot n'en était pas moins honnête homme. Son privilège, s'il devait lui rapporter honneurs et revenus, comportait des obligations formelles qu'il respecta scrupuleusement. Avec ses commis, il mit à la disposition des

« pauvres honteux », des livres et des registres. Par chapitres distincts et séparés, vagabonds, mendiants, invalides et autres gueux s'y faisaient enregistrer avec leur adresse. Les valides pour être employés, les malades pour être secourus. Le bureau fournissait en outre des adresses de médecins, chirurgiens et apothicaires acceptant de soigner gratuitement. Parallèlement, les personnes qui proposaient du travail pouvaient consulter les adresses ou faire enregistrer la leur. Il en coûtait trois sous.

Philanthrope, Renaudot ne se voulait pas Vincent de Paul. Il espérait tirer bénéfice de son idée. Le modèle du bureau d'adresses qui rendait de réels services – et d'abord aux sans-emploi – pourrait être reproduit dans les provinces. Contre monnaie, certes, mais l'essentiel était qu'il fût venu à Paris « pour faire le bien ».

Le bruit d'une initiative répondant si parfaitement aux besoins des pauvres se propagea. On affluait à la maison du *Grand Coq* – qui était aussi celle de Renaudot. Les registres d'adresses se remplissaient : offres et demandes se multipliaient. Cette démarche simple et pratique aboutissait bien à des rencontres, l'un de ses objectifs.

Une autre idée lui vint. Sans cesse à l'affût d'innovations, il observa combien les besoins de la société étaient variés. Pourquoi limiter le bureau d'adresses aux seuls démunis de travail et aux malades ? Les échanges pouvaient concerner diverses catégories de personnes. Tout un chacun désireux de donner ou recevoir pourrait coucher son annonce – payante ! – sur un registre. Ainsi pouvait-on lire :

• À vendre une charge d'aide de paneterie chez le roi pour 6 000 livres. Adresse au bureau.
• On demande une Bible de Plantin en petits volumes, de l'année 1564. Adresse au bureau.

• Qui aura trouvé une montre d'argent avec un cristal, perdue le 27 novembre, aura un louis d'or pour reconnaissance. Adresse au bureau.

• On demande à louer maison de 800 livres dans la rue Saint-Antoine, qui ait un jardin. Adresse au bureau.

• À vendre plusieurs cartes marines sur vélin, fort nécessaires pour les voyageurs. Adresse au bureau.

Ce fut un succès de curiosité immédiat. L'invention fit courir tout Paris. Renaudot avait touché juste, en visant les commodités dont les êtres aiment à s'entourer. Vendre, acheter, échanger, louer, se louer ; proposer des voyages à prix partagés ; connaître les remèdes chimiques et le prix des terres seigneuriales, des meubles, d'un habit neuf pas encore achevé, d'un dromadaire... Comment entrer en religion, s'enquérir d'un fauconnier, communiquer avec une personne dont on ne connaît la demeure.

Tout était rendu plus accessible par les registres « au secret étroitement observé » du bureau d'adresses, « ouvert depuis huit heures du matin jusqu'à midi et depuis deux jusqu'à six de relevée ». La salle était des plus accueillantes. La voix du peuple en répandait les avantages et un avisé « *faiseur de ballets* » écrivit une chanson en l'honneur de Renaudot :

> *Un homme qui sait tout trouver*
> *Et chez lui qui tout se fait montre*
> *Sans dire ni qui ni comment*
> *Son registre ne faut, ne ment,*
> *Il tient le Bureau de rencontre...*

L'un après l'autre, les projets de Renaudot se succédaient en un flux intarissable. Plutôt que d'épouser son temps, il le devançait. Il lui apparut fort possible d'améliorer le système d'annonces. Des personnes ne pouvaient ou ne voulaient se déplacer. Pourquoi ne pas aller vers elles ? Il imprima alors une feuille de ce qu'il appelait les « affaires mêlées », un inventaire très divers, publié tous les trois mois, avec secret des adresses, et « Par permission du roi ».

Échaudé par les dix-huit années de chicanes qui avaient précédé l'ouverture du bureau d'adresses, Renaudot se plaçait d'emblée sous haute protection. Il se méfiait des concurrents qui guettaient ses bonnes idées, comme les libraires et les imprimeurs en syndic, prêts à l'éliminer car il n'était pas des leurs. Il y avait des envieux, surtout lorsque de la trouvaille jaillissait l'intérêt – intérêt du peuple et intérêt financier.

Une nouvelle « innocente invention », peut-être enfantée par la feuille d'annonces, vint à lui traverser l'esprit. Inconsciemment, il allait marquer à jamais la mémoire des hommes : il pensa à fonder un journal. À l'imitation de ce qui existait dans des États voisins, le nouveau venu devait diffuser les nouvelles plus sérieusement que la rumeur publique. Il le nomma *La Gazette*, comme les feuillets vendus en Italie à la criée contre de la menue monnaie : *una gazetta*.

Si jamais privilège royal s'imposa, ce fut bien pour la création de *La Gazette*.

Renaudot s'inspirait d'exemples précédents, mais il forgea un outil d'informations supérieur. En cela, il fut inventeur.

Le tout premier journal imprimé était paru à Anvers en 1605. Dix ans plus tard, il en naissait en Allemagne, puis dans la décennie suivante, en Angleterre et en Hollande. La France dut attendre l'année 1631. Et le précurseur fut... Louis Vendosme.

Libraire parisien, Vendosme s'était adjoint deux imprimeurs, Jean Martin et François Pommeray, pour publier le 16 janvier le premier numéro des *Nouvelles ordinaires de divers endroits*. Quatre pages, format 12 cm sur 21, les nouvelles, traduites par un certain Epstein, se rapportaient à l'étranger. D'Amsterdam, Anvers, Hambourg, Venise, Zurich ou Madrid, la chronique des événements résumait ce qu'il jugeait mémorable, digne d'être su et conservé. Le journal paraissait chaque vendredi. Il aurait pu devenir la seule publication du royaume. Or, fâcheusement, Vendosme et ses associés n'avaient pas sollicité de privilège : il y avait là une brèche. Quatre mois plus tard, un intrus s'y engouffra. Le vendredi 30 mai sortit la première édition de *La Gazette* de Théophraste Renaudot.

C'était le début de la grande aventure du journalisme français.

La naissance du journal ne s'accomplit pas sans douleurs. Renaudot se conduisit sans ménager la morale, en patron de presse moderne. Il emprunta à Vendosme le format, les quatre pages, la présentation et le contenu. Nul doute que Vendosme avait matière à contester, à faire valoir son antériorité. Mais Renaudot avait eu la prudence de se faire concéder – le 30 mai 1631 – un privilège royal. En outre, Richelieu l'avait choisi de préférence à tout autre : *La Gazette* devenait la « chose » du cardinal. Autant dire que la partie était jouée d'avance.

Vendosme en avait appelé à la communauté des imprimeurs et au lieutenant général au bailliage du Palais. Il obtint tout d'abord gain de cause et l'on saisit des exemplaires de *La Gazette*. Renaudot excipa de son privilège. Les libraires le contestèrent ; Louis XIII le confirma. Le monopole de l'impression et de la distribution de *La Gazette* était « accordé pleinement et perpétuellement à l'exclusion de tous autres, audit Renaudot ». Lequel, fort de ses lettres patentes, fit saisir à son tour les exemplaires des *Nouvelles ordinaires* de Vendosme. Ce dernier et les syndics formulèrent une requête qui se heurta à un arrêt du Conseil du roi, leur interdisant de publier « à peine de punition corporelle et de six mille livres d'amendes ». Peu après

Renaudot accapara les *Nouvelles ordinaires*, qui échappèrent définitivement à Vendosme.

La Gazette resta maîtresse du jeu après une lutte féroce de six mois au cours de laquelle Renaudot fut constamment soutenu par Richelieu. Le ministre n'était pas cardinal à accorder une grâce sans compensation. Il avait misé sur le médecin de Loudun dont la réputation lui avait révélé le caractère entreprenant. Renaudot devint son gazetier officiel, ne s'en cacha pas et en reçut le prix : une modeste pension de huit cents livres par an.

Renaudot publiait *La Gazette* chaque semaine, depuis le bureau d'adresses. Cependant, il eut l'habileté de ne pas la confondre avec les feuilles d'annonces, qui étaient utilitaires. *La Gazette* diffusait des nouvelles et elle se voulait « le journal des rois et des puissances de la terre, tout y étant par eux et pour eux, qui en font le capital, les autres personnages ne leur servant que d'accessoires ».

On ne saurait être plus à la merci du pouvoir…

Néanmoins, Renaudot s'appliqua à mettre de la vertu dans ce qui aurait pu devenir une servitude. Il lui était difficile de déplaire. Il courbait son échine de journaliste par survie, mais non sans talent de plume et honnêteté professionnelle, sous les injonctions de l'exigeant ministre : « Le gazetier fera son devoir ou Renaudot sera privé des pensions dont il a joui jusqu'à présent. » Richelieu menait l'opinion à *La Gazette*. Une machine à gouverner docile, où l'un maniait les commandes, l'autre se tenait quotidiennement au four.

Ce n'était pas une mince affaire que de composer *La Gazette*.

Dès le départ, le succès avait été grand, les préoccupations multiples. Renaudot exploita tous les moyens existant à son époque afin de mener à bien ce qui était encore une nouveauté et ce fut une réussite.

De quatre pages à ses débuts, *La Gazette* passa à huit. Elle contenait des nouvelles des pays étrangers, puis du royaume, sous le titre de « Relations ordinaires ». Trois ans plus tard, il ajouta les « Relations extraordinaires ».

La Gazette tirait à mille deux cents exemplaires, imprimés chez un professionnel. Bientôt, Renaudot fabriqua sur ses propres presses. Il n'en possédait pas moins de quatre, installées au siège du bureau d'adresses, à l'enseigne du *Grand Coq*. De quoi le classer parmi les imprimeurs importants, bien qu'il n'appartînt pas à leur communauté, d'où une source de conflits renouvelés. Il avait encore à sa disposition – outre des écrivains gazetiers –, des commis et des colporteurs. Des revendeurs, regrattiers du Pont-Neuf, souvent de pauvres femmes achetaient *La Gazette* et la distribuaient pour 30 sols par mois.

Renaudot éleva son journal à un niveau élevé de performance. *La Gazette* était régulière, abondante, variée et d'une rédaction digne des meilleures plumes.

Malgré les aléas de ce genre de publication bousculée par la précipitation, l'intelligence de Renaudot se montrait à nu dans son organisation. Dire vite et vrai dans des articles à écrire en quatre heures, recevoir et trier les courriers, imprimer les lignes, les vérifier, puis les corriger. Et, suprême difficulté, vérifier les rumeurs, inévitables lorsque les informations proviennent de maints endroits. Car *La Gazette* avait une diffusion européenne, inspirée par de nombreux correspondants. Renaudot ne manquait d'ailleurs pas de solliciter leurs comptes rendus.

Toutes ces mesures hissaient la qualité du journal très au-dessus de celle des journaux étrangers. *La Gazette* plaisait, divertissait et piquait la curiosité des lecteurs. Elle ne fut, cependant, jamais aussi vive que celle de Richelieu, grand pourvoyeur de lignes.

Le cardinal-ministre avait de légitimes ambitions littéraires. Il était l'auteur de plusieurs pièces de théâtre – à sujet politique, il est vrai. C'était à ce titre qu'il s'ingéra dans la rédaction de *La Gazette*, dont il appréciait le pouvoir de façonner l'opinion. Somme toute, il en fut le rédacteur en chef occulte. Si Renaudot ne l'avait inventée, Richelieu l'aurait imaginée. Aussi la soutenait-il, en despote avisé.

Il fallait éclairer les esprits, si facilement échauffés par les faux-bruits et les adversaires. Richelieu usa de *La Gazette* dans ce but. Bien diffusée, très lue, elle intéressait ceux qu'il convenait de manipuler. Ses lecteurs étaient variés : membres des cours souveraines, gens de robe, avocats, procureurs, notaires, nobles, clercs, bourgeois, marchands, gens de métier ou de plume. C'était à leur intention que le cardinal écrivait dans *La Gazette*.

Très opportunément, l'apparition de *La Gazette* rejoignit les désirs de Richelieu. Certes, le cardinal disposait d'un bureau de libelles et de plumes bien trempées. Celle de Joseph Le Clerc du Tremblay – surnommé le Père Joseph ou encore l'Éminence grise, tant son influence dans les affaires extérieures était importante –, collaborateur intime de Richelieu, n'était pas la moindre. Mais disposer d'un journal comme moyen d'expression n'avait pas d'équivalent. Ainsi, *La Gazette* de Renaudot devint-elle la voix du pouvoir. On protégea le gazetier, comme on avait coutume de protéger ceux dont on tirait profit. Obligeance contre obligations, quitte à écorner la morale.

La Gazette joua très vite le rôle que l'on attendait d'elle. Il consistait autant à informer qu'à influencer l'opinion. Richelieu n'était point avare d'articles inspirés par lui et fournis par « Messieurs les secrétaires d'État, qui mieux que d'autres savent ce qui doit être connu du public et ce qui doit lui être caché ». On ne pouvait être plus clair, c'est-à-dire plus obscur, lorsque l'intérêt de l'État commandait.

Souvent, les secrétaires apportaient directement l'information à Renaudot. Certains étaient des amis : Lucas, un compatriote, Michel Le Masle, chanoine de Notre-Dame de Paris et patient du médecin de Loudun ou encore Charpentier, à qui le liait une longue amitié familiale. Cependant, si le sujet se révélait délicat, Richelieu rédigeait lui-même. Il n'était alors jamais si bien servi, car il ne souffrait pas que « d'autres débitassent en mauvais bruits semblables à un air contagieux ». Le ton était donné. Le public n'entendait qu'un son, le seul autorisé, celui de l'unique journal circulant dans le royaume.

Néanmoins les lecteurs étaient avides d'en connaître les nouvelles. Officielles, privées ou diplomatiques, elles relataient avec force détails la vie religieuse ou économique, celle de la Cour, les arts, les lettres, les hauts faits et les faits-divers. Il en est deux qui touchèrent de fort près Renaudot.

L'été 1632, une épidémie de peste jeta un voile de mort sur Loudun. Le fléau s'était déclaré début mai et se propagea rapidement. Le danger de contagion s'étendant, les édiles de la ville s'assemblaient chaque jour pour prendre des mesures. On « cadena » les logements des pestiférés et on interdit l'accès aux marchés. La contagion se transmettait d'homme à homme par les puces, que propageaient les nombreux mendiants venus du Bas-Poitou en passant par Poitiers.

À la fin juin, il sembla que le mal s'atténuait. Mais en août, l'épidémie s'accrut « de jour en jour, tant en la ville qu'aux faubourgs et hameaux dépendant de la paroisse ». Ce fut le paroxysme de la peste. Puis elle s'atténua et dans les premiers jours d'octobre le danger sembla écarté.

Le bilan fut très lourd. On déplora trois mille sept cents morts à Loudun pour une population de quatorze mille habitants.

L'un des hommes qui se firent remarquer par leur belle conduite durant cette grande épreuve fut Urbain Grandier. Archiprêtre de Saint-Pierre-du-Marché à Loudun, il se porta au secours des malades. De jour comme de nuit, sans se soucier des risques, il les pansa et leur offrit le secours de son ministère. Lorsqu'il pénétrait dans un pauvre logis, il laissait son obole avant de se retirer.

Son héroïsme fut reconnu même par ses ennemis qui étaient nombreux.

Brillant élève des Jésuites, intelligent, cultivé, Urbain Grandier avait été ordonné prêtre dans sa vingtième année, puis nommé archiprêtre à Loudun. Il s'y montra aussi dévoué à ses concitoyens qu'il avait le sens du devoir, l'esprit fier et querelleur. Bel homme, il plaisait à ses paroissiennes. Ne sachant résister malgré sa fonction, il succomba aux passions amoureuses. Sans preuves, on le désigna comme étant le père d'un enfant qu'il aurait eu de la fille aînée du procureur du roi à Loudun. Aggravant son cas, il se maria, une nuit, dans l'église dont il était prêtre, avec la plus jeune fille du conseiller du roi. Il joua le double rôle d'époux et d'officiant.

Ce comportement scandaleux le mena en prison. Son évêque en avait décidé ainsi, mais son archevêque pardonna, lui recommandant de quitter Loudun. Négligeant le conseil, Grandier y revint triomphalement. Il y avait dans cette ville un couvent d'ursulines. La mère supérieure, sœur Jeanne des Anges, noble et fière, demanda à Grandier d'être l'aumonier du couvent. Il refusa, provoquant un dépit hystérique chez la mère supérieure, puis dans tout le couvent. Toutes les sœurs étaient possédées du démon. On accusa Grandier de cette hystérie collective. Pendant des semaines et des mois, les religieuses furent exorcisées. Les ennemis de Grandier le firent traduire devant un tribunal ecclésiastique sous les accusations d'adultère, de magie et de maléfices. Soumis à la torture, condamné à être brûlé vif, son exécution eut lieu sur la place de Loudun le 18 août 1634.

Renaudot, qui avait été en amitié avec Grandier, fit sa chronique la mort dans l'âme, scrupuleux comme un greffier.

On pouvait le taxer de docilité envers les maîtres du jour, non de mauvaise foi. La recherche de la vérité était son credo constant. Pourtant cette vérité, soit lui échappait car provenant de ses correspondants, soit était intouchable lorsqu'elle émanait des désirs du cardinal ou du roi – l'un et l'autre usant de passe-droits, voire du fait du prince, il fallait bien les satisfaire.

Le marquis de Sourdis, un parent de Richelieu, châtia par pendaison la garnison de Châtillon sur Seine, dont il s'était emparé avec deux régiments. L'Histoire tait généralement ce genre d'événements. À l'avenir, elle citera même le nom du généreux marquis, Richelieu ayant adressé sur ce fait d'armes « un petit mémoire à paraître dans *La Gazette* ».

Lorsqu'il n'écrivait pas lui-même ses articles, le cardinal en chargeait l'un de ses secrétaires. « Je vous envoie une relation de la victoire obtenue par M. de Bordeaux à la rade de Gatay sur les Espagnols. Vous l'enverrez s'il vous plaît à Renaudot. » Le reste découlait sans plus de commentaires. Le rôle du gazetier était d'insister sur les victoires, celles du roi, sur le grand désordre des ennemis et, partout, d'amplifier l'esprit résolu des troupes françaises. Les pertes – toujours minimes – ne méritaient pas une ligne : en parler eût été faillir aux nécessités de la guerre. Il était tout aussi déplacé de s'apitoyer sur les gens que nous faisons rôtir, « comme on ferait de cochons de lait ».

La liaison entre les événements, le fait du prince et l'impression du journal se révélait remarquable d'efficacité. Ainsi :

Le 15 septembre 1638, les galères françaises ayant rencontré celles des Espagnols, le cardinal mandait à Renaudot « qu'il n'imprime rien de cette action jusques à ce que je lui envoie la relation ».

Le 17 septembre, le récit était adressé à Renaudot.

Le 20 septembre, *La Gazette* titrait : « Le furieux combat des galères de France et d'Espagne arrivé près de Gênes. »

De temps en temps, Renaudot s'enhardissait. Toutefois, s'il lui arrivait de dépasser les limites conventionnelles de son petit pré carré, Richelieu se hâtait de lui rappeler qui était le maître. Il déléguait le secrétaire Chavigny. « Je vous prie de mander à Renaudot qu'il n'imprime rien de cette action jusqu'à ce que je lui envoie la relation. J'en ai vu une qui n'est pas bien en ce qu'elle blesse tous les capitaines de nos galères. »

Le cardinal savait, au besoin, se montrer plus impérieux. Jusqu'à ne pas vouloir que l'on modifiât d'un iota les termes d'une lettre. Il ordonnait au secrétaire « de la donner si bien écrite et si bien ponctuée, que Renaudot mette dans l'impression tout ce qu'il faut et qu'il n'y ait point de faute ».

Il est miraculeux que sous une telle férule *La Gazette* n'ait pas sombré dans l'insignifiance. Le zèle, la conscience au travail, l'exactitude des faits, un style des plus corrects entraient pour beaucoup dans la conception que Renaudot se faisait d'un journal. *La Gazette* était certes docile au pouvoir, outre que la raison commandait de le soutenir.

Renaudot partageait les idées d'ordre, dont *La Gazette* renvoyait l'écho. S'agissait-il des officiers de tous grades qui même en guerre s'absentaient ? Ils étaient sommés par le roi de réintégrer leur charge « huit jours après la date de la présente pour tout délai, à peine des galères pour les roturiers et de déchéance pour les nobles ».

C'était admettre ouvertement le rôle officiel du journal ; Renaudot l'avouait.

Bon mais ferme, il souscrivait aux appels d'une paix sociale. Une tranquillité intérieure périodiquement malmenée « par les méfaits de gueux tant à la campagne qu'à la ville ». Aussi jugeait-il à propos de freiner les désordres. Il était dans ses vues, donc dans celles de *La Gazette*, de condamner fermement filous, vendeurs de tabac et autres gens de mauvaise vie. De même « garces, maquerelles et autres filles et femmes débauchées condamnées à traîner les tombereaux à bras destinés au nettoiement des rues ».

Quant aux répressions injustes ou meurtrières, aux prises de ville, aux faiblesses coupables envers les abus des financiers, il s'ingéniait à en rendre compte de manière que l'opinion fût moins indignée que convaincue.

Même le roi se prêtait au rôle d'informateur, n'hésitant pas à raturer son texte tel un journaliste consciencieux. Imitant Richelieu, Louis XIII ne dédaignait pas d'instruire son peuple sur sa royale personne. Le roi dansait, le roi chassait et voulait que chacun le sût. Il se portait à merveille : de quoi faire enrager son frère Gaston d'Orléans. Car en l'absence d'héritier, Gaston vivait dans l'espérance de succéder à Louis XIII, rêve que brisa la naissance d'un Dauphin en 1638, le petit Louis XIV. S'ensuivirent les articles de louanges dans *La Gazette*, plus royaliste et loyaliste que jamais. Et fort rentable pour son gazetier...

Renaudot reproduisait les articles étrangers, traduits par Epstein qu'il avait débauché de chez ses premiers concurrents. Il bénéficiait des ordonnances officielles, des envois de lecteurs et des mémoires adressés par Richelieu. Sans compter les confidences autobiographiques de Louis XIII. Avec les édits, lettres, patentes, arrêts, règlements, baux et traités, *La Gazette* devenait un organe d'information des plus complets. Étant le seul journal autorisé, toute personne soucieuse d'être bien informée se devait de l'acheter.

Outre la pension assez modique de huit cents livres, Renaudot en tirait de substantiels revenus.

À un sol le cahier de quatre pages, *La Gazette*, qui allait comporter huit puis douze pages, rapportait trois sols, complétés par trois autres sols lorsque Renaudot inclura un *Extraordinaire* de douze pages. Tous frais déduits, il en retirait un bénéfice rondelet : six à sept mille livres par an.

Il l'arrondissait encore de prébendes, redevances tirées de réimpressions provinciales de *La Gazette*. Des libraires avisés de Rouen, Aix, Avignon, Lyon, Tours et Bordeaux réimprimaient son journal. Interdire ou disputer semblait aussi difficile que coûteux. Renaudot transigea. Préférant la paix du négoce à de nouveaux procès, il passa des compromis moyennant pots-de-vin et avantages personnels.

La pratique était alors courante. Elle se réglait en nature. Ainsi Renaudot recevait-il du libraire d'Angers deux pâtés et six perdrix, de celui de Tours, deux gallons de pruneaux, et de celui de Nantes, dix livres de café moka. Ces gracieux suppléments compensaient les frais énormes de correspondance, de port, de composition et d'impression. En vingt ans de journalisme, *La Gazette* contribua puissamment à soulager le roi des sommes qu'il aurait dû employer à informer ses provinces et à neutraliser « les mauvais bruits préjudiciables à sa gloire ».

Traitant des affaires du monde et du royaume, *La Gazette* obtenait plein succès en Europe. Mais en France, son privilège exorbitant rameutait les critiques. On criblait de pamphlets le gazetier trop favorisé. À travers Renaudot, on visait Richelieu, mais de trop bas pour que l'on pût atteindre le puissant ministre. Alors, on ciblait le visage disgracieux du médecin de Loudun. Ses ennemis augmentaient en nombre et en virulence, en proportion de ses projets qui ébréchaient des droits intouchables. Avec les colporteurs, imprimeurs et libraires lésés allaient se solidariser d'autres communautés toutes liguées à le perdre.

L'infatigable gazetier s'était mis en tête d'inventer toujours plus. Des entreprises ambitieuses, dont chacune eût pourtant suffi à remplir une vie d'homme.

Renaudot en était venu à composer le journal proprement dit avec deux de ses fils, Isaac et Eusèbe, ainsi qu'avec le poète Chapelain. Il partageait avec Robinet de Saint-Jean l'écriture des *Extraordinaires*. C'était là toute la rédaction de *La Gazette*, un labeur formidable, sous l'œil aiguisé du cardinal et de ses collaborateurs directs. Ces derniers prenaient connaissance tous les ans de *La Gazette* sous forme d'un livre regroupant les numéros de l'année. Dans la préface, Renaudot priait « de ne point fermer le passage à mes nouvelles, dont le commerce ne s'est jamais pu défendre et qui tient en cela de la nature des torrents qu'il se grossit par la résistance ». Il ne demandait rien moins, en termes éloquents, que la liberté d'informer.

Pourtant, il ne s'en tenait pas à ce rôle de gazetier : sans cesse en lui s'éveillaient des initiatives qu'il menait parallèlement avec la même réussite agaçante – et de nouveaux ennemis épuisants.

Afin de ne pas confondre annonces et nouvelles – publicité et journal – Renaudot s'était défendu de mêler les deux organes. Cependant, il était recommandé de profiter des deux. L'achat de la Feuille du bureau d'adresses et de *La Gazette* faisait du lecteur l'honnête homme accompli.

Cette *Feuille* était très recherchée. On se rencontrait entre personnes de bonne compagnie au bureau du *Grand Coq* et on passait en revue le contenu des annonces. Les gens s'abordaient, entraient en discussion, débattaient. Spontanément, de petits groupes formaient cénacle. La médecine en était souvent le point central. Puis les sujets s'élargirent. La grande salle – où les femmes n'étaient pas admises à cause « de la corruption du siècle, du soupçon et de la médisance » – se trouvait transformée en un lieu du savoir. Avec sagacité, Renaudot vit dans ces rassemblements une nouveauté à explorer. Tant d'esprits s'attisant mutuellement ne pouvaient qu'éclairer les grandes questions du moment. Cette habitude de se réunir devenue un engouement, il s'en empara, l'organisa et en fixa les règles. Ces réunions infor-melles, souvent imprévues, devinrent les « conférences du bureau d'adresses ».

C'était en novembre 1633. Quatre mois avant la pre-mière séance officielle d'une assemblée qui prendra le nom d'Académie française. Renaudot avait devancé Richelieu.

Sans s'honorer du titre d'Académie des sciences, sans pédanterie affichée, les conférences faisaient intervenir médecins, savants, philosophes et gens instruits. Renaudot avait établi qu'elles se tiendraient les lundis après-midi de deux à quatre heures. Chaque fois, deux sujets étaient mis à l'ordre du jour, non pas en latin mais en français ; on s'en écartait le moins possible. Les intervenants prenaient la parole anonymement, dotés d'un numéro pour l'ordre de leur passage. Il était convenu d'admettre toutes les thèses, même les plus audacieuses « ou contraires à celles de l'École de Paris ». Mais, soucieux d'éviter l'échauffement des esprits, Renaudot en avait exclu la politique et la reli-gion : « Matières desquelles parlent le mieux ceux qui en parlent le moins. »

Un si large libéralisme attirait les esprits les plus ouverts. Du très controversé philosophe italien Thomas Campanella au savant Mersenne, ami de Descartes, et à Renaudot lui-même, qui prenait part au débat, chacun recherchait le savoir. Le public, assidu, venait nombreux, comme le spirituel Tallemant des Réaux qui ne manquait pas une conférence. Renaudot avait senti tout l'intérêt de curiosité chez les publics les plus divers. « Le jeune s'y façonne, le vieil y rafraîchit sa mémoire, le docte s'y fait admirer, les autres y apprennent et tous y rencontrent un divertissement honnête. »

Éclectiques, les thèmes variaient de l'actualité immédiate à l'insondable mystère de l'univers. En voici quelques exemples :

De la petite fille velue que l'on montre en cette ville.

Pourquoi l'aimant attire le fer.

Si les grosses têtes ont plus d'esprit que les autres.

Si les cieux sont solides ou liquides.

Du nouement d'aiguillette (dont on pouvait craindre que Louis XIII fût atteint – jusqu'à ce que l'on apprît qu'un Dauphin allait naître).

Du cocuage, des comètes, de l'air, des principes, qu'est-ce que l'âme ?

Etc.

On pouvait se procurer le cahier de huit pages résumant la question traitée la semaine précédente. Comme il y avait plus d'inconvénients à prendre parti qu'à exposer l'opinion de chacun, sagement Renaudot s'en remettait au jugement final du lecteur.

Le retentissement des conférences, l'influence de *La Gazette*, la renommée et les avanies qu'elle lui valait, et l'écho bruyant de la feuille d'annonces, auraient dû rassasier la boulimie d'innovations de Renaudot. Mais ses idées étaient inépuisables : il cherchait et il trouvait toujours.

À Pérouse, Barnabé de Terni, un moine récollet, avait été révolté par les taux pratiqués sur les prêts octroyés aux miséreux par les usuriers de la ville. De sa méditation était sorti, en 1462, le premier *Monte di Pieta*. Renaudot reprit l'idée. Elle s'inscrivait dans son besoin humanitaire d'agir pour autrui. Il ouvrit le premier mont-de-piété français, de façon à être utile au plus grand nombre et aux pauvres. Au bureau d'adresses, il pratiqua prêts sur gages, avances au taux de 3 %, ventes à grâce de rachat, ventes pures et simples, troc. Des dizaines de milliers de personnes profitèrent de cette invention. Du gentilhomme orgueilleux de son blason mais désargenté aux démunis proposant quelque linge contre un peu de monnaie. Toutefois, en Renaudot le médecin et l'homme d'ordre veillaient : les effets ne devaient être ni souillés ni volés.

Il avait institué des consultations gratuites et, jamais à court, il créa les « fourneaux » : des fabriques de médicaments. Les apothicaires à son service pouvaient y préparer les remèdes selon ses recettes chimiques.

À tout autre, le parcours eut paru périlleux. Il fallait obtenir l'autorisation royale et au préalable, celle de la Cour des monnaies, qui régentait la distillerie. Un fils de Renaudot, également prénommé Théophraste, y siégeait comme conseiller ; l'accord avec ces messieurs de la Monnaie en fut donc facilité. Quant à la permission du roi, elle fut acquise en 1640. « Renaudot ayant le droit de tenir chez lui fourneaux et de se livrer à toutes les pratiques servant à la médecine seulement. » Il était entendu que ces bienfaits seraient destinés au soulagement des pauvres et particulièrement des malades.

Renaudot n'avait rien à gagner avec cette nouvelle initiative, si ce n'est la satisfaction du bien et des attaques. L'atteinte aux privilèges des ouvriers du livre, libraires et imprimeurs patentés, puis aux monopoles des apothicaires et de la faculté de médecine provoqua un surcroît de colère contre lui.

Tout y contribuait. L'École de Paris défendait par routine les remèdes à base de plantes et la saignée. À l'avant-garde avec les médecins de Montpellier, Renaudot était partisan des médications chimiques, d'où l'utilité des fourneaux. Entre les deux enseignements, la guerre était déclarée.

Une ligue se forma contre Renaudot, ses insolents succès, les complaisances dont il bénéficiait et ses accaparements. Ne venait-il pas de racheter *Le Mercure français*, qui depuis 1611 résumait en un gros recueil les événements de l'année écoulée ? N'ouvrait-il pas une succursale du bureau d'adresses, rue Saint-Thomas, dans les galeries du Louvre ? N'était-il pas nommé historiographe du roi, faveur permettant d'accéder à la noblesse ?

Complaisances et réussites ne pouvaient que faire crier haro sur le gazetier.

Renaudot ne s'en alarmait plus. Certes, aux débuts de *La Gazette*, il n'avait ménagé ni ses lignes, ni sa peine, ni son temps pour répondre à ses détracteurs, parfois d'une plume assez vive : « Étudiez donc mieux vos injures si vous désirez qu'on les croie. » Deux ans durant, il avait répliqué semaine après semaine, justifications et preuves à l'appui de sa bonne foi. Médecin, il œuvrait à alléger les souffrances et la misère. Par la suite, l'approbation du public et la protection péremptoire de Richelieu l'avaient déchargé du souci de se défendre constamment. Mais rien n'y fit, il ne parvint pas à imposer silence aux libelles agressifs.

Il avait encore en tête la création d'un hôpital général, où seraient admis tous les pauvres. Une partie du bâtiment servirait aux consultations et un jardin médicinal viendrait s'y ajouter. Ce programme d'assistance entrait dans les desseins du cardinal. Nul doute qu'il eût été réalisé, s'il n'y avait eu les guerres coûteuses et surtout, en décembre 1642, la mort de Richelieu.

Cinq mois plus tard, Renaudot perdait son appui royal avec la disparition de Louis XIII. Les ennemis du médecin redressèrent la tête. Le testament de Richelieu renforça leur haine, lorsqu'ils apprirent qu'il avait légué « au Sieur Renaudot deux mille livres ». Le gazetier figurait dans la liste des « serviteurs et domestiques » du testament. Il était donc patent qu'il avait soumis *La Gazette* aux volontés de Richelieu, comme un domestique zélé que l'on récompensait. Et pamphlets de pleuvoir. Désormais, il était à la merci des temps nouveaux.

L'un des plus acharnés à le combattre était Guy Patin. Doyen de la faculté de médecine de Paris, il avait vu son monopole lui échapper en raison des activités de Renaudot. Tout les séparait : l'enseignement, les méthodes et l'attachement tenace aux moyens archaïques chez l'un, aux réformes chez l'autre. Cette fois, Guy Patin avait le dessus. Il le proclama dans un rondeau, dont le préambule laissait présager du reste :

> *Sur le nez pourri de*
> *Théophraste Renaudot*
> *alchimiste, charlatan,*
> *empirique, usurier comme un Juif,*
> *perfide comme un Turc, méchant*
> *comme un renégat, grand fourbe,*
> *grand usurier, grand gazetier de France.*

Plus critique encore fut un procès intenté à Renaudot. On lui reprochait un article vieux de neuf ans, inspiré par Richelieu contre Anne d'Autriche : rien moins que la répudiation suggérée de la reine. Or, Louis XIII étant mort et Louis XIV n'ayant que quatre ans, le pouvoir appartenait à la régente, secondée par le cardinal Mazarin. Renaudot, à qui l'on imputait le texte, assura l'avoir reçu tel quel et imprimé en l'état. Il se défendit d'en être l'auteur. Son argument : « Ceux qui sont souples aux commandements des puissances du passé, savent au moins aujourd'hui le métier d'obéir.» De surcroît, il adressa une requête à la reine pour lui offrir ses services.

Ses détracteurs ne lâchèrent pas leur proie. Ils soumirent la requête à examen et deux ans d'âpres procédures débutèrent. Le bras protecteur de Richelieu n'était plus là pour arrêter celui de la justice. Les reproches s'accumulaient sur le gazetier. On lui faisait même grief d'être né à Loudun « où les démons ont établi leur séjour », et d'être empirique, c'est-à-dire charlatan. En 1644, la sentence tomba.

« Condamnons le gazetier, soi-disant médecin ordinaire du roi, prétendu commissaire général des pauvres, à fermer ses consultations charitables, à éteindre ses fourneaux et à cesser ses activités de prêteur sur gages. »

De tout son édifice, seule lui restait *La Gazette*.

Bientôt il allait devoir batailler plus ferme encore. Il avait réussi à convaincre Mazarin de conserver *La Gazette*. Mais pingre, hormis envers lui-même et sa famille, le ministre supprima les huit cents livres que Renaudot percevait pour son journal. C'était le commencement de la débâcle.

On était entré dans la période des troubles : mauvaises récoltes, taxes augmentées, arrestations, agitation. Le Parlement et les princes désiraient rénover l'État centralisateur imposé par Richelieu et perpétué par un Mazarin tout aussi impopulaire. Il y eut des barricades, puis survint la Fronde. Le pouvoir appartenait aux Parisiens. La nuit du 4 au 5 janvier 1649 le jeune roi, sa mère, Mazarin et la Cour quittèrent le Louvre pour se retirer au château de Saint-Germain-en-Laye. Inflexible comme son prédécesseur, le nouveau cardinal ordonna à Renaudot de les suivre. Il dirigerait une imprimerie à installer dans l'un des appartements de l'Orangerie. De Paris, Guy Patin, dans une brochure, harcelait déjà Renaudot « espion de Mazarin, sa vie infâme et bouquine ». Le doyen jubilait de la condamnation de cet

ennemi qui avait osé se poser en rival de la faculté de
médecine.

À Saint-Germain, Renaudot dut imprimer des pamphlets
en faveur de Mazarin, qui représentaient une dépense
de cent mille livres pour le gazetier. Il eut autant de mal
à s'en faire rembourser qu'à briser la haine autour du cardinal.

À Paris, deux de ses fils, Isaac et Eusèbe Renaudot,
continuaient d'éditer *La Gazette*. Mais elle était rédigée
d'une plume tiède, car nul ne savait qui détiendrait réellement le pouvoir le lendemain. Par prudence, ils jouaient à
la fois la Fronde et Mazarin ; un pied dans chaque camp,
escomptant sans éclats l'issue de ces temps incertains.

Il en fut ainsi pendant quatre années, durant lesquelles
l'autorité passa successivement de la rue au Parlement, puis
aux princes, aux armes, enfin à la reine. De temps à autre,
Mazarin disparaissait. La reine le rappelait, l'exilait fausse-
ment et le rétablissait. Mazarin attendait sereinement la fin
des mazarinades, réaffirmant au passage le privilège de *La
Gazette*, qui en avait grand besoin.

Dans cette période de troubles, *La Gazette* était mal
acheminée, mal distribuée. Revenu à Paris, Renaudot se
trouva confronté à un essaim de journaux qui aiguillon-
naient Mazarin et accessoirement Anne d'Autriche. Ils
étaient tous pleins d'une liberté débridée, d'insolence, de
verve. Ils avaient pour nom : *Le Courrier français, Le
Courrier de la Cour, Le Babillard du temps, Le Burlesque,
La Gazette de la Halle*... En prose, en vers, idéologiques,
facétieux, éphémères très souvent, tous outrepassaient le
privilège de Renaudot. Pire, ils étaient la contrefaçon de
La Gazette, pillaient ses articles et, par conséquent, abais-
saient le débit de ses ventes. Les imprimeurs de province et
de l'étranger utilisaient impunément les mêmes méthodes.

Renaudot dénonça « ces faquins de falsificateurs et leurs colporteurs aussi punissables qu'eux ».

Afin de lutter contre « l'effronterie des faussaires », il marqua la dernière page de son journal de signes cabalistiques difficiles à reproduire. « Vous reconnaîtrez le faux d'avec le vrai par cette marque. » Et d'en appeler à la fidélité de ses lecteurs.

À ces tourments, Renaudot opposa un répit : un second mariage. En 1651, à soixante-cinq ans, il épousait une jeune fille pauvre qui en avait dix-sept. L'année suivante, la reine rentrait à Paris toute puissante avec Louis XIV. Quelques mois plus tard, Mazarin surgissait d'un nouvel exil à Liège. Ressaisissant les rênes, il confirmait le privilège unique de *La Gazette*. Les journaux frondeurs sombrèrent un à un. La Fronde avait vécu et le gazetier recouvrait ses droits, mais pas les cent mille livres dépensées à imprimer les libelles pour répliquer aux milliers de mazarinades rebelles et aux satires pointées contre Mazarin. Seule compensation, de vanité : des lettres patentes signées de Louis XIV avec le contreseing de la reine anoblissaient Renaudot, ses enfants et sa postérité.

L'honneur venait trop tard. En juillet 1652, une attaque de paralysie le frappa. Pour comble, sa trop jeune épouse se moquait de lui. Son mal physique et moral s'aggrava. Il demanda la séparation de corps et de biens d'avec sa femme, d'où une brouille avec ses enfants qui soutenaient les intérêts de l'épouse. *La Gazette* suivait la même pente déclinante. Le gouvernement ne fournissait plus d'informations. Il fallait aller les chercher à grands frais. Les moyens manquaient et Mazarin ne se hâtait pas de rembourser.

Renaudot dut supporter quinze mois les souffrances d'une maladie douloureuse, augmentées de l'amertume d'être si mal récompensé de vingt années de loyaux services. Le pouvoir avait économisé beaucoup d'argent grâce à sa *Gazette*. Un journal lu partout avec intérêt « car épuré de toute autre passion que celle de la vérité » et dont l'absence laissait les lecteurs comme hébétés.

Le 25 octobre 1653 s'acheva la vie ardente et passionnée de Théophraste Renaudot. Il avait soixante-sept ans. On l'enterra devant l'autel de la grande chapelle de Saint-Germain-l'Auxerrois. *La Gazette* fut sobre. Elle consacra dix lignes à son fondateur « Conseiller médecin du roi, historiographe de Sa Majesté, célèbre par son grand savoir en l'exercice de la médecine et par d'autres belles productions, si innocentes que les ayant toutes destinées à l'utilité publique, il s'est toujours contenté d'en recueillir la gloire ». Il y eut malheureusement de l'à-peu-près dans l'information, car on ajouta : « Mort en sa soixante-neuvième année ou environ. » Fragilité de tant de nouvelles rédigées à la hâte.

On convenait néanmoins que le gazetier ne s'était guère enrichi. Lui, si souvent et furieusement accusé de posséder une immense fortune et taxé d'« infâme avarice » par Guy Patin, du même en reçut outre-tombe l'éclatant démenti. Le doyen écrivit : « Le vieux Théophraste Renaudot vient de mourir gueux comme un peintre. » *La Gazette* survivait malgré le peu d'héritage que laissait Renaudot.

Elle resta une affaire de famille. Les fils Eusèbe et Isaac en assurèrent la direction, avant de la transmettre à un petit-fils, auquel succéda le neveu François Renaudot. Louis XIV lui accorda la permission de publier *La Gazette* aux mêmes clauses et conditions qu'au fondateur.

Sous Louis XV, les héritiers en cédèrent les droits au président d'Aunillon pour la somme de 97 000 livres. C'était en 1751. Onze ans plus tard, Choiseul l'annexait au ministère des Affaires étrangères. D'officieuse, elle devenait l'officielle *Gazette de France*, bihebdomadaire, dotée d'un titre orné des armes royales.

Sous la Révolution, *La Gazette de France* se changea en Gazette nationale avec une parution quotidienne. Cependant, républicaine ou impériale, elle se faisait discrète. Recouvrant son appellation *Gazette de France*, elle traversa haut et fort deux royautés, un empire et deux républiques, toujours décente en son style. En septembre 1915, la guerre vit sa disparition dans sa deux cent quatre-vingt-cinquième année.

De temps à autre, le souvenir de Renaudot revient à la mémoire des hommes. Au début de 1885, une plaque commémorative fut apposée sur la maison qu'il avait habitée, dans l'ancienne rue du Grand-Coq.

Le 4 juin 1893, à l'initiative d'un jeune médecin, Gilles de La Tourette, on inaugura à Paris, non loin du Palais de justice, la statue en bronze de Théophraste Renaudot. À cette occasion, le préfet de la Seine approuva l'idée du premier gazetier de France de désinfecter les objets apportés au mont-de-piété. « Précaution que l'on devrait bien imiter dans les salles de l'hôtel des ventes », dit finement le préfet.

Il faillit y avoir aussi des mots plus rudes. Les garçons de café rassemblés à la Bourse du travail, voulurent crier : « À bas Renaudot ! » devant la statue. Ils lui reprochaient l'existence des bureaux de placement. En bonne logique, il aurait fallu le blâmer de toutes les innocentes inventions nées de son bureau d'adresses, ou lui devoir une reconnaissance sans bornes pour ses multiples initiatives.

• Les petites annonces. « Maison à porte cochère à louer présentement devant le grand portail Saint Gervais, ayant cour, remise, écurie, neuf chambres à feu, cinq cabinets. Adresse au bureau ».

• La publicité commerciale et les offres d'emplois : « Notre bureau fournit l'adresse pour acheter et vendre les études et pratiques des procureurs et notaires. Pour obtenir les maîtrises de tous les arts et métiers, ce qui retiendra plusieurs anciens compagnons et autre jeunesse qui se débauche faute de rencontrer pareille occasion ».

- Le crédit municipal et le mont-de-piété.
- L'hôtel des ventes. « Pour voir, vendre et acheter à bon prix toutes choses exquises comme tableaux, manuscrits et livres, médailles et monnaies antiques... et généralement tous meubles curieux que l'on n'a qu'avec grande dépense et dont on trouve malaisément à se défaire quand on en est las ».
- Les consultations charitables que l'on nommerait aujourd'hui les dispensaires de soins.
- Les conférences médicales et scientifiques. Ne les appelle-t-on pas maintenant des colloques ?

Véritable « touche-à-tout social », le bureau d'adresses se chargeait aussi de faire donner avis et consultation large pour des malades désireux de garder secrètes leurs maladies et de conserver l'anonymat, d'autant plus que leurs noms étaient inutiles pour leur traitement. Et, par la variété de ses activités, le bureau servait également de « Bottin », enregistrant ainsi dans la discrétion « noms et demeures de toutes personnes de considération et auxquelles on a souvent affaire », telles que princes, théologiens, médecins ou avocats fameux.

Qui fit davantage pour le bien public ?

Remarquable précurseur, Renaudot n'en restait pas moins absent du Panthéon des grands serviteurs. L'ignorance de ses bienfaits aurait pu finir par faire tomber dans l'oubli jusqu'à son nom sans l'intervention de quelques jeunes journalistes qui, dans tous les sens du terme, n'avaient rien à se mettre sous la dent ce lundi matin de décembre 1925, jour de la proclamation du prix Goncourt.

Alors qu'ils guettaient l'annonce du lauréat, l'attente fut longue jusqu'à la décision finale. C'est alors que l'un des journalistes proposa d'aller déjeuner. Ils se rendirent à un restaurant voisin de chez Drouant d'où devait tomber le verdict des Goncourt. Au cours du repas, l'idée jaillit de créer un prix : « Un prix de journalistes auquel nous donnerions le nom de Théophraste Renaudot, le premier d'entre tous. »

Quelques jours plus tard, dix journalistes en constituèrent le jury qui officia l'année suivante, sans président ni règlement. Sitôt connu le résultat du Goncourt, on proclama le lauréat du Renaudot : un professeur au lycée de Monaco, Armand Lunel, pour son livre *Nicolo Pecavi, ou l'Affaire Dreyfus à Carpentras*.

Le choix s'avéra bon et le livre remporta un succès. Le prix Renaudot était lancé. Désormais, chaque année, le gazetier de Loudun réapparaît à la faveur du brouhaha littéraire qui couronne un romancier.

Cependant, le prix ne doit pas effacer l'homme : sévère dans un habit noir boutonné haut, garni d'un large col à rabats, cheveux épars, moustache rejoignant une courte barbe en épi, le nez camus, l'air sérieux d'un protestant et le regard ferme des devanciers.

Il était plein d'une compassion naturelle envers les humbles « [le] reconnaissant né au bien public », et d'une vertu intransigeante sur les principes de sa *Gazette* qui « fait assez si elle empêche de mentir ». Il savait la difficulté de se garantir du bruit qui court « et, par conséquent, sujet à beaucoup d'erreurs et à se dédire ».

Son constant souci de la vérité – dans les limites de ses pouvoirs – de l'exactitude et de la ponctualité, la minutie des corrections, sa crainte de mal faire, l'aveu de ses difficultés, les appels à tous de l'informer sur tout, depuis Constantinople, Prague, Hambourg, Rome, Vienne ou Venise... à l'époque des déplacements lents, et enfin sa rigueur morale l'imposent comme le précurseur des journalistes et comme leur modèle.

Le nouveau rédacteur de *La Gazette de France*, Fallet, définissait en 1791 le parfait gazetier :

« Un bon gazetier doit être promptement instruit, véridique, impartial, simple et correct dans son style. Cela signifie que les bons gazetiers sont très rares. »

Ce que confirmait Alphonse Karr d'un aphorisme railleur :

« Les journalistes sont des avocats qui écrivent. »

CLAUDE CHAPPE (1769-1804)
La girouette parlante

Cent mètres au-dessus du niveau de la Seine, la rue du Télégraphe et la station de métro du même nom rappellent qu'en ce haut point de Paris fut élevée jadis la première station de télégraphe au monde. Coup d'envoi d'un réseau qui, pendant soixante ans, allait gesticuler sur les tours et les clochers de France, pour annoncer les ordres de la capitale et les victoires de nos soldats.

C'était au printemps 1793, sous la Terreur. La France, en guerre avec l'Europe entière, était attaquée de tous côtés. Les Autrichiens avaient envahi le Nord, les Anglais occupaient Toulon, les Prussiens les Vosges, les Piémontais la Savoie. Les Espagnols franchissaient les Pyrénées. À cela s'ajoutait, depuis la mort de Louis XVI, une vraie crise du commandement : deux de nos généraux, La Fayette et Dumouriez, venaient de passer à l'ennemi.

Jamais le pays n'avait traversé situation si incertaine, si fluctuante. Jamais le pouvoir n'avait eu besoin de connaître si vite les mouvements de l'ennemi et les risques de trahison.

Or, la guerre, en drainant hommes et chevaux vers le front, désorganisait la poste, principal moyen de communication à l'époque.

Un député ami de Robespierre, le mathématicien Gilbert Romme, découvrit alors dans les cartons du Comité d'instruction publique un projet de télégraphe. Au descriptif étaient joints les procès-verbaux élogieux émanant de deux communes où avaient eu lieu des essais. Romme vit aussitôt l'intérêt de ce projet. Surtout pour les communications de la Convention avec ses représentants en mission en province ou aux armées. Mieux informé de la situation sur les zones de combat, le gouvernement pourrait faire donner les réserves à bon escient, annoncer l'envoi de secours à une troupe encerclée ou à une place assiégée. Ou encore faire immédiatement arrêter un suspect, nommer ou destituer un général.

« Citoyens, dit-il, il faut aux nations en guerre un moyen rapide et sûr de correspondre à grande distance. Le citoyen Chappe propose une méthode expéditive d'écrire en l'air en y déployant des caractères très peu nombreux. Simples comme la ligne droite et très distincts entre eux. Ces signaux sont d'une exécution rapide et sensibles à de grandes distances. Les agents que cet inventeur envisage d'employer à transmettre les signaux n'en connaîtront pas le sens. Ils n'auront donc aucun moyen de trahir le secret de la correspondance. Des essais privés ont été faits. À chacune de nos objections, le citoyen Chappe apporte une réponse satisfaisante. Il a prévu toutes les difficultés que pourrait présenter le terrain. Sauf un cas, celui d'une brume fort épaisse, comme il en survient dans le Nord en hiver. »

Le 1er avril 1793, sur la recommandation de Romme, la Convention adopta le système Chappe. À charge pour lui de faire une démonstration probante sur vingt-six kilomètres, une distance assez longue pour en tirer des résultats concluants. L'essai eut lieu trois mois plus tard, le jour même de l'assassinat de Marat par Charlotte Corday. Il passa inaperçu en raison de l'émotion qui suivit l'annonce de ce forfait. Pourtant cet essai entièrement réussi fut le coup d'envoi du télégraphe optique. Le premier de tous les réseaux de télécommunications.

Depuis le plus profond des âges, l'homme, redoutant une attaque surprise, cherche à savoir ce qui se trame au-delà de l'horizon. Cela donna naissance aux agents de renseignements et aux espions.

Nos aïeux plaçaient sur les hauteurs des sentinelles chargées d'allumer une torche pour signaler tout mouvement suspect. Avant même les phares, les rivages de la Méditerranée étaient jalonnés de tours de guet. Ces feux brillant soudain dans la nuit, telles des étoiles filantes, signifiaient selon un code convenu à l'avance un résultat escompté, victoire ou défaite par exemple. Selon Eschyle, huit bûchers de dix mètres de haut, espacés sur les îles et le littoral de la mer Égée, apprirent à Clytemnestre, reine de Mycènes, la chute de Troie et le prochain retour de Ménélas, son mari mal-aimé. De même, les feux allumés par les Chinois sur la Grande Muraille avertissaient les habitants de la frontière d'une attaque tartare.

En plein jour, il fallait trouver d'autres astuces. Partant à la conquête de la Toison d'or gardée par le dragon, Thésée promit à son père, le vieil Égée, de remplacer, s'il revenait vainqueur, les voiles noires de ses bateaux – signe de deuil ou de danger – par des voiles blanches. À l'époque prévue pour son retour, Égée scrutait inlassablement l'horizon, guettant le signal convenu. Enfin, des voiles apparurent, elles étaient noires. Dans l'ivresse du succès, Thésée avait oublié de les changer. Le malheureux Égée, croyant son fils mort, se précipita dans la mer qui, depuis, porte son nom.

Pour diriger Rome depuis sa villa de Capri, Tibère devait se tenir informé des affaires de l'Empire. Il déchiffrait les signaux qu'on lui envoyait de Sorrente en réfléchissant les rayons du soleil sur des boucliers de soldats.

Plus près de nous, les Sioux, les Apaches et même les cardinaux à l'issue d'un conclave communiquent par panaches de fumée. Les cardinaux, en brûlant les bulletins de vote, produisent la fumée qui annonce l'élection d'un pape ; les Indiens, pour différencier les messages, la rendent plus ou moins épaisse en jetant des couvertures sur le brasier.

Ces méthodes de transmission permettent seulement de confirmer ou d'infirmer un événement prévisible. Au contraire, pour expédier un message détaillé ou faire part d'un phénomène inattendu, on ne connut pendant des millénaires que le messager à pied ou à cheval. Souvent voué à la mort s'il arrivait porteur de mauvaises nouvelles. Les anciens rois de Babylone organisaient des relais fortifiés où le coureur essoufflé passait la consigne au suivant. En cas d'embuscade, il lâchait un pigeon voyageur afin d'alerter son chef. Celui-ci envoyait alors un autre messager par une route jugée plus sûre. Au Ve siècle av. J.-C., un coureur athénien prévint ses concitoyens de la victoire des Grecs sur les Perses en couvrant d'une seule traite les quarante-deux kilomètres qui séparent Marathon d'Athènes. Sitôt sa mission accomplie, il s'effondra d'épuisement.

Vercingétorix sonna l'appel aux armes contre les Romains en postant à intervalles réguliers une chaîne de factionnaires chargés de hurler le mot d'ordre de proche en proche dans des cornes de bœuf.

Jules César, de son côté, faisait placer des groupes de torches au-dessus de deux murets contigus, pour envoyer des messages lettre par lettre. Il divisait l'alphabet en six groupes de quatre lettres, ABCD, EFGH, IJKL, MNOP, QRST, UVXZ. Le nombre de torches allumées au-dessus du muret de droite indiquait le rang du groupe de lettres concerné. Le nombre de torches au-dessus du mur de gauche signifiait la place de la lettre dans ce groupe. Ainsi, en voyant une seule torche allumée à droite et quatre à gauche, on comprenait qu'il s'agissait de la lettre D, la quatrième du premier groupe.

Cependant, de l'Antiquité à la fin du XVIIIe siècle, les télécommunications n'ont guère progressé. Les télescopes de Galilée grossissaient trente fois mais servaient surtout à surveiller les satellites de Jupiter, et non les mouvements à l'horizon.

Pour transformer les savants en ingénieurs, faire redescendre la connaissance du ciel sur la terre, passer à l'action, il fallut la Révolution française. Elle raccourcit les têtes... mais aussi les distances, entre classes sociales, entre hommes de l'art et hommes de métier, entre Paris et la province, entre stratèges en chambre et combattants sur le terrain.

Claude Chappe, le deuxième de dix enfants, naquit à Brûlon, petit bourg sarthois disposant de halles et d'une église au chœur et au chevet romans. C'était le jour de Noël 1769, et, curieusement, on l'appela Claude plutôt que Noël. Sa famille, des gens de robe, venait de Mauriac, en Auvergne. Son père, avocat au Parlement, était directeur des domaines du roi à Rouen. Son oncle, l'abbé Jean-Baptiste d'Auteroche, plus occupé de sciences que de religion, possédait un cabinet d'astronomie et avait le goût des voyages. Après avoir levé les plans pour dresser la carte de la Lorraine, nouvelle province française, il avait reçu de l'Académie des sciences la mission d'aller en 1761 au fin fond de la Sibérie observer le passage de Vénus devant le Soleil. Cette conjonction, fort rare, se répète alors huit ans après et permet de calculer la distance entre la Terre et le Soleil ; les dernières ont eu lieu en 1874 et 1882, les prochaines sont attendues pour 2004 et 2012.

L'abbé, qui avait construit un petit observatoire à Tobolsk, avait ramené de cette expédition au bout du monde une captivante relation de voyage et une vaste collection de minéraux. En 1769, il était allé visionner une nouvelle rencontre du soleil avec Vénus. Mais cette fois les deux astres s'étaient donné rendez-vous au-dessus de la Basse-Californie et l'intrépide voyageur y avait succombé de fièvre jaune.

L'exemple du grand homme de la famille frappa l'imagination de Claude et de ses quatre frères, Ignace, René, Pierre-François et Abraham. Tous les cinq se passionnaient pour les sciences et le maniement du télescope.

Claude termina au Collège royal de La Flèche, le futur Prytanée militaire, ses études commencées au collège de Joyeuse, à Rouen. Son père lui obtint deux bénéfices religieux. Deux sinécures comportant de jolis revenus et guère d'obligations. Claude devint ainsi abbé titulaire des commanderies de Baignolet et de Saint-Martin de Chalautre, libre d'occuper son temps comme il le souhaitait. Suivant à sa manière l'exemple de son oncle Jean-Baptiste, il se consacra aux sciences. Tout particulièrement à l'électricité, mise à la mode par les travaux de Franklin et de Nollet, un abbé lui aussi. Claude reproduisit l'expérience de Lavoisier et décomposa l'eau par l'étincelle électrique. Il électrisa des bulles de savon remplies de gaz ; ces bulles, en s'attirant, détonaient au moment où elles venaient au contact. On lui doit aussi une étude de l'action de l'électricité statique sur... le développement des chrysalides de vers à soie.

La Révolution interrompit brusquement cette vie d'amateur, de dilettante. Les privilèges étaient abolis, les biens d'Église confisqués. Privé de revenus, Claude retourna au village, où il retrouva ses frères tout aussi désorientés.

Les cinq Chappe ne restèrent pas longtemps à se lamenter sur les misères des temps nouveaux, la disparition de la douceur de vivre. Ils tinrent conseil. Le pays était en proie aux convulsions révolutionnaires. Les routes n'étaient plus sûres ni même entretenues. La malle-poste n'arrivait plus au jour et à l'heure prévus. Un arbre était parfois couché en travers du chemin ; des hommes masqués ou le visage frotté de suie se jetaient alors sur les chevaux, coupaient les guides et les traits, forçant les voyageurs à descendre et à se laisser dépouiller. Les courriers du gouvernement, reconnaissables à la plaque de métal cousue sur leur veste bleu roi, s'ils avaient encore priorité pour obtenir des chevaux aux relais de poste, risquaient de se faire détrousser, voire arrêter comme suspects. C'était le chaos.

Claude se demandait comment on pourrait transmettre des dépêches à grande distance dans le moins de temps possible, tout en protégeant leur secret. Il eut une idée et en fit part à ses frères : « On devrait réutiliser les vieilles tours de guet et les clochers. Mais il y a sûrement mieux à faire en tirant parti des récents progrès de l'optique et de l'électricité. Il faut une machine simple et commode à manœuvrer. »

Leur intérêt redoubla lorsqu'un de leurs parents, Léon Delaunay, ancien consul de France à Lisbonne, leur raconta comment les diplomates communiquaient avec leur gouvernement. Dans un langage hermétique pour les non-initiés, le chiffre. « En mariant un code avec une machine, conclut Claude, on transmettrait sûrement les messages plus vite qu'avec la poste aux chevaux. Et sans risque de mauvaise rencontre. »

De toute la famille, Claude était le plus imaginatif. Il tenta d'abord de relier deux mécanismes d'horlogerie par un fil électrique, mais ne sut réaliser un bon isolement. D'ailleurs, on ne connaissait encore que l'électricité statique. Bien des années s'écouleront avant que l'on sache produire l'électricité dynamique utilisable pour les transmissions télégraphiques. Néanmoins, Chappe avait tenu un moment en mains l'électricité, cette arme qui, plus tard, devait fatalement renverser son système.

N'étant pas homme à s'avouer vaincu, il prit une autre voie. Il associa l'optique de l'oncle Jean-Baptiste et le chiffre de l'oncle Léon avec l'horlogerie, fort à l'honneur sous le règne de Louis XVI.

Claude combina deux principes. Un code : faire correspondre non plus des signaux à des lettres, mais des mots ou des formules à des groupes d'un, deux ou trois chiffres. Une machine : utiliser des pendules parfaitement en harmonie, nous dirions synchrones, et noter au signal donné le chiffre du cadran devant lequel passait l'aiguille.

L'hiver 1790, les frères Chappe essayèrent leur première machine dans leur village. Claude et René se tenaient dans deux maisons distantes de quatre cents mètres. Chacun posté devant une pendule à une seule aiguille, celle des secondes. Sur le cadran, les douze chiffres des heures étaient simplement remplacés par dix chiffres, de 0 à 9. Chaque groupe de trois signaux correspondait à un mot selon un code convenu entre eux. En notant soigneusement la succession des chiffres, ils pouvaient reconstituer un message.

« Deux postes, raconte Ignace, furent mis en communication au moyen de deux pendules à secondes parfaitement en harmonie, dont les cadrans, divisés en dix parties, représentaient les dix chiffres de la numération. Lorsque l'aiguille d'un de ces cadrans était sur le chiffre à indiquer, on faisait entendre un son qui annonçait au poste correspondant que le chiffre indiqué sur l'aiguille au moment du son était significatif. » En voyant l'aiguille de son horloge passer sur le premier chiffre du nombre à transmettre, par exemple 3, Claude tapa un grand coup sur une casserole, pour avertir son frère. René, alerté par le bruit, regarda aussitôt sa propre pendule. Comme on avait parfaitement synchronisé les deux horloges, il lut aussi le chiffre 3 derrière l'aiguille des secondes. À chaque coup de casserole, René regardait son cadran et le chiffre sous l'aiguille ; la succession des nombres enregistrés composait un message.

Au printemps 1791, les Chappe rééditèrent leur expérience entre Brûlon et Parcé, une localité sur une hauteur, à quinze kilomètres l'une de l'autre. À cette distance, plus question de casseroles, il fallait imaginer autre chose. Ils remplacèrent le coup d'envoi sonore par un coup d'envoi optique. Sur chacun des deux sites, ils élevèrent une potence surmontée d'un volet mobile de quatre mètres de haut, peint en blanc sur une face et en noir sur l'autre. Ce volet pivotait de 180° pour montrer à volonté l'une ou l'autre face. Ce n'était pas un signal à proprement parler, mais la rotation indiquait le moment précis où le correspondant devait lire sur sa pendule le chiffre à transmettre.

René, posté à Brûlon, demanda à un témoin, le docteur Chenou, de choisir une phrase. Le médecin proposa :

« Si vous réussissez, vous serez bientôt couverts de gloire. »

À onze heures, le volet pivota pour montrer sa face noire, qui se détachait mieux sur le ciel. Claude, ainsi prévenu que la manœuvre commençait, nota le premier chiffre. René remit le volet sur sa face blanche. Puis, dès que l'aiguille arriva sur le deuxième chiffre à visualiser, il fit à nouveau disparaître le carré blanc et surgir le noir.

Chaque fois que Claude, à l'affût dans une maison de Parcé, sa longue-vue braquée vers Brûlon, voyait le volet passer au noir, il regardait sur sa propre pendule la position de l'aiguille et dictait à Pierre-François le chiffre correspondant. En quatre minutes, ils eurent déchiffré le message.

L'après-midi, à quinze heures, ce fut au tour de Claude, depuis Parcé, d'adresser des signaux. Six minutes plus tard, René, resté à Brûlon, avait décodé la dépêche :

« L'Assemblée nationale récompense les expériences utiles au public. »

Le lendemain, nouveau message de René, bien au goût du jour :

« Le Roi n'est point ennemi de la liberté. L'aristocratie a beau arborer l'étendard de la révolte, la contre-révolution n'aura pas lieu. »

En dix minutes, son frère avait reçu le message et l'avait transcrit en clair.

Restait à faire connaître leur invention dans la capitale. Les frères Chappe avaient obtenu des notables qu'ils avaient invités à l'expérience de Parcé, la signature d'un procès-verbal. Munis de ce précieux témoignage, ils demandèrent à l'Assemblée constituante l'autorisation de renouveler leurs essais à Paris. Leur système, disaient-ils, aiderait le gouvernement à se renseigner sur l'état des esprits en province et à y envoyer des ordres. Ils n'obtinrent pas de réponse. Cependant, à force de démarches, ils reçurent enfin d'une section de Paris, une municipalité de quartier, la permission de dresser leur étrange machine sur le toit d'un pavillon d'octroi ouvert dans le mur des Fermiers généraux, à la barrière de l'Étoile, où ne s'élevait pas encore l'Arc de triomphe.

Claude avait mis à profit ce délai pour mûrir son projet. Comment faire concorder parfaitement des horloges en ligne sur des distances de plusieurs centaines de lieues ? C'était une autre affaire que pour les quatre lieues séparant Parcé de Brûlon. Il préféra abandonner sa méthode des signaux en harmonie, ses cadrans d'horloge, pour des appareils à trappes, une série de cinq volets escamotables et de couleurs différentes, les voyants. En les assemblant et en les faisant pivoter au moyen de cordes et de poulies, on produirait jusqu'à trente-deux combinaisons de couleurs, auxquelles on pourrait attribuer autant de significations. Tandis qu'à Parcé et Brûlon, le volet n'était qu'un simple auxiliaire de l'horloge, jouant seulement le rôle d'une sonnerie, désormais il constituait l'émetteur de signaux proprement dit.

Avec l'aide de ses frères, Claude éleva à l'Étoile son étrange machine à deux rangées superposées de voyants. Après deux jours de fonctionnement, quelle ne fut pas sa surprise en arrivant à l'octroi ! Tout avait disparu, de son appareil il ne restait plus le moindre vestige. Claude pressa de questions le concierge ; en vain, l'homme ne voulut rien dire ; l'hiver étant rigoureux, des voisins avaient sans doute volé le bois pour se chauffer. Quel désastre ! Cette expérience avait coûté beaucoup d'argent, forçant Claude à vendre son beau cabinet de physique.

Les cinq frères tinrent à nouveau conseil. Pour aboutir, il fallait un appui en haut lieu. Alors, ils employèrent les grands moyens. La Constituante allait être prochainement dissoute et remplacée par une Assemblée législative. Ignace, l'aîné de la famille, remplissant toutes les conditions requises pour être éligible, se porta candidat et, succès inespéré, il fut élu député de la Sarthe.

Le 22 mars 1792, grâce à son entremise, Claude, admis à la barre de l'Assemblée, présenta son projet : le tachygraphe, un nom qu'il venait de forger avec deux mots grecs signifiant « écrire vite ».

« J'offre à l'Assemblée, dit-il, l'hommage d'une découverte que je crois utile à la chose publique. C'est, citoyens, un système de communication instantanée, un moyen certain d'établir une correspondance telle que le corps législatif puisse faire parvenir ses ordres aux frontières et en recevoir la réponse pendant la durée d'une même séance. Je me déclare prêt à en faire l'expérience. En cas de réussite, je ne demande qu'à être indemnisé des frais que cette expérience m'aura occasionnés. »

Un mois plus tard, la France déclarait la guerre au roi de Bohême et de Hongrie, c'est-à-dire à l'Autriche ; le télégraphe devenait très utile pour communiquer avec les généraux. Jouant le tout pour le tout, les Chappe vendirent une partie de leurs biens pour aider leur frère à construire trois machines.

À l'Assemblée législative, Ignace s'était lié avec un de ses collègues, Le Peletier de Saint-Fargeau, richissime député de la noblesse aux États généraux, qui avait renoncé à son titre de comte et fait enlever ses armoiries pour rejoindre le tiers état. Il possédait sur les hauteurs de Ménilmontant un château abandonné et un immense domaine avec de beaux jardins à la française, des terrasses au point de vue réputé, des pièces d'eau et un parc boisé entièrement clos de murs. De ces lieux enchanteurs où Rousseau aimait se promener et rêver, il ne subsiste plus que quelques arbres inclinés sur les sépultures du petit cimetière de Belleville. Une tour se dressait au point le plus élevé – à l'emplacement de l'actuelle rue du Télégraphe, pratiquement à la même altitude (128 mètres) que la butte Montmartre (129 mètres). Le site semblait en tout point convenir à une nouvelle expérimentation. Le Peletier donna son accord. La première semaine de septembre 1792, croyant pouvoir y opérer à l'abri, sous la protection et dans la propriété d'un patriote influent, les Chappe hissèrent la première de leurs trois machines au sommet de la tour. Et ils commencèrent à envoyer des signaux.

Le moment n'était pas propice. Depuis quelques semaines, un vent de terreur soufflait sur Paris. Le 10 août 1792, Louis XVI avait capitulé, abandonnant les Tuileries et la garde suisse pour se jeter dans la gueule du loup. Le 13 août, la famille royale, escortée de gardes nationaux la crosse en l'air en signe de mépris, avait été transférée à la prison du Temple, au milieu des cris de haine contre *Gros Cochon* et *Madame Veto*.

Tout allait mal. Les Prussiens, bousculant nos soldats, occupaient Verdun et marchaient sur Paris. En Vendée, les paysans se révoltaient en réclamant leurs prêtres. Comme après toutes les défaites, le mot de trahison surgissait de toutes parts. On parlait de préparatifs pour faire évader le tyran du sinistre donjon de pierre grise où il était enfermé.

Alors, en voyant sur la tour de Ménilmontant ces étranges volets pivoter, paraître et disparaître subitement, les habitants de Belleville s'inquiétèrent. Ils subodoraient quelque chose. Pour sûr, des complices des prisonniers du Temple échangeaient des signaux avec l'ennemi. Les sans-culottes envahirent le parc avec une ardeur vengeresse, brisant et saccageant toute l'installation et les Chappe ne durent leur salut qu'à la fuite.

« Nous allions travailler tous les jours chez M. de Saint-Fargeau, raconte Ignace. Un après-midi, comme nous entrions dans le parc, nous vîmes le jardinier accourir en nous criant de nous sauver. On avait mis le feu au télégraphe. Si l'on nous voyait, on nous jetterait au milieu des flammes. »

Claude avait laissé 4 000 livres s'envoler en fumée à la barrière de l'Étoile, puis à Ménilmontant. Qu'importe, le jeune inventeur – il avait trente ans – était prêt à recommencer. Ne pouvant rien accomplir sans l'appui de l'État, il s'en remit au Comité d'instruction publique de l'Assemblée :

« J'ai construit plusieurs machines. J'en ai fait établir une à Belleville. Deux autres allaient être placées lorsque j'ai appris qu'un attroupement d'une partie des habitants de Belleville et des environs avait brisé et détruit tous ces préparatifs, croyant qu'ils étaient destinés à servir les projets de nos ennemis ; ils menacent dans ce moment mes jours, ainsi que ceux d'un habitant de Belleville qu'ils soupçonnent d'avoir conspiré avec moi au placement de cette machine. »

Bien occupée par la guerre, l'Assemblée se souciait peu des inventions. D'ailleurs, elle vivait ses derniers moments. Elle se sépara neuf jours après avoir reçu la demande de Chappe, le 21 septembre 1792, et transmit le dossier à la Convention, qui lui succédait. Celle-ci la renvoya, le 15 octobre, au Comité d'instruction publique, qui, distrait par d'autres soucis, ne donna aucune suite.

Tout était à recommencer. Il fallait repartir de zéro, avec un handicap supplémentaire, car Ignace n'avait pas retrouvé son mandat de député. Heureusement, un chef de bureau au ministère de la Guerre s'intéressait à ce tachygraphe, peut-être parce qu'il l'avait rebaptisé télégraphe, c'est-à-dire non plus « qui écrit vite », mais « qui écrit loin ». C'était devenu un peu « son » projet.

Plusieurs mois s'écoulèrent néanmoins sans réponse. Les Chappe trouvaient le temps long. Leur protecteur Le Peletier de Saint-Fargeau n'était plus là pour les aider. Ce transfuge de la noblesse, qui, avec Philippe-Égalité, passait aux yeux des royalistes pour le principal responsable de la condamnation de Louis XVI, avait été poignardé la veille de l'exécution du roi.

« Le tyran était condamné, mais vivait encore, que mon frère n'était plus, raconte le frère de Le Peletier. Simple dans sa manière d'exister, il allait presque tous les jours chez un restaurateur appelé Février, établi au Jardin de l'Égalité. Ce fut chez ce traiteur, alors qu'il prenait un repas frugal selon sa coutume, le 20 janvier 1793, vieux style, que le lâche Pâris, ancien garde du corps du Roi, consomma le plus atroce des forfaits.

Michel Le Peletier était seul dans un caveau enfoncé. Pâris s'informe auprès de la citoyenne Février si mon frère était chez elle. On lui indique le lieu ; il y entre et dit à mon frère :

« Êtes-vous Le Peletier de Saint-Fargeau ?

– Oui, lui répondit cet homme confiant.

– Vous avez voté dans l'affaire du Roi ; quelle a été votre opinion ?

– La mort, dit-il. Je l'ai trouvé criminel en mon âme et conscience et je l'ai jugé ainsi. J'ai fait mon devoir. »

À ces mots, Pâris tire un poignard terrible qu'il tenait caché sous son vêtement et le plonge dans le corps de Michel Le Peletier en disant :

« Meurs, scélérat ! Voilà ta récompense. »

Transporté à l'hôtel de Chimay, place Vendôme, alors nommée place des Piques, Le Peletier mourut dans les bras de son frère en disant :

« Je suis content, je meurs pour la liberté de mon pays. »

On avait d'abord exposé sa dépouille sur le socle de la statue de Louis XIV, puis on lui avait fait de grandioses funérailles. Il fut sacré premier martyr de la liberté, et sa dépouille fut conduite au Panthéon au roulement de tambours voilés de noir. C'était la gloire posthume pour Le Peletier, mais pour les Chappe la perte de leur dernier appui.

Cependant, la persévérance allait se montrer payante. Le 1er avril 1793, coup de théâtre : grâce à Romme, à sa clairvoyance et à sa détermination, la Convention décida d'expérimenter le procédé des Chappe. Elle leur alloua 6 000 livres sur les fonds libres de la Guerre pour construire une ligne d'essai. Le tracé suivait une direction sud-nord, de Ménilmontant à Saint-Martin du Tertre.

Entre-temps, Chappe avait à nouveau perfectionné sa machine. Il s'était rendu compte qu'on ne distinguait bien les couleurs à distance que par très beau temps. Il fallait des longues-vues à verres spéciaux introuvables ailleurs qu'en Angleterre. Comment faire confiance aux Anglais, avec lesquels on n'entendait que rumeurs de guerre imminente ? Mieux valait s'en tenir au noir et blanc. Les volets pivotants, les trappes, avec leur échafaudage, trois à la base

Le télégraphe optique de Chappe

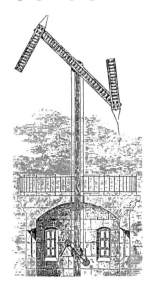

Un relais avec ses bras articulés et son mécanisme

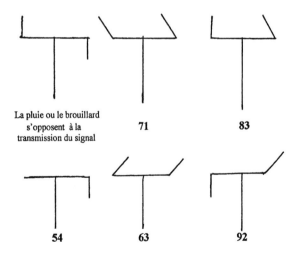

La pluie ou le brouillard s'opposent à la transmission du signal

71

83

54

63

92

Quelques signaux du code Chappe

et deux par-dessus, donnaient prise au vent. Au fond, ce système, s'il permettait davantage de signaux que les cadrans, offrait moins de visibilité.

Après bien des améliorations, bien des modifications, Claude Chappe finit par donner à son télégraphe la forme de corps allongés. Un bras articulé avec deux avant-bras. Les avant-bras, ou indicateurs, d'un mètre et demi d'envergure, se déployaient aux extrémités du régulateur, un bras central trois fois plus long, pivotant lui-même au sommet d'un mât. Ces trois poutres mobiles étaient en bois, ajourées par des lames inclinées comme des persiennes, pour mieux résister au vent. Elles étaient peintes en noir pour contraster avec le ciel.

Un jeu de tringles, de câbles et de poulies permettait de modifier indépendamment les uns des autres les angles formés par ces trois pièces. Le but de la manœuvre n'était pas d'attirer l'attention sur la position particulière de chaque bras, mais sur la figure formée par l'ensemble des trois.

Selon que les indicateurs étaient tournés du même côté ou en sens inverse, obliques ou horizontaux, inclinés vers la terre ou pointés vers le ciel, et selon que la branche médiane, le régulateur, occupait l'une ou l'autre des quatre directions fondamentales, cela prêtait à $8 \times 8 \times 4 = 256$ figures différentes. Pour éviter de créer une confusion en mettant les indicateurs dans le prolongement du régulateur, on se limita d'abord à $7 \times 7 \times 4 = 196$ combinaisons.

La Convention entendait surveiller l'avancement du projet. Elle désigna trois de ses membres à cet effet. Ordre fut donné à la garde nationale de protéger les trois sites contre toute manifestation intempestive.

Deux des commissaires, Daunou et Arbogast, se mirent aussitôt à dénigrer l'invention. Cambon, au Comité des finances, n'y voyait qu'une dépense inutile. Seul Lakanal, l'actif organisateur du Muséum d'histoire naturelle, de l'École centrale, de l'École normale supérieure et de l'enseignement primaire, prit le parti de Chappe qui, au bord du découragement, lui écrivait :

« Daunou et Arbogast ne veulent pas de mon projet. Cambon est défavorable à tout ce qui intéresse les sciences et les arts. Je n'espère qu'en vous seul. »

Lorsque les Chappe se furent suffisamment exercés à transmettre des correspondances de cent ou cent cinquante mots, ils invitèrent les trois commissaires à une démonstration. Le 12 juillet 1793, Claude, placé à Ménilmontant avec Daunou, envoya des signaux que les employés, les stationnaires en poste à Écouen, observèrent à la lunette et reproduisirent fidèlement. Son frère Abraham, qui avait tout juste vingt ans, reçut aussitôt le message à Saint-Martin-du-Tertre, en présence d'Arbogast et de Lakanal.

Les résultats étaient si satisfaisants que Claude présenta presque aussitôt un projet de télégraphe ambulant, destiné à suivre la marche des armées, ainsi qu'un télégraphe de nuit, muni d'un fanal aux extrémités de chaque bras.

Les commissaires restèrent trois jours sur le terrain avec les Chappe, puis Lakanal soumit à la Convention un rapport enthousiaste :

« Nous occupions, le citoyen Arbogast et moi, le poste de Saint-Martin-du-Tertre ; notre collègue Daunou était à celui du parc Saint-Fargeau, distant de cinq lieues et demie. À 4 heures 26, nous arborâmes le signal d'activité ; le poste de Saint-Fargeau obtint la parole et nous transmit en onze minutes avec une grande fidélité la dépêche suivante :

« Daunou est arrivé ici, il annonce que la Convention vient d'autoriser son Conseil de sûreté générale à apposer les scellés sur les papiers des députés. »

Le poste de Saint-Fargeau reçut de nous en neuf minutes la lettre suivante :

« Les habitants de cette belle contrée sont dignes de la liberté par leur respect pour la Convention nationale et ses lois. »

« Nous continuâmes de correspondre avec succès, jusqu'à ce que la vedette d'Écouen eût arboré le signal d'impossibilité de transmission. »

Lakanal indiqua ensuite qu'une ligne entre Paris et les frontières du Nord coûterait 96 000 livres, mais qu'en déduisant le montant des télescopes confisqués aux émigrés, cette somme serait ramenée à 58 400 livres. Il conclut en proposant de « nationaliser » la découverte, c'est-à-dire d'en confier la gestion à l'État et d'utiliser les services de Claude Chappe.

Deux lois de 1791 avaient institué les brevets d'invention, mais Chappe ne voyait d'autre client, d'autre commanditaire que l'État. Il n'avait pas le choix. Il accepta.

Le 26 juillet, la Convention nomma Claude Chappe ingénieur télégraphe, au salaire de 5 livres 10 sous par jour, comme un lieutenant du génie. Voilà la récompense accordée à l'inventeur d'un système qui allait doter la République d'une arme nouvelle !

La Convention vota également les crédits pour construire une première liaison jusqu'à une ville frontière. Le choix de cette ligne étant stratégique incombait au Comité de salut public, créé depuis quatre mois. Sur la proposition de Carnot, il donna le 4 août 1793 la priorité à la liaison Paris-Lille. Dans un second temps, on prévoyait de relier Paris à Strasbourg et Landau, une place forte du Palatinat qui alors se trouvait française.

L'ordre était donné, signé de Robespierre ; il fallait obéir et faire vite. Le 23 août, l'inflation aidant, le Comité de salut public mit 166 000 livres à la disposition de Chappe et, le 19 septembre, il l'autorisa à acheter une grande quantité de fer et de laiton.

Cette première liaison de 230 kilomètres fut construite en huit mois, malgré les pires difficultés. Si Chappe avait étudié tous les aspects de la machine télégraphique, il n'avait pas encore envisagé les problèmes soulevés par la construction d'une ligne d'une telle longueur. Il fallait choisir les sites, exproprier les terrains, édifier les tours, construire les maisonnettes à leur base. Surmonter une foule d'obstacles. Plus que jamais, ses frères et lui firent preuve de cohésion et d'esprit d'entreprise.

La machine devait résister au vent et même aux tempêtes. Ses mouvements devaient être rapides sans exiger une grande force. Un horloger réputé, Abraham Bréguet, aida à mettre au point, à la base du mât, la commande à pédales et à manivelles d'un télégraphe modèle réduit, le mannequin. Ce répétiteur, placé sous les yeux du stationnaire, était relié par un jeu de renvois, de tringles et de câbles à la grande machine montée sur le toit. On pouvait ainsi manipuler sans avoir à contrôler les figures qui se composaient au-dessus de sa tête.

Ignace avait des loisirs depuis qu'il avait perdu son poste de député, Claude lui demanda conseil pour le code de signaux. Des essais permirent de mesurer le temps nécessaire à l'observation et à la transmission des messages : un signe toutes les trente secondes. D'où l'intérêt d'en limiter le nombre, ce qui exclut l'emploi d'une signalisation lettre par lettre comme dans le système de Jules César. Dès le début, les Chappe comprimèrent l'information en identifiant des mots, des phrases ou des formules au moyen d'un groupe de chiffres.

« Mais alors, se demandèrent-ils, comment discriminer entre eux ces nombres, comment séparer les mots, savoir où s'arrête le précédent, où commence le suivant ?

– Par une position particulière, en oblique, de l'indicateur de droite, le terminateur, permettant de reconnaître le chiffre final du nombre transmis. On évitera ainsi un signal supplémentaire. »

Les mots les plus usuels furent représentés par une succession de deux signaux. La plupart des autres par une succession de trois, au maximum quatre.

Les Chappe tenaient à ce que chaque signal fût bien perçu et retransmis sans ambiguïté par les hommes de terrain. Pour éviter toute confusion, ils n'utilisèrent d'abord que 5 positions pour l'indicateur de gauche et 2 pour le régulateur, soit 5 x 2 = 10 seulement des 256 configurations disponibles. Avec une rafale de 4 signaux pris chacun dans un éventail de 10 figures différentes, on pouvait indiquer n'importe quel nombre de 1 à 9999. Un vocabulaire secret permettait ensuite de traduire ce langage chiffré en langage ordinaire. Secret, car les informations à transmettre relevaient souvent du secret défense.

En bon ingénieur, Claude avait horreur du travail administratif, il le confia donc à ses frères. Renouant avec la tradition de cartographe de son oncle Jean-Baptiste, il se consacra en priorité au tracé et au choix des sites. Pour déterminer les emplacements convenables et suivre la construction des maisonnettes supportant la machine, il voyageait en plein hiver, à cheval, parcourant des chemins dans un état lamentable. Le brigandage rendait les routes peu sûres et les auberges ne valaient guère mieux.

D'abord, il chercha à se rapprocher le plus possible de la ligne droite, afin de limiter le nombre des stations. Par souci d'économie, car l'inflation galopait. En quelques mois, les 166 000 livres attribuées s'étaient dépréciées de 240 %. Les crédits votés permettaient de construire seize stations, pas une de plus. Il fallait donc les espacer de quinze kilomètres.

À l'expérience, on dut pourtant réduire l'intervalle entre

stations dans les vallées de l'Oise et de la Somme, en raison de la fréquence des brouillards. Éviter forêts et marais « à cause des vapeurs qui interceptent la vue des télégraphes », utiliser les points hauts pour améliorer la visibilité, quitte à accepter un tracé en zigzag.

À Paris, le point de départ était le toit du palais du Louvre, où siégeait le Comité de salut public. Claude pouvait en surveiller les travaux depuis son bureau, à l'angle de la rue du Bac et du quai Voltaire. De là, on communiquait avec le clocher de Saint-Pierre de Montmartre, qui relayait vers Ménilmontant. La ligne se poursuivait par Écouen, puis par Clermont, Fouilleuse, Belloy et Boulogne-la-Grasse dans l'Oise, Parvillers, Lihons, Dampierre et Guinchy dans la Somme, Hanchicourt, Tréluch et Carvin dans le Pas-de-Calais, jusqu'au terminal de Lille-Saint-Pierre.

Un arrêté du 24 septembre 1793 autorisa Chappe à placer ses télégraphes sur les tours et les clochers et à faire abattre les arbres gênant la vue entre deux machines. Cependant, les propriétaires refusaient de se laisser exproprier et les municipalités rechignaient à prêter main-forte à ceux qu'elles prenaient pour des espions. Les relais étant souvent construits sur des points isolés, déserts, exposés aux actes de malveillance, on travaillait le fusil en bandoulière et le pistolet à la ceinture, prêt à se défendre.

Comment s'approvisionner en longues-vues ? Seuls les Anglais savaient juxtaposer une lentille en verre et une autre en cristal de plomb, qui ont deux indices différents de réfraction. Chappe se fit livrer les longues-vues et télescopes du Mobilier national. Cela ne suffisant pas, il réquisitionna les vases en cristal confisqués aux émigrés. On les retailla pour confectionner des optiques.

L'équipement de chaque station demandait deux tonnes de fer pour les tringles, 900 kilos de plomb pour les contrepoids, 120 kilos de laiton pour les câbles ; or on manquait de fer, de plomb et de laiton. Au début, Lakanal s'efforça d'arranger les choses, mais bientôt, craignant pour sa tête, il jugea prudent de se faire envoyer en mission au calme à Bergerac pour y établir une manufacture d'armes, loin de l'agitation de Paris. Chappe s'adressa directement au Comité de salut public. Barère et Hérault de Séchelles prirent sur le champ un arrêté l'autorisant à prélever dans les dépôts les matières premières indispensables.

Nouvelles difficultés lorsqu'il s'agit de transporter le matériel : impossible de trouver des chevaux. Les paysans refusaient de se défaire de ceux qui avaient échappé à la réquisition pour les armées. Chappe dut encore menacer de faire intervenir Paris. Enfin, quand tout fut rassemblé, les ouvriers manquèrent : pas payés ou payés en assignats dépréciés, ils disparaissaient. Un moment les Chappe se transformèrent eux-mêmes en maçons.

Enfin, en juin 1794, la ligne fut terminée. Du dehors, on ne voyait pas le mécanisme. Seulement trois bras, détachés sur le ciel, qui se mettaient brusquement à l'oblique, à la verticale, à l'horizontale, ouverts ou fermés selon un angle aigu ou obtus.

Il ne restait plus qu'à recruter des stationnaires, deux par station, à les munir d'une longue-vue et à leur apprendre à reconnaître les quatorze signaux de service, signalant le début ou la fin d'une transmission, une erreur ou la suspension du service. Lorsqu'au travers de la brume, de la fumée, de la pluie ou de la neige, le guetteur ne percevait plus au bout de sa longue-vue les signaux du poste voisin, il faisait envoyer le signal « brumaire ».

Ces télégraphiers, choisis parmi les artisans serruriers de village, censés savoir réparer tout seuls les ferrures ou les longerons des machines, étaient en service de l'aube au crépuscule, l'un à la lunette, l'autre à la manipulation du télégraphe, à tour de rôle. Mal rémunérés, ils étaient ravis de chômer quand on y voyait mal. « Nous avons nos jours de congé, disaient-ils, les jours de brouillard. »

Les deux directeurs, Claude à Paris et son frère Abraham à Lille, étaient seuls à détenir le vocabulaire et donc à connaître le contenu des messages de correspondance. Ils réécrivaient le texte des messages à expédier, élaguant les mots inutiles, évitant notamment les articles et mettant les verbes à l'infinitif. Ils inventaient le style télégraphique. Ce texte abrégé, ils le traduisaient ensuite en nombres et enfin en signaux pour être remis au stationnaire. À destination, ils décodaient le message, traduisaient les signaux en nombres puis en mots et le recopiaient sur un beau papier à en-tête qu'ils faisaient porter au destinataire, souvent un général, un représentant en mission, voire un membre du Comité de salut public.

Après quelques essais de transmission de textes de routine, on déclara la ligne en service. Le 19 juillet 1794, depuis la tour Sainte-Catherine à Lille, le télégraphe annonça au dôme du Louvre, à Paris, la reprise de Landrecies sur les Autrichiens. Dès l'ouverture de la séance de la Convention, Barère informa ses collègues « qu'un établissement nouveau constitué sous ses auspices, le télégraphe aérien, venait d'apprendre à Paris cette victoire, le matin même du jour où nos soldats pénétraient dans la place. Citoyens, poursuivit Barère, deux cents esclaves se rendent à discrétion, la garnison est prisonnière et Landrecies restituée à la République. » La salle retentit de cris et de bravos et tous les députés se levèrent avec allégresse. Barère rendit un vibrant hommage à Claude Chappe et lui fit décerner le titre de « bienfaiteur de la Patrie ».

Le 15 août, le télégraphe annonça la libération du Quesnoy ; le message arriva à Paris en deux heures, mais cette fois sans grand effet, la Convention ne siégeant pas ce jour-là. Même indifférence lorsqu'on apprit la libération de Valenciennes.

En revanche, le 30 août 1794, le télégraphe créa un choc. La Convention tenait séance dans le tumulte. Un député, Lecointre, venait de mettre en accusation sept de ses collègues, qui avaient été aux côtés de Robespierre dans les comités de gouvernement. L'un d'eux, Vadier, se précipita à la tribune avec un pistolet.

« J'aime mieux la mort, s'écriait-il, que la douleur de ne pouvoir être entendu par le peuple, dont j'ai toujours été un ami fidèle. »

Au même moment, le télégraphe installé sur le toit du Louvre reçut une dépêche en vingt-sept signaux. Claude Chappe la transcrivit sur un bulletin qu'il porta cent mètres plus loin, à l'aile des Tuileries où siégeait l'Assemblée.

Carnot vit aussitôt le parti à en tirer : l'occasion inespérée de rehausser l'image du Comité de salut public, très atteinte depuis la chute de Robespierre. Il s'élança à la tribune de la Convention, le papier à la main. Ses traits émus annonçaient une affaire grave. Le silence se fit dans la salle, il s'écria alors avec passion :

« Citoyens, je tiens une nouvelle qui réchauffera vos cœurs : les Autrichiens sont battus, la place forte de Condé, dont ils étaient maîtres, vient de nous être rendue, comme l'annonce à l'instant le télégraphe de Chappe établi par vos soins. Voici ce que dit la dépêche : "Condé restitué à la République. Reddition a eu lieu ce matin six heures." »

Ce fut un tonnerre d'applaudissements. Le public des tribunes agita des chapeaux en criant.

Cela fait toujours plaisir de remporter une victoire, mais quelle joie aussi d'apprendre que le message était parvenu en trente minutes de Lille à Paris, distance qu'un cavalier mettait trois jours à couvrir ! La Convention crut ce jour-là avoir vaincu non seulement l'ennemi, mais aussi le temps et l'espace.

Un député gravit quatre à quatre les marches de la tribune :

« Je demande que la ville de Condé change de nom et s'appelle désormais Nord Libre »

Un autre ajouta :

« En apprenant à Condé son changement de nom, déclarez aussi à l'armée du Nord qu'elle a bien mérité de la patrie. »

Un troisième surenchérit .

« Je demande que les deux décrets soient transmis à l'instant par le télégraphe. »

Claude expédia ce nouveau message. Neuf minutes plus tard, son frère Abraham le réceptionna à l'autre bout de la ligne du télégraphe, à Lille.

La séance n'était pas encore achevée que le citoyen-président causa un nouveau débordement d'enthousiasme ; il annonçait que la dépêche était bien arrivée à destination, elle circulait déjà dans l'armée.

Le 3 octobre 1794, la Convention décida de construire la seconde ligne, de Paris à Landau par Metz et Strasbourg. On pensait que le télégraphe allait aussi aider à faire rayonner les idées nouvelles sur tout le territoire. Et à connaître l'état d'esprit des provinces, empoisonnées par les sirènes du fédéralisme et de la contre-révolution.

Depuis septembre, la famille Chappe, qui monopolisait, outre l'exploitation de la ligne de Lille, la direction des travaux de celle de Landau, était autorisée à installer dans le superbe ci-devant hôtel de Villeroy, 9, rue de l'Université, des ateliers de mécanique et de serrurerie pour cinquante ouvriers ainsi que les bureaux du Télégraphe.

La nouvelle liaison, entre une des tours de l'église Saint-Sulpice – rebaptisée temple de la Raison, puis de l'Être Suprême – et la cathédrale de Strasbourg, allait conduire à mutiler la flèche nord d'une basilique, chef-d'œuvre du gothique flamboyant. « À deux lieues de Châlons, écrit Victor Hugo, sur la route de Sainte-Menehould, dans un endroit où il n'y a que des plaines, des chaumes à perte de vue et les arbres poudreux de la route, une chose magnifique vous apparaît tout à coup. C'est l'abbaye Notre-Dame de l'Épine. Il y a là une vraie flèche du XVᵉ siècle, ornée comme une dentelle et admirable, quoique accostée d'un télégraphe, qu'elle regarde, il est vrai, fort dédaigneusement, en grande dame qu'elle est. »

Le chantier, lancé en janvier 1795, allait être abandonné au bout d'un an, faute d'argent. Puis repris, après dix-huit mois d'interruption, en novembre 1797. « Les prises de guerre du général Bonaparte ont permis de combler les caisses de l'État et d'alimenter les caisses du Télégraphe. Il sera sans aucun délai établi une liaison de Paris à Strasbourg », décréta le Directoire.

Malgré les succès annoncés par Carnot, les anciens amis de Robespierre étaient menacés de représailles. Romme aurait dû se tenir sur ses gardes, ayant voté la guerre et la mort du roi. Anticlérical, il avait été l'un des promoteurs du calendrier décadaire et du culte de la déesse Raison. À l'abbé Grégoire, qui lui demandait un jour avec irritation :

« À quoi sert ce calendrier ? »

Il avait répondu :

« À supprimer le dimanche. »

L'émeute du 1ᵉʳ prairial an III mit le feu aux poudres. Ce jour-là, le 20 mai 1795, la foule, exaspérée par l'inflation galopante et la crise du ravitaillement, envahit la salle où siégeait la Convention. « Des cannibales, suivis d'un cortège barbare, entrèrent en portant une tête sanglante, celle d'un député, au bout d'une pique. » Ils la mirent sous le nez du président de l'assemblée. Parmi eux, des femmes, qui réclamaient : « Du pain ! »

Romme commit alors l'imprudence de monter à la tribune, sans doute dans un but d'apaisement. Faisant « la différence entre les égarés, poussés par le malheur, le désespoir et la faim, et les malveillants, les affamés du crime », il demanda « au nom de la concorde et de l'union, le recensement des farines et des grains de Paris, la suppression des pâtisseries et la libération des patriotes incarcérés ».

« Il est temps, dit-il, de faire cesser le scandale des subsistances. L'abondance règne pour ceux qui ont beaucoup d'assignats, tandis que l'indigent meurt de faim. Il ne doit plus y avoir qu'une espèce de pain, le pain de l'Égalité. »

Mal lui en prit. Car, vers minuit, après que la foule se fut éclaircie, la Convention reprit ses débats sous la protection de gardes nationaux accourus des quartiers bourgeois et décréta d'accusation ceux des siens « qui avaient pris position en faveur de l'insurrection ».

Le 17 juin, Romme et cinq de ses collègues furent condamnés à mort par une commission militaire. Alors, ils commirent un suicide républicain en se frappant du même poignard pour échapper à la guillotine.

« Comme ils sortaient de l'audience, raconte Lenôtre, Goujon s'enfonça dans le cœur un couteau à manche de bois noir bien en main. Romme embrassa son ami, prit le couteau de ses mains défaillantes et s'en porta plusieurs coups dans la poitrine en disant : « Je verse mon sang pour la République, mais je ne donnerai pas à mes tyrans la satisfaction de le répandre. » Duquesnoy se tua la troisième. Les autres, malgré la rage avec laquelle ils se frappèrent tour à tour, ne parvinrent qu'à se blesser, on les porta sanglants à l'échafaud. »

Tout en poursuivant le chantier du Paris-Landau, Claude se préoccupait de perfectionner le système. Dans le but de pallier les effets des brouillards matinaux, il essaya de ramener de quatorze à onze kilomètres l'intervalle moyen entre deux relais en construisant quelques stations intermédiaires.

Monge lui conseilla de porter de deux à sept le nombre des bras indicateurs ; mais, à la réflexion, Claude se contenta de les allonger. Après quelques essais d'éclairage des bras avec quatre ou cinq lanternes à bougies, il abandonna, faute de lumière suffisante, son projet de transmission de nuit.

Les progrès essentiels portèrent sur le code. Chappe l'améliora en augmentant le nombre des configurations à 7 x 7 x 2 = 98, dont 6 réservées aux messages de service et 92 à la correspondance. Les mots ou les expressions à transmettre étaient désormais caractérisés par 2 signaux, au lieu de 2, 3 ou 4 précédemment. La transmission se faisait donc par groupes de deux signaux correspondant chacun à un nombre de 1 à 92. Le premier signal renvoyait à la page d'un nouveau dictionnaire auquel seuls les frères Chappe avaient accès, et le second signal à la ligne à lire sur ladite page. Les 92 lignes de ces 92 pages permettaient donc d'utiliser un vocabulaire de 92 x 92 = 8 464 mots.

Ce vocabulaire, dont ils étaient les seuls à connaître la clef, rendait les frères Chappe incontournables. Peu après l'achèvement laborieux de la ligne Paris-Strasbourg-Landau, ils obtinrent en décembre 1797 la commande d'une liaison mobile de Paris à Brest pour la Marine et en janvier 1799 celle d'une ligne fixe de Paris à Dijon.

Les Chappe fixaient le tracé, choisissaient l'emplacement des stations, surveillaient la construction des tours, veillaient à la mise en place des machines. Ils rassuraient les maires ou les clubs révolutionnaires soupçonneux. Mais, tout en construisant le réseau, ils apprenaient aux nouvelles recrues à manier l'appareil et mettaient en place l'administration. Pendant vingt ans, ils furent en fait concessionnaires exclusifs du télégraphe, pourtant alors un service quasi gouvernemental. Avec ce monopole, ils se firent des ennemis, des jaloux, qui allèrent jusqu'à leur imputer le discrédit des assignats. Voici le rapport envoyé à Paris par le juge de paix de Lille :

« Je vois enfin, citoyen, que l'on commence à ouvrir les yeux sur les agissements des ennemis de la République. […] Le plus petit des Chappe, qui est l'aîné, et que l'on connaît ici sous le nom de l'Ingénieur, parce qu'il est l'inventeur de la machine, a paru toujours joindre à beaucoup de lumières un attachement sincère à la République.

Le second, un peu plus grand que son aîné, n'a ni ses lumières ni sa simplicité républicaine. Très contradicteur en société, il est royaliste si vous êtes républicain et républicain si vous affectez le royalisme. Le gouvernement ne peut avoir aucune confiance en lui.

Le troisième, qui est souvent ici, est le plus grand des trois ; celui-là n'a pas varié : costume, propos, société, tout coïncide avec sa profession de foi très royaliste. Cet homme dangereux, très dangereux, passe en outre pour lier certains agioteurs auxquels il aurait fait connaître le cours du papier à Paris. À tel point que le peuple est très mécontent de le voir manœuvrer les télégraphes auxquels il attribue les pertes qu'il subit sur le papier monnaie. »

Les frères Chappe détenant sans contrôle une grande partie des informations de l'État, on les accusa ouvertement, avec menace de guillotine, d'en faire profiter tel ou tel parti politique. Claude se lava de ces accusations en montrant qu'aucune faction ne l'avait épargné :

« Le 9 thermidor, Hanriot prétendait que je correspondais avec l'armée autrichienne ; en prairial, je passais pour un aristocrate ; et pendant les événements de vendémiaire, on m'a suspecté d'être un terroriste et de faire converger vers Paris des armées venues de tous les points de la République. »

Les commandes leur créaient aussi des soucis, les paiements ayant de plus en plus de retard :
« Des fonds, encore des fonds, autrement nous ne pourrons rien faire ! Adressez-les à Port-Malo – ainsi appelait-on Saint-Malo » (18 ventôse an VI). « Point encore de fonds, nous perdons depuis huit jours un temps extrêmement précieux, cette situation me désespère » (30 nivôse an VI). « Je fais tout pour assurer le prompt succès de l'établissement que je dirige. De l'argent, de l'argent, ou point de ligne de Brest ! » (16 prairial an VI).
Les Chappe étaient entreprenants et persévérants. Les obstacles de toute nature, ils les surmontaient et repartaient de plus belle. Aux sabotages de la barrière de l'Étoile et du parc de Ménilmontant avait succédé la disette d'ouvriers, de matières premières et de moyens de transport. Après les brouillards matinaux rencontrés dans la vallée de la Somme, ils avaient dû affronter les accusations des envieux, et maintenant le manque chronique d'argent de l'État.

Le gouvernement du Directoire n'étant pas en mesure de payer le traitement des employés, ceux de la ligne du Nord mouraient de faim et le service était désorganisé. Les fins de non-recevoir qu'il recevait ébranlaient les nerfs de Claude. Quelle suite d'épreuves ! La Révolution lui avait enlevé, en 1790, ses moyens d'existence. Le peuple de Paris avait par deux fois détruit sa machine. L'Assemblée législative et la Convention, trop préoccupées de l'actualité politique, avaient longtemps délaissé son invention. Enfin,

on avait adopté son système. Mais que de déceptions !
Sans argent, il fallait créer un réseau. Recruter du personnel sans le payer. Lorsque les assignats ne valaient plus
rien, Chappe dut rémunérer les stationnaires directement
en pain et en viande, pour les retenir à leur poste. Il avait
eu recours à tous les sentiments, à tous les moyens. On ne
l'écoutait pas. On semblait abandonner le télégraphe, sauf
à y revenir par à-coups, lorsque le besoin s'en faisait sentir
avec urgence.

Les stationnaires, ne gagnant pas plus que des manœuvres,
exerçaient souvent un second métier, jouant le soir dans les
bals, ravaudant les vêtements ou rapetassant les chaussures.
Parfois, ils possédaient un petit débit de vins que, pendant
les heures de service, madame dirigeait toute seule. Aussi
avaient-ils leurs combines :

« Les stationnaires sont souvent absents. Ils se ména-
gent mutuellement et masquent leurs absences par des bru-
maires ou des dérangements factices qu'ils suscitent à
chaque instant. Ils conviennent entre eux de former le
signal brumaire, de manière qu'un des indicateurs présente
un angle obtus et que par ce signal les agents qui quittent
leur poste avertissent les autres de ne pas les signaler
d'absence. »

Claude apprit que le Directoire tentait de renflouer les
caisses de l'État en ressuscitant l'ancienne Loterie royale
sous le nom de Loterie de France, notre Loterie nationale.
Cela lui donna une nouvelle idée : s'il communiquait sans
délai aux bureaux de province les résultats du tirage effec-
tué dans la capitale, il empêcherait le détournement d'une
partie de la recette par les bureaux clandestins qui prenaient
des paris pour leur propre compte ou fabriquaient à la hâte
de faux billets gagnants. Afin d'éviter la fraude dans la
transmission des résultats, Claude eut l'idée de transmettre,
outre chacun des numéros gagnants, la somme de leurs

chiffres, préfigurant ainsi l'algorithme de parité de nos informaticiens.

Les administrateurs de la Loterie se laissèrent convaincre. Moyennant la transmission hebdomadaire et confidentielle des numéros gagnants, ils versèrent au Télégraphe une redevance. Cette astuce permit à la famille Chappe de terminer la ligne de Brest, d'établir une dérivation jusqu'à Dunkerque et de couvrir la moitié des frais d'entretien des trois lignes de Lille, de Landau et de Brest.

Bonaparte se servit du télégraphe, le soir du coup d'État du 18 Brumaire, lorsqu'il envoya à Lille, Brest et Strasbourg un message rassurant :

« Le Corps législatif vient d'être transféré à Saint-Cloud, le général Bonaparte est nommé commandant de la force armée de Paris. Tout est parfaitement tranquille et les bons citoyens sont contents. »

Deux jours plus tard, une nouvelle dépêche tomba :

« Le Corps législatif a nommé un Consulat de trois membres : Bonaparte, Cambacérès et Lebrun. Paris est satisfait et les fonds publics ont monté de 25 %. »

Les Chappe proposèrent au Premier consul de mettre le télégraphe à la disposition des banques qui connaîtraient ainsi le cours des changes sur les places étrangères, des négociants qui s'informeraient de l'arrivée des bateaux dans les ports, et des rédactions de journaux, recueillant de la sorte les dernières nouvelles des autres parties du territoire. Les dépêches, tout comme les journaux imprimés à Paris, gagnaient la province au rythme des messageries de poste. Quand les informations arrivaient, elles n'étaient plus « du jour ». Chappe, qui avait l'intuition des agences de presse et d'informations financières, offrit d'expédier le matin de Paris un bulletin donnant les nouvelles du jour « approuvées par le Premier consul ».

Cette précaution ne suffit pas à séduire Bonaparte. Il fit la sourde oreille et ne réactiva le télégraphe qu'en 1803 lorsque reprit la guerre. En établissant un camp à Boulogne en vue de préparer l'invasion de l'Angleterre, il donna l'ordre de prolonger la ligne Paris-Lille jusqu'à Douvres via Boulogne.

La distance séparant le cap Gris-Nez des côtes anglaises imposait de construire sur chaque rive du Pas-de-Calais un sémaphore géant. Claude proposa de monter sur un mât de dix mètres deux bras pivotants, de huit mètres chacun, équilibrés par des balanciers de même longueur. Pour les rendre utilisables la nuit, son frère Abraham imagina un dangereux système de lanternes à réflecteurs paraboliques équipés de lampes à huile dont on activerait la flamme par un mélange d'oxygène et d'hydrogène.

Ce même Abraham Chappe allait en 1812, pour la campagne de Russie, réaliser un télégraphe ambulant, facile à installer rapidement, qui servit à nouveau pendant la guerre de Crimée. Le télégraphe Chappe, dont la première dépêche avait annoncé la reprise de Landrecies en 1794, termina sa carrière en 1855, en signalant la prise de Sébastopol.

Cependant, la concurrence est souvent la rançon du succès. Trois ans à peine après l'inauguration du Paris-Lille, Bréguet, qui avait beaucoup aidé Chappe à mettre au point sa mécanique, s'était associé avec un certain Bétancourt afin d'exploiter un système prétendument plus simple. Un montant vertical soutenait un cadran divisé en trente-six sections où étaient indiqués les chiffres de 0 à 9 et les lettres de l'alphabet. Une aiguille mobile, au centre du cadran, était mise en mouvement au moyen d'un deuxième appareil, semblable au précédent et placé à l'intérieur, constituant un répétiteur semblable à celui de Chappe. La grande aiguille, censée être visible par le stationnaire du poste suivant, pointait automatiquement vers le même secteur que celui où l'on plaçait la petite aiguille.

Cela répondait si bien au souci d'économie du Directoire, qu'ils avaient obtenu de faire une démonstration à Meudon, à l'école d'aérostation de Nicolas Conté. Ce système présentait pourtant deux inconvénients. D'abord, on ne pouvait distinguer au loin des angles de 10° sans instruments de lecture optique trop complexes pour les stationnaires. Ensuite, le code de signaux de Bréguet et Bétancourt prévoyait une transmission alphabétique, beaucoup plus lente que la transmission chiffrée. Aussi leur projet demeura-t-il sans suite.

Cette rivalité alimenta néanmoins dans les journaux de l'époque une polémique assez désagréable. Bréguet et Bétancourt, auxquels se joignit bientôt un troisième larron, Courrejolles, prétendaient avoir devancé Chappe et mettaient en doute sa probité.

Claude ne se remit jamais de cette malveillance.

Le Directoire avait interrompu la construction de la ligne Paris-Dijon. Bonaparte réclama en 1804 la reprise des travaux et la poursuite de cette liaison jusqu'à Lyon et Milan. Cherchant à dissiper sa mélancolie, Claude abandonna à ses frères l'exploitation des trois liaisons existantes et voulut se changer les idées par de fréquents voyages sur les chantiers du Paris-Milan. C'est ainsi que fin 1804, après la visite d'une station près de Lyon, il éprouva un malaise. Il se persuada que ses adversaires avaient tenté de l'empoisonner. Étrange complexe de persécution chez un homme qui s'était montré inébranlable quand on avait saccagé ses prototypes, voulu le jeter au feu ou cherché à l'envoyer à la guillotine ! Un homme qui avait déployé tant de persévérance pendant douze ans, pour faire adopter et vivre son invention à travers les tempêtes de la Révolution !

Quelques semaines plus tard, après son retour à Paris, Claude Chappe disparut. Le sachant déprimé, ses frères, au comble de l'inquiétude, le recherchèrent vainement durant des heures. On finit par apercevoir son chapeau près d'un puits, dans la cour des bureaux du Télégraphe, rue de l'Université. En draguant le fond, on découvrit le corps du malheureux. Dans ses papiers se trouvait une note écrite d'une main tremblante :

« Je me donne la mort pour éviter l'ennui d'une vie qui m'accable. Je n'ai point de reproche à me faire. »

Avec ses bras gesticulants au-dessus des points hauts, le télégraphe Chappe a fait partie du paysage français. Pendant plus d'un demi-siècle, de 1794 aux environs de 1850, date à laquelle ses cinq cent cinquante-six relais transmettaient encore aux préfets et aux généraux les ordres du gouvernement.

Les Parisiens, les yeux fixés sur la machine, disaient souvent : « Il va, il ne va pas. » Ce ballet de signaux incompréhensibles au-dessus de leur tête devait rappeler au commun des mortels, aux simples citoyens, leur humble condition face à l'État gendarme.

La Convention, le Comité de salut public, Napoléon, considéraient le télégraphe uniquement comme un moyen de guerre et de police. Quand deux dépêches en sens contraire se croisaient sur la ligne, le télégraphier avait ordre de faire passer en priorité celle qui allait de Paris vers la province. Instrument de pouvoir, à l'usage exclusif des ministères de la Guerre et de l'Intérieur, ce système de messagerie ne changeait rien à la vie des gens. D'ailleurs son débit était trop faible pour assurer les communications des particuliers et même des entreprises. Autre inconvénient : il ne fonctionnait que le jour et par beau temps ; l'hiver, un message pouvait mettre trois jours.

Après un timide essai sous Louis-Philippe, entre Paris et Rouen, il fallut attendre Louis-Napoléon Bonaparte, en 1850, pour voir apparaître en France le télégraphe électrique de Morse et, simultanément, sa mise à la disposition du public.

Les cinq frères Chappe constituent avec les deux frères Montgolfier et les deux frères Niepce un des plus beaux exemples de ces fratries d'inventeurs et d'entrepreneurs. En France, elles allaient être suivies par d'autres avec éclat tout au long du XIXe siècle : celles des cinq frères Seguin, des deux frères Schneider, des deux frères Pereire, des deux frères Michelin, des deux frères Lumière et des trois frères Renault.

Le télégraphe Chappe a traversé trois Révolutions. Il a été exploité par deux Républiques, trois rois et deux empereurs. Il a constitué un relais – c'est le cas de le dire – entre l'antique système de la poste aux chevaux et le télégraphe Morse qui allait révolutionner la vie des affaires pendant le Second Empire.

Précurseur des systèmes actuels de télécommunications, il conjugue quatre principes modernes :
• l'intégration d'une machine et d'un langage codé, nous dirions d'un logiciel ;
• l'échange d'informations montantes et descendantes ;
• la compression du signal, puisque l'information est codée ;
• et enfin, la transmission par relais, avec des répétiteurs luttant contre l'affaiblissement du signal.

Les Chappe ne déposèrent aucun brevet d'invention. Comme Appert pour les conserves et Daguerre pour la photographie, ils offrirent leur invention à l'État, à la Nation. Ceci n'excluait pas de leur part une grande habileté. Analogie évidente entre la position qu'ils s'assurèrent grâce au monopole d'accès à leur vocabulaire secret et la stratégie d'un Bill Gates, imposant au monde des standards sur lesquels il détient des droits exclusifs.

André-Marie AMPÈRE (1775-1836)
et Samuel MORSE (1791-1872)
Le poète et le peintre

Le 1er octobre 1832, dans le port du Havre, un beau voilier de quatre mâts, le *Sully*, attendait depuis cinq jours pour lever l'ancre. La mer démontée battait les remparts. Sur les quais, débardeurs et douaniers, désœuvrés, discutaient avec les marins. Trompant son impatience, un passager américain avait installé un chevalet sur la digue ; il dessinait à main levée les vagues qui grossissaient et retombaient, leur écume blanche et le grand ciel lourd avec une échancrure bleue. Pourtant, ce n'était pas un peintre de marines, mais un portraitiste réputé, Samuel Morse.

Il rentrait en Amérique après un voyage de trois ans en France et en Italie pour exécuter quelques tableaux sur commande et étudier la manière des grands maîtres. Sur une de ses œuvres, *La Galerie du Louvre*, on reconnaît dans un angle Fenimore Cooper, l'auteur du *Dernier des Mohicans*, qui était son ami et l'avait hébergé à Paris.

Détail curieux, mais riche de conséquences, pendant son séjour en France, Morse avait retiré une vive impression de la visite d'une station du télégraphe Chappe ; il en avait tout à la fois compris les avantages et les limites.

Au Havre, les nuages s'évanouirent enfin, le calme se rétablit et, sous un soleil radieux, le *Sully* largua les amarres. La traversée devait durer six semaines. Morse eut amplement le temps de lier connaissance avec d'autres passagers. À la fin d'un repas, le Dr Jackson, un médecin grand amateur d'électricité – encore simple amusement de salon, sans application pratique –, lança la conversation sur les expériences réalisées douze ans auparavant par Ampère. Un des convives, Fisher, un avocat de Philadelphie, demanda si la vitesse de l'électricité ne s'affaiblissait pas avec la distance.

« Pas du tout, répondit Jackson. Le courant se transporte instantanément sur n'importe quelle longueur de fil. Franklin a fait circuler l'électricité sur des kilomètres sans noter le moindre retard entre l'étincelle à une extrémité et la secousse à l'autre. »

Morse eut alors une illumination :

« Si l'électricité circule aussi vite d'un bout à l'autre d'un circuit, ne pourrait-elle pas transmettre l'intelligence à la même vitesse ? Au lieu de manœuvrer à la main des bras articulés ou des aiguilles sur un cadran, comme dans le télégraphe optique, envoyons au loin des impulsions électriques plus ou moins longues, séparées par des espaces. Un simple circuit électrique fera l'affaire. »

Personne ne prêta attention à cette idée. Jackson observa qu'il avait peut-être raison, mais continua de pérorer sur la façon dont on pouvait produire des étincelles avec des aimants.

Voilà comment Samuel Morse, un peintre de talent que rien ne destinait à la physique, eut l'idée du télégraphe électromagnétique. Une invention qui allait changer la face du monde.

André-Marie Ampère fut pourtant le premier à entrevoir le champ ouvert au télégraphe par l'électricité. Né à Lyon en 1775, il avait sept ans lorsque son père prit sa retraite et quitta son négoce de soieries pour se fixer à la campagne, à Poleymieux-au-Mont-d'Or, et se consacrer à l'éducation de ses deux enfants.

Dans ce milieu de bourgeois cultivés, on passait les soirées à faire à haute voix des lectures sérieuses ou à composer en vers des énigmes, des chansons, voire des pièces de théâtre.

Avant même de savoir lire, le plus grand désir du petit Ampère était d'entendre lire les chapitres sur les animaux dans *L'Histoire naturelle* de Buffon. Son père lui donnait des leçons de choses au cours de longues promenades où il l'emmenait avec sa sœur. L'enfant dévorait tout ce qu'il trouvait dans la bibliothèque familiale, même *L'Encyclopédie* de Diderot et d'Alembert. En dehors de la lecture, ses passe-temps favoris étaient l'observation des plantes dans la campagne ou les calculs de géométrie ou d'algèbre. Son seul plaisir, la connaissance, la découverte des causes et des effets.

En 1792, son père, républicain modéré, retourna à Lyon comme juge d'instruction. André-Marie avait dix-sept ans. L'hiver suivant, les modérés ou Girondins entrèrent en conflit avec les Jacobins et tout particulièrement avec leur tribun, Chalier, qui reprochait à Dieu d'être « trop tranquille » et proclamait que pour faire le bonheur du genre humain, on devait « couper des têtes et dévider des boyaux ».

Au printemps 1793, les Jacobins de Lyon, après avoir massacré une douzaine d'officiers et de prêtres et promené leurs têtes au bout de piques à travers les rues de la ville, franchirent une nouvelle étape en organisant délation et pillage sous prétexte d'emprunt forcé. C'était trop demander aux Lyonnais qui avaient du bien.

Le 29 mai 1793, quatre mille modérés prirent les armes, se formèrent en colonne sur les quais de Saône et s'emparèrent de l'hôtel de ville après une bataille rangée. Le lendemain, sur requête de l'accusateur public, le juge Ampère lança plusieurs mandats d'arrêt, notamment contre Chalier. Il se borna à recueillir les renseignements, à interroger les prévenus et à faire rapport au tribunal, mais cela suffit à le compromettre et à attirer sur lui le malheur. Car ce même 29 mai, jour où les Girondins prenaient le pouvoir à Lyon, ils étaient vaincus à Paris. Exaspérés par l'arrestation de Chalier, les Jacobins, majoritaires à la Convention, déclarèrent Lyon en état de révolte.

En réponse, les Lyonnais firent guillotiner Chalier le 16 juillet 1793. Le bourreau maladroit s'y reprit à quatre fois et finit son travail au couteau de poche. Dès lors, Paris envoya une armée assiéger Lyon, décidée à exterminer l'ennemi de l'intérieur.

Le 9 octobre, après avoir résisté à deux mois de siège et de bombardements, la ville tomba à la suite d'une trahison. Le juge Ampère fut dénoncé, conduit en prison, jugé sommairement par une commission de justice populaire. On le guillotina sur la place des Terreaux.

Dès le début du siège, le malheureux avait mis sa famille à l'abri à Poleymieux et recommandé à sa femme de ne pas inquiéter leurs enfants. Si bien que, malgré ses dix-huit ans, André-Marie ignorait tout du sort de son père et s'occupait tranquillement de mathématiques lorsqu'on lui apprit l'affreuse nouvelle. Ce fut un choc terrible. Pendant un an il resta prostré, incapable de travail, de distraction, de pensée suivie.

Mais la vie continua et le jour où un ami lui offrit sa première paire de lunettes de myope, il réapprit à s'émerveiller devant les fleurs. Du coup, il retrouva sa curiosité et son génie inventif pour étudier l'ascension des ballons ou le frottement des engrenages. La comparaison des grammaires des quatre langues qu'il parlait couramment lui donna l'idée d'en inventer une cinquième, une langue universelle, synthèse de toutes les autres et appelée à réconcilier les peuples. Et il se mit à versifier dans cette langue nouvelle.

André-Marie avait tout juste vingt ans. Grand, blond, desservi par un gros nez et des lunettes. Il était souvent mal fagoté et chaussé de gros souliers. Il saluait de façon ridicule, restait toujours sérieux, ne riait jamais. Mais son émotivité attirait l'attention : pour un rien, ses yeux se mettaient à briller, son menton à trembler.

C'est alors qu'il fit la rencontre de Julie Caron, de deux ans son aînée. L'amour de sa dulcinée « aux cheveux d'or, aux yeux d'argent » lui inspira aussitôt des poèmes dont il remplit des cahiers entiers. Cependant, sa curiosité scientifique restait toujours en éveil. Il poursuivait la lecture des vingt-huit volumes de *L'Encyclopédie* dont il récitait des chapitres par cœur. On pouvait aussi bien le trouver occupé à calculer par trigonométrie la hauteur d'un clocher qu'à prévoir les phases d'une éclipse.

Julie était effrayée par cet amoureux impulsif et par son manque de maturité devant les contingences matérielles. De plus, il était ruiné par la mort de son père « tombé sous le glaive de la loi ». Il lui plaisait bien, mais elle ne se pressait pas de l'épouser.

Alors, comme il lui fallait bien gagner sa vie, le jeune André-Marie tenta sa chance comme répétiteur de mathématiques à Lyon. Séparé toute la semaine de la demoiselle de ses pensées, il prenait chaque samedi la diligence de Neuville-sur-Saône et courait la retrouver en montant le chemin creux qu'on appelle au pays « le chemin des amoureux ».

Enfin, après deux ans de fiançailles, on célébra le mariage d'André-Marie Ampère, mathématicien, avec Julie Caron.

Le couple s'installa juste à côté de l'actuel lycée Ampère. Le jeune homme donnait des leçons à une dizaine d'élèves. D'abord des leçons d'algèbre, auxquelles s'ajoutèrent bientôt la physique et la chimie. Curieux de toutes les sciences, André-Marie équipa son petit appartement d'un véritable laboratoire : une machine électrostatique qui produisait des étincelles et faisait dresser les cheveux sur la tête, une cornue, une cuve à mercure. Les émanations de gaz, les taches d'acide sur les vêtements et l'étourderie de son mari contrariaient Julie : « Pense à ta femme, ne goûte point de tes drogues en faisant des expériences. »

De temps en temps, Mme Ampère mère envoyait de Poleymieux une charrette chargée de bois de chauffage, d'un tonneau de vin et de paniers de fruits. Mais, à l'évidence, on ne pouvait faire vivre une famille en se contentant de donner des répétitions. Ampère se mit donc en quête d'un poste stable de professeur, dans une de ces écoles centrales instituées par la Convention dans chaque département pour remplacer les collèges religieux, les ancêtres de nos lycées. Mais, autodidacte, il ne possédait aucun diplôme. À l'époque, ce n'était pas un obstacle ; encore fallait-il qu'un poste se libère. Affecté à Bourg-en-Bresse, il y vécut un an sans possibilité de faire venir sa femme.

Enfin muté à Lyon, il ne put qu'assister aux derniers moments de Julie, atteinte d'un mal incurable. Désespéré, le jeune veuf monta à Paris. Lui qui n'avait eu d'autre maître que son père, il fut nommé répétiteur à l'École polytechnique, puis inspecteur général de l'Université, membre de l'Institut et enfin professeur au Collège de France.

Ampère s'intéressait à toutes les sciences, mais plus particulièrement alors à la chimie. L'un des premiers, il comprit que le chlore, l'iode et le fluor sont des corps simples et que la molécule n'est pas l'élément ultime et indivisible de la matière.

Cet éternel agité passait de l'algèbre à la chimie pour aboutir à la physique et revenir à la philosophie. Puis il oubliait tout pour écrire des poèmes et poursuivre une chimère féminine.

Son génie, comme Pascal, tenait à son imagination, qui le portait à concevoir les expériences indispensables pour valider les hypothèses scientifiques. Mais cette imagination, cette incessante exaltation, lui joua de vilains tours dans sa vie sentimentale. Dans ce cerveau tumultueux, tout s'amplifiait, s'exagérait. « Mon imagination, disait-il, m'offre sans cesse des bonheurs impossibles, des espérances chimériques... Elle me tourmente et me soulage. »

La mort de Julie l'avait laissé désemparé, avec un vide dans le cœur. Son besoin d'amour le porta avec exaltation tantôt vers le mysticisme tantôt vers des errements sentimentaux. Ses désordres amoureux allaient lui valoir de pitoyables malheurs conjugaux.

Il s'enflamma d'abord pour Jenny Potot, une petite bourgeoise vaniteuse qui ne pensait qu'à l'argent. Il s'imagina qu'il en était amoureux et le devint en effet, nageant dans toutes les apparences du bonheur. Hélas, dès le début de leur mariage, Jenny fit chambre à part et le relégua dans une sorte de grenier. Elle prit l'habitude d'ouvrir son courrier avant de le lui remettre et lui interdit de recevoir des visites. Enfin, elle finit par le jeter à la rue après lui avoir déclaré, comme à un étranger : « Monsieur ne devrait pas se faire dire deux fois de sortir de la maison ; il faut qu'il n'ait pas de cœur pour y rester. »

Après ce lamentable épisode, Ampère s'amouracha tour à tour d'une toute jeune fille inaccessible, « la constante amitié », puis de « la dame au portrait », une veuve coquette qui avait peint son portrait.

Sa distraction était légendaire. Souvent il s'essuyait le visage avec le mouchoir dont il venait de se servir pour effacer le tableau noir. À l'Institut, il lui arriva de ne pas reconnaître Napoléon son collègue. Au Collège de France, où il prenait l'amphithéâtre pour l'allée de tilleuls de Poleymieux, il marchait de long en large en se lançant dans des digressions, sautant d'un sujet à l'autre, improvisant les remarques les plus ingénieuses, les plus profondes et les plus imprévues.

En 1820, Ampère avait quarante-cinq ans. Les sciences naturelles, les mathématiques et la chimie avaient absorbé le plus clair de son temps. Cependant, si son nom est passé à la postérité, c'est en raison d'une grande découverte en physique. Car, en quelques semaines, il découvrit l'électrodynamique et inventa l'électroaimant, d'où allaient dériver le télégraphe, le moteur électrique et le téléphone.

Le 4 septembre 1820, il eut un coup de foudre. À la séance de l'Institut, Arago présentait la découverte d'un savant danois, Oersted. En connectant un circuit électrique à une pile pour démontrer les effets calorifiques du courant, ce savant avait remarqué un léger mouvement dans l'aiguille aimantée d'une boussole placée près du fil conducteur. En reprenant cette expérience, il avait constaté que plus le fil était proche de l'aiguille, plus elle déviait. Lorsqu'il inversait le sens de passage du courant, la déviation de l'aiguille s'inversait. Il en avait conclu que le passage d'un courant électrique dans un fil développait autour de lui un champ magnétique. Devant ses collègues médusés, Arago reproduisit les expériences d'Oersted.

Ampère en fut si impressionné que, pendant une semaine, il y pensa nuit et jour. Non content d'admettre les faits, il voulait à tout prix en connaître la cause.
À force de réflexion, il déboucha sur une idée neuve, à laquelle ni Oersted ni Arago n'avaient songé :

« Le courant électrique agit donc comme un aimant. Mais si, au lieu de mettre en contact deux aimants, on met en contact deux courants électriques, comment se comporteront-ils ? »

Comment s'en assurer ? Cette aventure le bouleversait, il lui fallait la clé de l'énigme. « Tous mes moments, écrivit-il à son fils, ont été pris par une circonstance importante de ma vie. Depuis que j'ai entendu parler pour la première fois de la belle expérience de M. Oersted sur l'action des courants galvaniques sur l'aiguille aimantée, j'y ai pensé continuellement. Je n'ai fait qu'écrire une grande théorie sur ces phénomènes et tous ceux déjà connus de l'aimant et tenté des expériences indiquées par cette théorie, qui toutes ont réussi et m'ont fait connaître autant de faits nouveaux. »

Ampère imagina de faire parcourir deux fils de cuivre parallèles par un courant électrique. D'abord dans le même sens, et il nota que les deux conducteurs s'attiraient. Puis en sens contraire, et il constata alors qu'ils se repoussaient. Il en tira cette conclusion : si les deux fils se comportaient entre eux comme des aimants en l'absence d'un aimant, c'est qu'électricité et magnétisme n'étaient que deux aspects d'une même force. Poursuivant ses observations, il découvrit que l'attraction entre les conducteurs variait comme l'inverse du carré de leur distance.

« Plaçons de la limaille de fer près d'un conducteur électrique, lui proposa Arago. Si le courant électrique agit comme un aimant, il attirera la limaille. » Les deux amis réalisèrent ensemble l'expérience : le fer était effectivement attiré par le courant.

Puis Ampère enroula un fil de cuivre autour d'une aiguille d'acier. Méticuleusement, pour rendre chaque spire parfaitement parallèle à la précédente et à la suivante et à intervalle régulier. Il prit soin d'isoler le fil, de façon à éviter tout court-circuit entre les cercles en lançant le courant dans ce bobinage. Bien sûr, en 1820, le fil métallique isolé n'existait pas, Ampère dut le vernir lui-même et l'enrober de soie.

L'aiguille d'acier se trouva aussitôt aimantée et le resta en permanence. Le fer, au contraire, se désaimantait une fois soustrait à l'action du courant et l'intensité de son aimantation variait avec celle du courant dans les spires de la bobine. Ampère et Arago avaient inventé l'électro-aimant, l'aimant temporaire réglable à volonté.

Quelques jours plus tard, leur collègue Laplace suggéra une nouvelle manipulation :

« Avec un courant électrique, ne pourrait-on faire dévier à grande distance une aiguille aimantée ? »

Aussitôt Ampère réalisa l'expérience. Prenant vingt-quatre fils, autant que l'alphabet comptait alors de lettres, il les tendit parallèlement au-dessus du même nombre d'aiguilles aimantées. Il associa un clavier à une pile et fit communiquer alternativement les deux pôles aux extrémités des fils. En abaissant tour à tour les différentes touches du clavier, il communiqua alternativement avec les vingt-quatre fils. Lorsqu'une touche représentative d'une lettre recevait une impulsion, le fil associé la communiquait à distance à une aiguille déterminée et la mettait en croix. On n'avait plus qu'à lire sur un cadran la lettre correspondant à l'aiguille. Ampère avait inventé le principe du télégraphe électromagnétique.

Cependant, aucune nécessité économique ne poussait encore à construire de nouveaux réseaux de télégraphe. L'État, se satisfaisant de l'ancien système aérien de Chappe, voyait d'un mauvais œil toute application commerciale. En 1832, douze ans après les expériences d'Ampère et d'Arago, on n'avait toujours pas avancé.

Pendant la traversée à bord du *Sully*, Morse songeait sans répit à sa dernière idée : utiliser le courant électrique afin de remplacer l'interminable poste à chevaux. Depuis peu, il savait que l'électricité circule sans se dégrader sur de grandes distances et qu'elle peut aimanter un barreau de fer sur lequel on bobine un fil de métal relié à une pile. Il avait aussi appris que l'électroaimant peut soulever un poids.

Il n'en dormait plus. Le jour, on le voyait marcher de long en large sur le pont, écouter attentivement Jackson, remplir son carnet de notes, s'arrêter pour réfléchir et poser des questions.

En électricité, il avait bien quelques lumières, mais pas de véritable compétence. Morse était bien incapable de définir une alimentation électrique ou d'isoler une ligne. Mais il retournait le sujet sur toutes ses facettes : comment émettre des impulsions électriques, sous quelle forme transmettre les signaux, comment les enregistrer à l'arrivée, les transcrire en clair ? Il prit conseil de plusieurs passagers. Certains soulevaient des objections, il les surmonta l'une après l'autre.

Peu à peu ses idées prirent corps. Un manipulateur mécanique, en fermant un circuit électrique, enverrait des impulsions dans un fil. Moyennant quoi, on pourrait expédier un texte, caractère par caractère. Comme il y a moins de chiffres que de lettres, il ébaucha un premier dictionnaire, pour traduire les mots en nombres et un second pour convertir les chiffres en points et en traits, que l'on peut faire correspondre à des impulsions brèves ou longues.

Pour transmettre les signaux, il songea d'abord à enterrer les fils conducteurs ; son carnet comporte plusieurs dessins de tubes d'argile traversés par des fils. Ces signaux, il restait à les réceptionner à destination. Morse discuta longuement avec Jackson des moyens de reconstituer les points et les traits à partir des impulsions. Pas question bien sûr d'utiliser des lampes, inconnues à l'époque, mais plutôt la déviation d'une aiguille aimantée. Jackson suggéra d'utiliser un papier imprégné d'une substance chimique : on l'impressionnerait avec l'étincelle produite par la fermeture du circuit. Morse eut une autre idée : écrire sur un papier normal avec un crayon actionné par un électroaimant. Sous l'influence du courant, l'aimant attirerait l'extrémité d'un levier. On attacherait le crayon à l'autre extrémité, qu'un mouvement de bascule mettrait en contact avec un ruban de papier.

Le temps de la traversée, Morse crayonnait des schémas. Pour régler le courant, produire les impulsions brèves ou longues aux intervalles appropriés, il dessina onze profils différents de clefs à crans, les dix premières pour chacun des chiffres, la dernière pour l'espace entre les mots. Tel un typographe choisissant ses caractères mobiles, l'opérateur piocherait ses profils dans un casier et les alignerait dans une réglette. Cela formerait une sorte de crête en dents de scie qui actionnerait un levier pour fermer le circuit électrique.

Chaque jour, Morse devenait plus confiant. Le 16 novembre 1832, en arrivant en vue de New York, en prenant congé du commandant, il lui déclara, d'un air inspiré :
« Si vous entendez un jour parler de télégraphe électrique, souvenez-vous qu'il a été inventé à bord de votre bateau. »
À peine débarqué, il courut informer ses frères de « sa » découverte.

Samuel Finley Breese Morse était né le 27 avril 1791, près de Boston. Son père, le révérend Jedediah Morse, était un pasteur passionné de géographie. On lui devait un excellent manuel scolaire, *Geography Made Easy*, qui valait au jeune Samuel d'être appelé par ses camarades *Geography Morse*. Élevé dans la ferveur de la religion, du devoir et du patriotisme, Samuel avait une volonté résolue de réussir, de faire quelque chose de grand. Avec ses frères, il se passionnait pour les pompes à incendie, une machine à tailler le marbre et surtout les ponts métalliques

À l'université de Yale, après s'être intéressé à la chimie et aux piles de Volta, il se sentit attiré par la peinture. Sur les murs de sa chambre d'étudiant, il peignit une fresque représentant « *Des jeunes faisant l'ascension de la Colline des sciences* ». Vision prémonitoire. Pour s'amuser ou gagner un peu d'argent, il exécuta aussi une série de miniatures de ses camarades, fort ressemblantes.

Reconnaissant le talent de leur fils, ses parents ne contrarièrent pas les ambitions de Samuel. Ils lui donnèrent les moyens d'aller se perfectionner en Angleterre et en Italie, où il eut d'excellents maîtres.

Comme il lui montrait son dernier dessin, un *Hercule mourant*, Benjamin West répondit :

« Très bien, jeune homme. Continuez, finissez-le.

– Mais, je l'ai terminé.

– Oh non, regardez ici, et là, et là aussi. »

Morse retourna à ses crayons et revint un peu plus tard présenter ses retouches. Une fois, deux fois. Mêmes commentaires. La troisième fois, découragé, il avoua :

« Je ne peux vraiment pas faire mieux.

– Très bien, jeune homme. Voilà où je voulais en venir. En perfectionnant ce travail, vous avez appris davantage que si vous en aviez commencé dix autres. Ce qui fait un peintre, ce n'est pas la quantité, mais le caractère. »

Après quatre ans de ce séjour en Europe, son père lui fit savoir qu'il ne pouvait plus maintenir ses subsides. Morse abandonna l'étude de Raphaël et du Titien pour rentrer en Amérique. Il avait du talent ; de nombreux notables, et même Monroe, le président des États-Unis, lui commandèrent leur portrait. En 1821, il exécuta un vaste tableau en clair-obscur de la chambre des Représentants avec quatre-vingt-huit personnages.

En 1825, on lui confia le portrait de La Fayette, que l'Amérique accueillait en héros. Morse laissa à New Haven sa femme Lucretia, qui venait d'accoucher, pour aller à Washington rencontrer le grand homme et commencer son travail.

Le 8 février, il écrivit à son épouse :

« J'ai devant moi le héros qui a consacré sa jeunesse et sa fortune à faire triompher notre Révolution, l'ami et le compagnon de Washington, la terreur des tyrans, le fidèle serviteur de la liberté, l'homme dont on célèbre le nom d'un bout à l'autre du continent. C'est bien lui. »

Le jour même, Lucretia mourait subitement. La poste à chevaux était si lente que la lettre apprenant la triste nouvelle arriva après l'enterrement. Ce fut un tel choc que ses frères craignirent qu'il ne perde la raison. Le souvenir de cette épreuve stimula certainement son intérêt pour un système de communication plus rapide.

Mais il reprit le dessus et alla retrouver La Fayette pour achever son portrait. Ce tableau assura sa notoriété. Il prit de nombreuses commandes à New York et gagna assez d'argent pour s'offrir un nouveau séjour de trois ans en Europe.

En 1832, à son retour aux États-Unis, Morse s'attela à son projet de télégraphe. Avec ses dessins, il pensait, un jour étonner le monde. Et gagner assez d'argent pour peindre ce qu'il aimait, de grandes scènes historiques.

Malheureusement, son voyage avait passablement écorné ses économies et il ne recevait plus de commandes officielles. Il fallait bien travailler pour vivre et verser une pension aux parents qui hébergeaient ses enfants depuis la mort de sa femme. Donner des leçons de peinture et de sculpture à des étudiants, exécuter des portraits sur commande. Moins doué pour le travail manuel que pour la peinture, il aurait bien aimé sous-traiter à des artisans compétents la fabrication de son prototype. Mais il n'en avait pas les moyens et, de toute façon, on ne trouvait dans le commerce ni électroaimants, ni batteries, ni fil isolé.

Nécessité fait loi. Mais il ne perdit pas la foi. Il se mit à fondre lui-même les caractères de ses codes, à bobiner des électroaimants, à tendre des lignes. Entre deux leçons particulières, il fondait dans la cheminée du salon le plomb pour les clés du manipulateur qui enverraient les signaux chiffrés et moduleraient les espaces entre signaux. Comme devant ses toiles, il prenait du recul pour examiner fièrement cette curieuse lame de scie.

Pour le *récepteur*, il prit un cadre de tableau et cloua à mi-hauteur une barre horizontale où il fixa un électroaimant. Au montant supérieur, il suspendit un pendule muni d'une lame à hauteur de l'électroaimant. Cette lame soutenait un crayon dont la pointe pressait une bande de papier enroulée sur un tambour. En attirant le pendule, elle déviait le crayon qui, au lieu d'inscrire une ligne droite, reproduisait le tracé du message expédié par le manipulateur.

Nommé professeur à l'université de New York, Morse avait installé appartement et atelier au sommet d'une tour. Ses étudiants navrés voyaient leur dieu, le maître incontesté de la couleur et de la composition, au milieu d'un bric-à-brac de fils et de piles électriques. Il leur disait :

« Voyez ces bobines, elles contiennent un fil électrique continu… Voyez cette batterie, voici le pôle positif et là le négatif. Tous deux sont reliés à cet émetteur. En frappant les différentes dents qui le composent, j'obtiens une succession d'impulsions plus ou moins longues. Cet autre

Le télégraphe électromagnétique de MORSE

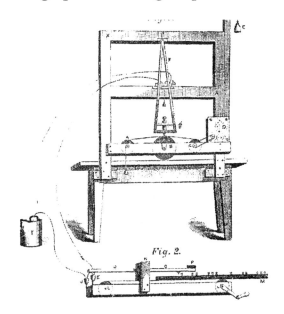

Premier télégraphe de Morse

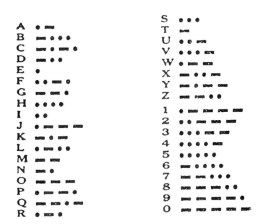

Code international Morse

équipement, au bout du fil, peut les décoder en points, en traits et en espaces. »

Mais il parlait dans le désert. Ces jeunes gens avaient le sentiment qu'il perdait son temps à poursuivre une chimère.

Avant de parvenir à un résultat, il lui fallut trois ans de perfectionnements, ajoutant ici un mécanisme d'horlogerie, là une manivelle, vingt autres détails encore. Chaque fois, il fallait faire un essai. Il avait beau s'obstiner, il ne parvenait pas à faire marcher sa machine sur une distance convenable. Au-delà d'une douzaine de mètres, chaque fois le signal s'affaiblissait. Il s'en ouvrit à un collègue professeur de géologie et de minéralogie, Leonard Gale, qui s'y connaissait en électricité.

« Votre pile ne délivre pas assez de courant : au lieu d'un seul élément, essayez d'en accoupler vingt. Peut-être aussi n'avez-vous pas assez de spires autour du barreau de fer ; vous devriez en enrouler une centaine. »

Gale avait raison. Morse en fit son associé.

Le 2 septembre 1837, Morse réussit à transmettre des messages chiffrés sur cinq cents mètres de fil électrique. Sous l'action d'un électroaimant, le *récepteur* écrivait au crayon une suite de points et de traits. Dans l'assistance se trouvait un surdoué, un jeune homme de vingt-neuf ans, Alfred Vail, qui avait interrompu ses études de théologie pour aller apprendre la mécanique à la forge de son père, à Morristown, dans le New-Jersey. Très doué, il avait inventé un stylo, une machine à dessiner et une imprimante en sténo.

Enthousiasmé par la démonstration de Morse, le jeune Vail lui offrit son temps et son talent. Moyennant une participation de 25 %, il s'engagea à construire pour le 1er janvier 1838 un prototype de manipulateur et de *récepteur*. Son père consentit une avance en argent et prêta un atelier de sa forge.

Le délai était court, mais trop long sans doute pour Morse qui, au bout de trois semaines, ne put s'empêcher de venir à Morristown constater où en était son jeune associé.

Ce qu'il vit le stupéfia : une merveille d'horlogerie. En si peu de temps, Vail avait apporté tant de perfectionnements ! Morse en tomba malade et resta couché plusieurs semaines, soigné par les Vail, qu'il remercia en faisant leur portrait.

On organisa une démonstration privée, en reliant les équipements par cinq kilomètres de fil. Vail senior tendit à son fils un papier où il avait écrit : « Tout vient à point à qui sait attendre. » Alfred chiffra ce texte à l'aide d'un dictionnaire composé avec Morse et émit les signaux correspondants. À l'autre extrémité de la ligne, Morse reçut les signaux et les déchiffra sans difficulté. Tous étaient ravis.

Quelques jours plus tard, Morse et Vail rééditèrent leur performance à l'université de New York, cette fois avec un circuit de dix-sept kilomètres.

Morse n'avait pas encore inventé son fameux alphabet. Les chiffres de 0 à 9 étaient transmis par autant de signaux sous forme de points qu'il y avait d'unités ; le chiffre 9 était représenté par neuf points. En variante, il mélangeait points et traits, par exemple deux points et un trait pour le chiffre 9.

L'Amérique vivait encore au temps de la diligence et de la poste aux chevaux. Le chemin de fer n'y était pas aussi développé qu'en Angleterre. C'est au service fédéral des Postes, pensait Morse, que son invention rendrait le plus service. Le télégraphe électromagnétique serait comme une poste ultrarapide. L'année précédente, plusieurs membres du Congrès avaient proposé la construction d'une liaison par sémaphores entre New York et La Nouvelle Orléans.

Sans doute pensaient-ils au télégraphe aérien, à un système inspiré de celui de Chappe. Le secrétaire au Trésor laissa néanmoins la porte ouverte aux concurrents intéressés à établir un système « qui puisse être employé durant la nuit ou les brouillards, soit par le canon, les fusées ou tout autre moyen ». Morse soumit une description de son télégraphe et en indiqua les avantages pour le pays. Après une présentation au président des États-Unis, Van Buren, Morse se laissa influencer par un politicien affairiste, Francis Smith, député du Maine. Ce parlementaire peu scrupuleux présidait le Comité du commerce de la Chambre des représentants. Pour recommander au Congrès la construction d'une ligne expérimentale de quatre-vingts kilomètres, il exigea une participation de 25 % dans l'affaire. En rognant un peu sur les promesses faites aux autres associés, on conclut l'arrangement suivant : Morse 9 parts, Smith 4, Vail 2, Gale 1. Peine perdue, le projet allait dormir cinq ans dans les cartons du Congrès.

Smith embarqua alors Morse dans un voyage de promotion commerciale en Europe. Il se faisait fort de lui obtenir brevets et contrats mirifiques. Nouvelle déception. Le séjour à Paris fut néanmoins l'occasion d'une rencontre passionnante avec Daguerre, l'homme qui venait d'inventer le daguerréotype, la photographie. C'était aussi un peintre de talent ; les deux hommes sympathisèrent.

Après onze mois perdus en Europe, Morse rentra à New York, pour apprendre que le Congrès n'avait toujours pas voté les crédits de la fameuse ligne expérimentale. Pour comble, Vail et Smith avaient subi des revers de fortune. Morse n'était pas homme à se laisser abattre. Pour survivre, il tenta une nouvelle carrière. Tout en haut d'un immeuble sur Washington Square, il loua un studio avec verrière et s'établit comme professeur de photographie.

Contre toute attente, l'affaire du télégraphe électromagnétique rebondit en 1843. Le Congrès mit à l'ordre du jour un projet de loi affectant trente mille dollars à l'établissement d'une ligne entre Washington et Baltimore. Une lueur d'espoir, suivie d'un bref moment de découragement. Le matin du 3 mars 1843, dernier jour de la session parlementaire, Morse, présent à l'ouverture de la séance du Sénat, apprit qu'il restait cent quarante projets de lois à discuter avant le soir. Craignant d'avoir encore à attendre un an, il demanda conseil à plusieurs sénateurs qui ne purent que le plaindre. Écœuré, il préféra rentrer à son hôtel.

Quelle ne fut pas sa surprise de voir le lendemain matin une jeune femme se présenter tout sourire. C'était Annie Ellsworth, la fille du commissaire aux brevets :

« Je viens vous féliciter.

– Pourquoi ?

– Pour la réussite de votre projet de loi.

– Ma pauvre amie, je sais bien que c'est impossible.

– Mais si, mon père est resté jusqu'à minuit, à la fin de la séance. Il a vu le président signer le projet qui vous concerne. »

Morse n'en croyait pas ses oreilles. Mais la jeune fille avait l'air sérieuse. Et son père avait été son camarade de classe.

« Vous êtes la première à m'annoncer cette bonne nouvelle. Je vous promets que vous serez la première à envoyer un télégramme. »

Morse fut effectivement nommé surintendant des télégraphes quelques jours plus tard. Son premier soin fut de négocier avec la *Baltimore and Ohio Railroad* un droit de passage pour enterrer sa ligne télégraphique. Il chargea Vail de construire les équipements et Fisher, un collègue à l'université, de surveiller la fabrication des câbles. Ezra Cornell, un vendeur de charrues particulièrement imaginatif, recommandé par Smith, mit au point une trancheuse capable d'enchaîner quatre opérations : creuser un sillon, dérouler le câble, l'enfoncer et le recouvrir.

Morse préféra se consacrer au perfectionnement de la pile, de l'électroaimant et surtout de l'émetteur, où il remplaça la lame de scie par un petit marteau qui frappait sur l'enclume quand on appuyait sur une poignée. Lorsque la pointe touchait l'enclume, un contact s'établissait entre les deux fils reliés à la pile. Un ressort maintenait le levier soulevé tant qu'on n'appuyait pas sur la poignée. On faisait ainsi passer à volonté le courant un temps plus ou moins long.

La grande innovation de Morse consista surtout à représenter directement les lettres par les signaux brefs et longs, points et traits. Jusqu'alors, comme Chappe, il transformait les mots en nombres et les nombres en signaux. Pour ne pas ralentir la transmission, il devenait impératif de réserver le plus petit nombre de points ou de traits aux lettres les plus usitées. Pour se faire une idée très exacte de la fréquence d'utilisation des différentes lettres, Morse alla peser les caractères mis au rebut par un imprimeur. Ainsi en vint-il à attribuer au « e » un seul point, au « t » un seul trait, et deux points à la lettre « o ».

Le chantier de la première ligne de télégraphe, ouvert à Baltimore le 21 octobre 1843, fut fertile en imprévus et riche en enseignements. L'électrotechnique en était à ses débuts. On avait déjà posé quinze kilomètres de câble et dépensé les deux tiers des crédits lorsque les premiers tests électriques révélèrent l'insuffisance de l'isolement. Le courant ne passait pas. En insérant le câble dans une gaine de plomb proche de son point de fusion, on avait endommagé l'isolement.

Morse prit Cornell à part :

« Pourriez-vous trouver un prétexte plausible pour arrêter le chantier quelques jours, le temps de faire quelques essais, sans que les journaux le crient sur les toits ? »

Cornell s'y attendait. Il appela les muletiers :

« Les gars, fouettez les mules, il reste une bonne longueur à poser avant la tombée de la nuit. »

Puis il profita d'un moment d'inattention pour casser la pointe du soc sur une grosse pierre. Il devenait alors naturel d'arrêter pour réparer la machine.

Après de nouvelles expériences, tout aussi décevantes, sur d'autres câbles, on apprit que deux Anglais, Cooke et Wheatstone, rencontraient les mêmes difficultés avec les lignes enterrées et préféraient des lignes aériennes, sur poteaux.

Morse décida d'en faire autant. On revendit les tuyaux de plomb. Mais comment isoler les fils sur les poteaux ? On savait seulement que le verre est un bon isolateur. Les premiers fils furent placés en sandwich entre des plaques de verre, dans une encoche taillée dans le bras du poteau. Ça marchait. Chaque soir, on pouvait se relier à la tête de ligne.

Le 1er avril 1844, on planta, tous les soixante mètres, les premiers poteaux de châtaignier, hauts de huit mètres. Le fil de cuivre était isolé dans du coton imprégné de cire d'abeille, d'huile de lin et d'asphalte.

Un mois plus tard, la ligne télégraphique atteignait déjà Annapolis Junction, à une quarantaine de kilomètres de Baltimore. Le jour de la convention du parti républicain, qui se tenait à Baltimore et devait désigner le candidat à la présidence, Vail se posta à Annapolis Junction pour guetter l'arrivée des voyageurs et leur demander le nom de l'heureux élu. Puis il s'empressa de télégraphier à Washington où Morse se leva en déclarant à l'assistance d'un air théâtral :

« Le train de Baltimore vient de faire halte à Annapolis Junction. Des passagers ont communiqué à mon assistant les noms des candidats officiels : Henry Clay pour la présidence, Théodore Frelinghuysen pour la vice-présidence. » Un choix inattendu. On ne voulut pas le croire. Mais à l'arrivée du train à Washington, les voyageurs confirmèrent les dires de Morse, et chacun dut se rendre à l'évidence.

Le 24 mai 1844, la ligne Washington-Baltimore fut inaugurée en grande pompe. Fidèle à sa promesse, Morse demanda à Annie Ellsworth de lui dicter un message. Elle choisit une citation de la Bible :
« What hath God wrought : Ceci est l'œuvre de Dieu. »
Morse envoya le message à Vail, qui répondit de Baltimore. Le stylet cliqueta lentement, embossant les traits et les points sur le ruban de papier. En recevant les félicitations de l'assemblée, Morse arbora un sourire triomphal.

Le lendemain, c'était au tour des démocrates de tenir leur convention, également à Baltimore. À nouveau, Morse put annoncer le premier au Congrès la nomination de leur candidat à la présidence. Une surprise également dont la nouvelle ajoutait à son succès.

L'exploitation de cette première ligne fut confiée provisoirement au Service fédéral de la Poste. Morse souhaitait vendre son invention à l'État, comme son ami Daguerre avait vendu la sienne à l'État français. Libéré des soucis de direction de projet et de gestion, il espérait se retirer avec une honnête aisance et une célébrité méritée, retourner à ses pinceaux et à ses voyages. Il n'en voulait pas davantage.

Tel ne fut pas l'avis du gouvernement, qui préféra laisser l'initiative privée construire et exploiter les nouvelles lignes. À l'aide d'un homme entreprenant, Amos Kendall, Morse et ses associés constituèrent un réseau de compagnies, chacune en charge d'une ligne. Le réseau rayonna rapidement autour de New York et de Washington, le matériel se perfectionna, les opérateurs apprirent à reconnaître les mots à l'oreille encore plus vite qu'en dépouillant les enregistrements sur papier.

Le premier argent qu'il gagna avec le télégraphe, Morse, fervent chrétien, le donna à une paroisse de Washington pour fonder une école du dimanche. Enfin, lui qui n'avait pas toujours mangé à sa faim, il touchait, à cinquante-six ans, les dividendes d'une vie de labeur obstiné et devenait l'un des principaux actionnaires d'une demi-douzaine de sociétés. Il put se faire construire une vaste maison avec une vue superbe sur l'Hudson. Grand, mince, brillant causeur, le regard pénétrant, il avait fière allure.

Au mariage de son fils Charles, il retrouva une très jolie nièce, Sarah Griswold, de trente ans sa cadette. Presque sourde muette de naissance, elle avait réussi à surmonter ses handicaps et excellait à lire sur les lèvres. Morse avait un autre fils, Finn, arriéré et souffrant d'être snobé par ses cousins. Sarah se montra très gentille envers lui ; elle le prit par la main, le fit asseoir à côté d'elle et tâcha de l'amuser du mieux qu'elle pouvait s'exprimer. Le grand homme, touché de cette attention, s'éprit de la jeune fille et l'épousa. Malgré la différence d'âge, ils vécurent heureux et eurent quatre enfants.

Les premiers Américains à tirer vraiment parti du télégraphe électromagnétique furent les directeurs de cinq journaux : le *Journal of Commerce*, le *Courier and Enquirer*, la *Tribune*, l'*Express* et le *Sun*. Ils comprirent qu'au lieu de se borner à imprimer des nouvelles locales, ils allaient pouvoir diffuser l'actualité. À cet effet, ils constituèrent un bureau commun d'informations télégraphiques, l'*Associated Press*, qui n'allait pas tarder à créer son propre réseau de télégraphe.

Après les journaux, les chemins de fer découvrirent les avantages de ce nouveau moyen de communication. Les premières lignes, à voie unique, ne disposaient pas encore de signaux. Les trains devaient souvent stationner longuement pour attendre le convoi roulant dans l'autre sens, ce qui provoquait de fréquents retards.

En 1851, un certain Charles Minot, surintendant de l'*Erie Railroad*, prit une initiative extraordinaire. Un jour où il s'impatientait à cause d'un arrêt interminable dans une petite gare, il eut l'idée, en apercevant les fils télégraphiques, d'envoyer une dépêche à la station suivante :

« Le train en sens inverse est-il arrivé ?

– Non.

– J'y vais »

Aussitôt, il ordonna au mécanicien de faire mouvement. L'homme refusa, jugeant qu'on courait à un accident. Minot prit les commandes ; le mécanicien, affolé, se réfugia à l'arrière du wagon de queue. À la gare suivante, Minot s'assura à nouveau que la voie était libre et continua tranquillement jusqu'à une seconde station.

Il avait donné l'exemple. Désormais, on allait se servir du télégraphe pour annoncer l'arrivée des trains, et accroître ainsi fréquence et sécurité du trafic.

Le télégraphe de Morse, après avoir révolutionné la presse et les chemins de fer, contribua à unifier les États-Unis. La multiplicité des compagnies indépendantes freinait l'efficacité, car elle nécessitait des transferts entre compagnies pour acheminer les messages. En 1855, Cornell et Sibley, en achetant des paquets d'actions des unes et des autres, réussirent à en prendre le contrôle et à les fusionner. Ainsi naquit la *Western Union Telegraph*.

Ils entreprirent alors la construction d'une ligne transcontinentale, de New York à San Francisco. Pari audacieux. L'équipe partie de l'est dut parlementer avec Indiens et Mormons, se retrouver dans le blizzard, lutter avec les loups et les coyotes. Même éloigner les bisons qui, habitués aux plaines sans arbres, venaient se frotter aux poteaux. Une épopée ! La seconde équipe, partie de la côte Pacifique avec ses bœufs et ses chariots, se serra sur les routes étroites des Montagnes Rocheuses pour laisser passer en sens inverse les convois bâchés des immigrants à la conquête de l'Ouest. Enfin, la jonction fut opérée le 24 octobre 1861. Juste à temps pour dissuader les États du Pacifique de toute velléité de créer une République séparatiste. Et les jeter dans le camp des Nordistes.

La guerre de Sécession fut la première occasion d'utiliser le télégraphe électromagnétique. Au début du conflit, les armées ne disposaient que d'une poignée d'hommes capables de manipuler le télégraphe. Peu à peu, on apprit cependant que d'audacieux éclaireurs sudistes réussissaient à se brancher sur les fils de l'ennemi, à écouter les messages sur les mouvements de troupes et semer la confusion par de faux messages. Mission à haut risque : ceux qui se faisaient prendre avec leur rouleau de fil étaient fusillés pour espionnage.

Les Nordistes utilisèrent beaucoup plus massivement le télégraphe. Ils s'en servirent pour coordonner l'acheminement des renforts et des munitions. Des transfuges de la *Western Union Telegraph*, comme Eckert, ou du *Pennsylvania Railroad*, comme Carnegie, organisèrent un véritable corps de 1 200 télégraphistes civils, qui déploya 24 000 kilomètres de lignes télégraphiques militaires. Lincoln lui-même passait beaucoup de temps au bureau du télégraphe du ministère de la Guerre, à lire les dépêches. Ainsi l'invention de Morse contribua-t-elle à la victoire finale en 1865.

Samuel Morse vieillit dans la sérénité, heureux, vénéré. Lui, qui n'était ni scientifique, ni mécanicien, ni même homme d'affaires, mais un grand artiste, réussit là où de plus qualifiés avaient échoué.

Il a offert au monde la première application pratique de l'électricité, quarante ans avant l'apparition quasi simultanée du téléphone, de l'éclairage électrique et du phonographe. Son télégraphe électromagnétique a rapproché les hommes et les entreprises pendant un siècle, jusqu'à ce que le téléphone entre vraiment dans les mœurs.

Son invention a donné une impulsion majeure aux journaux, puis aux chemins de fer et contribué à maintenir l'unité de sa patrie, les États-Unis. Depuis la fin de la guerre civile en 1865 et la pose en 1867 d'un câble transatlantique, elle a stimulé le développement de la Bourse et du commerce international.

Elle a marqué le XIXe siècle au même titre que la machine à vapeur et le chemin de fer. Désormais, le paysage allait se couvrir de poteaux et de lignes télégraphiques le long des routes et des voies ferrées. Et l'invention industrielle quitter le cadre étroit d'une région pour déboucher sur un marché interconnecté. En ce sens, la constitution du réseau international de télégraphe préfigure Internet. Tout comme le morse, avec son alternance de points et de traits, annonce le code binaire et ses longues suites de 0 et de 1.

Comment expliquer pareille réussite ? Sans doute par la volonté, la détermination de ce fils de pasteur presbytérien, sa capacité à s'entourer d'hommes de valeur – Gale, Vail, Cornell –, et à mobiliser leur talent et leur énergie. Mais aussi son aptitude à raisonner en trois dimensions, en système, à intégrer langage et équipements, à les visualiser dans l'espace. Samuel Morse n'était pas seulement inventeur, c'était aussi un peintre, habitué à combiner des détails pour construire des compositions et organiser des volumes.

Le jour de ses quatre-vingts ans, des télégraphistes venus des quatre coins des États-Unis se réunirent à Central Park pour inaugurer une statue en bronze de Samuel Morse et de son télégraphe. Au milieu d'eux, le vieil homme, figure de patriarche avec sa longue barbe blanche, dicta un message à la fraternité des télégraphistes du monde entier. Puis il prit l'émetteur et signa son nom en points et en traits. William Orton, président de la *Western Union*, commenta :

« C'est le père du télégraphe qui fait ses adieux à ses enfants. »

ROBERT-HOUDIN (1805-1871)
Un très sérieux amuseur public

Sur la scène, Robert-Houdin svelte dans son habit noir, s'adressa aux spectateurs. Il les remercia d'être venus à l'inauguration de son nouveau Théâtre des Soirées Fantastiques. Et, puisqu'ils s'étaient déplacés pour lui, il effectua une dernière fois pour eux une suite de merveilles.

« Mesdames et messieurs, de cette jolie tabatière je vais faire sortir une armée. À mon commandement, marche ! » Du fond de la tabatière, jaillirent aussitôt une multitude de petits bonshommes manœuvrant comme à la caserne.

« Bravo ! » s'exclamait la salle. Déjà Robert-Houdin exécutait un autre tour.

« Ceci est la *Pendule mystérieuse*. Son cadran de cristal permet de voir l'aiguille qui obéira à vos désirs. Proposez votre heure.

– Deux heures ! » L'aiguille marqua deux heures. « Neuf heures ! » Elle avança jusqu'au neuf. « Quatre heures ! » Elle recula au quatre. Soumise aux désirs des uns et des autres, l'aiguille allait et venait. Maintenant, elle sonnait les heures. Car il faut toujours ajouter du piment à la curiosité du public.

Son public, Robert-Houdin l'abreuva à satiété. À la demande, sa *Bouteille inépuisable* versait cidre, liqueur, orangeade, vin, thé, café, lait d'amandes, gin, kéfir, maté.

Il l'enrichit d'une pluie d'or. Des pièces de monnaie traversaient la salle, s'échappaient, revenaient, fuyaient, insaisissables, comme flocons de neige. Grands et petits s'étaient levés, tendaient les bras. Tous s'efforçaient d'attraper cette richesse illusoire, riaient, criaient.

Suivaient les *Fleurs animées*, le *Carton fantastique*, l'*Oranger merveilleux* et les *Papillons escamoteurs*, la *Suspension éthéréenne*, celle qui faisait frémir les femmes. Aucun charlatanisme, mais élégance des gestes, science, musique charmante, poésie, sincérité, cadeaux à profusion, ainsi qu'une pointe de malice.

Le tour terminé, vivement Robert-Houdin appuyait sur un bouton discret. Un applaudissement claquait, entraînant par mimétisme la salle entière à applaudir. On ignorait qu'au milieu des fauteuils, le savant magicien avait installé parmi des trucs, des trappes et des attrapes, deux parties évidées d'une noix de coco mues par un électroaimant. Un déclic, un contact, les noix de coco donnaient le signal. Le tour était joué.

Sept années durant, Robert-Houdin avait triomphalement tenu en haleine les salles d'Europe. À la mi-mars 1854, il déposait définitivement sa baguette magique. Il passait la main à son beau-frère Hamilton. À près de cinquante ans, il allait se consacrer à n'être plus que la seconde partie de lui-même : un chercheur heureux. Que le monde scientifique prenait très au sérieux, même revêtu du titre conquis par des succès ininterrompus, de roi des prestidigitateurs, prince des illusionnistes.

Jean-Eugène Robert naquit la semaine où éclata la nouvelle de la victoire d'Austerlitz, cinq jours après la bataille, le 7 décembre 1805. Son père, adroit horloger de Blois, lui avait insufflé le goût du travail manuel. Très tôt le jeune garçon eut la passion de la limaille. Il se jetait avec ardeur dans le ventre des montres. Ses parents, qui voulaient en faire un notable, le mirent au collège d'Orléans, où ses camarades le surnommèrent « Robert l'ingénieux ». Des études sérieuses, une belle écriture, à dix-huit ans il se retrouva petit clerc. Il recopiait des expéditions et des grosses dans le château d'Avaray au service de maître Roger, notaire.

Entre deux tâches, il fabriqua un astucieux système de réveille-matin. Puis d'acrobatiques mangeoires pour des canaris en volière. Les visiteurs étaient ravis. Maître Roger l'était beaucoup moins. « Futur notaire médiocre ou bon mécanicien, il faut choisir », dit-il au père consterné.

Monsieur Robert ne sachant comment brider le goût de son fils pour la mécanique, se résolut à le placer auprès d'un cousin germain, artisan horloger, un métier dont Blois était la pépinière. C'était répondre au plus vif désir du jeune apprenti, qui le démontra par son ardeur à l'ouvrage. Au point que son patron l'engagea à pousser plus avant, l'incitant particulièrement à acheter le *Traité d'Horlogerie* de Berthaud.

L'ouvrage était disponible chez un bouquiniste blésois. Le jeune homme l'avait commandé. Le soir où le bouquiniste affairé lui remit les deux volumes empaquetés, il eut la stupeur de sa vie. Au lieu du Traité d'Horlogerie, il avait sous les yeux le *Dictionnaire encyclopédique des amusements et des sciences*. Mille pages sur l'art de la prestidigitation, les tours de cartes, l'art de deviner les pensées des autres, couper la tête d'un pigeon et le ressusciter, jongler avec les boules, les sucres, les dés ou les monnaies. Tout un univers merveilleusement inconnu. Huit jours d'essais ininterrompus suffirent pour l'envoûter comme un adepte fiévreux. Partout, en ville, chez des amis, à table, il manipulait, escamotait, jonglait, améliorait sa technique. Il s'était jeté à corps perdu dans ce monde d'adresse et d'illusions sans que son travail en souffrît.

Bon apprenti, il devait désormais accéder au rang de compagnon. Parti travailler à Tours, il mêla l'horlogerie à la magie des dimanches provinciaux. Après six mois de tour de France, il revint à Blois rhabiller les montres. Jean-

Eugène Robert était devenu horloger professionnel, remisant dans un coin de lui-même la nostalgie du magicien.

Avec quelques amis, il participait à des spectacles d'amateurs dans les salons de la ville. Pour ne pas perdre la main, il présentait des jongleries. Parfois il disait un monologue. Un dimanche, il énumérait « les avantages du célibat », quand son regard accrocha celui d'une jeune fille assise au premier rang. Églantine Houdin, dix-sept ans, l'avait subjugué. Il l'épousa. Le couple monta à Paris où le jeune marié s'associa à son beau-père, fatalement horloger.

Ces petits événements bourgeois avaient pour cadre l'année 1830, celle de la conquête d'Alger, de la révolution des Trois Glorieuses et de la chute de Charles X. Cependant rien ne comptait autant pour Jean-Eugène Robert, que son idée d'ouvrir un jour un cabinet de curiosités et de prestidigitation. Une ambition parfaitement admise par M. Houdin. Alors Jean-Eugène joignit à l'horlogerie sa passion artistique. Il fabriqua des automates, des appareils et renoua avec les manipulations. Il forgea un répertoire, conçut une présentation et choisit de s'appeler Robert-Houdin.

Plein d'exaltation, il menait tout de front. Et tout lui réussissait. Dans la boutique du père Roujol regorgeant d'objets pour magiciens, il s'initiait aux mystères de la scène, recueillait recettes et confidences. Il confectionnait d'ingénieuses mécaniques : torches allumées d'elles-mêmes, oiseaux battant des ailes, cartes parlantes. Les affaires horlogères progressaient. Sa famille s'agrandissait d'un premier enfant. L'avenir leur souriait.

Mais le notaire auquel toute la famille avait confié son argent fit banqueroute, ruinant presque complètement les espoirs, le beau-père et Robert-Houdin.

L'opiniâtreté entrait dans le caractère de Robert-Houdin. Les difficultés financières et la gêne le stimulèrent. Il déménagea dans un logement plus modeste et se remit à l'ouvrage. De nouveau, entre les réparations de montres, il reprit ses créations d'automates et d'appareils.

La naissance d'un second garçon lui commandait d'inventer. Mais pas n'importe quoi, une chose dont le public puisse dire : « On n'a jamais vu ça. » Et « ça », ce fut un réveil briquet. Une trouvaille pratique. Pendant des mois, il s'était accroché à son idée : un dispositif chargé de vous réveiller en sonnant à l'heure souhaitée, tandis qu'une bougie allumée sortait d'une boîte. L'invention eut un succès de mode. Il fallut adjoindre un atelier au logement, embaucher des ouvriers. L'aisance réapparut.

En 1839, Églantine mit au monde un troisième garçon. Le couple emménagea bourgeoisement rue de Vendôme et pour la première fois, Robert-Houdin exposa. À l'Exposition des produits de l'Industrie française, il présenta un automate, le *Joueur de gobelets*, et la *Pendule mystérieuse*. Une originalité, puisque son mécanisme, fonctionnant de manière totalement invisible malgré un cadran et une colonne de verre, lui valut d'obtenir une médaille de bronze et d'attirer l'attention sur ses capacités. Multiples et diverses, elles n'avaient qu'un but, encore lointain : permettre l'ouverture de son théâtre. Une idée fixe. En attendant, il construisait utile afin de se procurer l'argent nécessaire. Il prit trois brevets pour un régulateur d'horlogerie. Il inventa un plastron à touche électrique pour escrimeurs. Un circuit électrique se fermait lorsque l'épée d'un tireur subissait la pression du plastron de l'adversaire, le contact s'établissait et une ampoule signal s'allumait. Personne ne se soucia de son invention, et pourtant aujourd'hui encore elle départage les tireurs. Robert-Houdin l'offrit en cadeau à Cabot, maître d'armes de ses amis.

Il ne suffisait pas d'avoir des idées. Une seule pouvait le sortir de ses embarras financiers et de l'anonymat. Mais encore fallait-il qu'elle fût excellente, miraculeuse, étonnant tout Paris. Peut-être son *Écrivain dessinateur* produirait-il cet enchantement.

Il s'agissait d'un automate d'une trentaine de centimètres de haut. Une mécanique conçue pour répondre par l'écriture et par le dessin aux questions posées. Robert-Houdin y travailla sans relâche pendant dix-huit mois. Voulant se consacrer uniquement à cet objet, il s'était isolé à l'autre bout de la capitale, à Belleville, dans un réduit à peine meublé. Obstiné, surmontant une à une les difficultés, il mangeait n'importe quoi et dormait à peine. Un soir, après tant d'ébauches, de retouches, d'essais, d'échecs, il avait pressé le bouton de la détente. Les rouages s'enclenchèrent. Le bras de l'automate s'anima, traçant ROBERT HOUDIN. Le Pygmalion posa la question : « Quelle heure est-il ? » Sa création écrivit : IL EST DEUX HEURES DU MATIN.

Robert-Houdin avait réussi.

Il enjoliva son automate d'un habit dix-huitième siècle et l'installa dans un fauteuil devant une table d'époque. Face à lui un papier étalé. Dans la main droite, le crayon prêt à noter les réponses conformes.

Restait à faire largement connaître ce savoir-faire.

L'Exposition universelle en fournit l'occasion. Robert-Houdin se plaça sur le passage de Louis-Philippe qui tenait par la main son petit-fils, le comte de Paris. Le roi daigna poser une question à l'automate : « Combien Paris renferme-t-il d'habitants ? » À quoi l'écrivain dessinateur répondit d'une écriture appliquée PARIS CONTIENT 998 964 HABITANTS. Pour une autre demande l'automate compléta la rime d'un poème, puis, de façon subtile, dessina une couronne pour le petit prince. Il n'en fallut pas davantage pour aiguiser la curiosité des Parisiens. Ils venaient en foule interroger le phénomène de Robert-Houdin, sans faire mystère de leurs doutes et de leur admiration.

« C'est bien dommage, Monsieur, de ne pas appliquer à

des travaux sérieux les prodiges d'imagination que vous déployez pour des objets de fantaisie.

– Continuez, Monsieur, j'ai l'assurance que vos ingénieux travaux vous mèneront tout droit à des découvertes utiles », dit un membre du jury.

Mais l'argument le plus salutaire vint de l'archevêque de Paris, monseigneur Affre :

« Bien que n'étant pas prophète, Monsieur je vous prédis de grands succès dans votre future carrière. »

Cette carrière s'ouvrait à double battant lorsque, le 19 octobre 1843, Robert-Houdin perdit sa femme, âgée de trente-deux ans. Ce deuil le laissa désemparé avec trois enfants.

Les préoccupations domestiques, la douleur, son temps précieux dispersé, la diversité de ses projets amoindrirent une aisance difficilement reconquise. Une solution s'imposait. Il se remaria l'année suivante. Il rendait à ses enfants une mère, et à son but toute la fécondité dont son esprit était capable.

L'état de ses finances ne suivait pas la montée de sa réputation. À l'époque où Guizot lançait son fameux « Enrichissez-vous ! », Robert-Houdin peinait. Ses constructions d'automates l'entraînaient à la ruine, éloignant d'autant l'ouverture hypothétique de son théâtre.

Or, il avait pour voisin un riche admirateur, le comte de l'Escalopier. Ayant appris sa gêne, le comte proposa obligeamment de l'aider. Il lui avança une somme importante, faisant crédit sur l'avenir. Le sort en était jeté. L'horloger laissait audacieusement place à l'artiste. Le mécanicien se doubla de l'illusionniste.

Robert-Houdin se mit d'abord en quête d'un emplacement pour son théâtre. Il opta pour une petite salle d'environ deux cents places, au premier étage du 164 de la galerie de Valois. Témérité que d'exploiter un spectacle dans ce bâtiment du Palais-Royal, soumis au contrôle de la

Préfecture. Mais l'intervention personnelle du préfet de police Gabriel Delessert leva les difficultés. Ce fut ensuite l'aménagement : le matériel, les appareils mécaniques, les automates commandés par des pédales invisibles ou des leviers, par l'électricité ou l'air comprimé. Les boîtes spéciales, les casseroles à double fond, les accessoires à trucs, les adaptations astucieuses. Enfin, le décor. De style Louis XV, blanc et or, alliant le bon goût et la discrétion de moyens, à l'opposé du tape-à-l'œil habituel pour ce genre de mise en scène. Le jeudi 3 juillet 1845 dans une tenue parfaite, il ouvrit la première soirée.

Passées les émotions du début, les résultats furent tout de suite éclatants. Il fallait louer longtemps à l'avance. Les « Soirées Fantastiques de Robert-Houdin » connaissaient une vogue qui, certains soirs, tournait à l'émeute. On joua à bureaux fermés presque sans interruption. Les représentations étaient gaies, insolites, surprenantes, de bon ton. Loin des calembours et des mystifications, la science, l'habileté et l'audace du magicien tenaient chacun en haleine. Robert-Houdin procurait la sensation de vous rendre complice de ses tours prestigieux. Toujours avec élégance et courtoisie.

La presse enthousiaste propagea sa renommée. Robert-Houdin se produisit en Belgique dans les villes et devant la Cour. Louis-Philippe le réclama à Saint-Cloud. Les recettes montaient prodigieusement. En un an, il avait pu s'acquitter de sa dette auprès du comte de l'Escalopier. Et, sans cesse, la ruée des spectateurs. Jusqu'à la révolution de 1848, qui ruina les théâtres et vida les caisses. La salle était désormais pleine d'une foule non payante, munie de laissez-passer au nom du Gouvernement provisoire.

Le sauvetage survint de l'Angleterre. Un entrepreneur de spectacles offrit à Robert-Houdin de déployer ses talents devant les publics anglais. Tournée triomphale. Succès immense, et royal quand par deux fois la jeune reine Victoria l'invita à des séances privées. Le *French Conjuror*, comme on le nommait, poursuivit aussi spectaculairement par l'Irlande et l'Écosse, avant de regagner Paris. Enrichi, comblé, mais épuisé, il malmenait sa santé. Il crut nécessaire de s'adjoindre un élève et de s'offrir un havre de tranquillité. Dans les environs de Blois, à Saint-Gervais, il acheta la propriété du Prieuré. Elle allait devenir son atelier laboratoire.

De nouveau, il s'était repris de passion pour les phénomènes scientifiques.

Il passait au Prieuré des séjours de plus en plus prolongés. Dans son bureau, des bocaux à usage de piles, une pompe pneumatique à faire le vide, plusieurs lampes à incandescence alimentées par une batterie de piles Daniel fabriquées de ses mains. Comme aurait dit feu son père : *il faisait de la limaille*. Sa demeure était agencée « tout électrique ». Une révolution, à cette époque. De celle dont on reste émerveillé, lorsque journaliste, Robert-Houdin vous invite à une expérience de sa façon.

Le reporter du *Journal de Loir-et-Cher* y assista, un dimanche soir de septembre 1851. « Robert-Houdin avait rapproché deux fils conducteurs d'électricité. Les premières étincelles jaillirent. Et utilisant une lampe à filament végétal, une lumière blanche et vive comme celle du soleil illumina le salon et un cri d'admiration partit de toutes les bouches. Concentrant ensuite ses rayons lumineux à l'aide d'une puissante lentille, et les dirigeant au-dehors, il a subitement jeté dans son jardin un tel éclat qu'on se promenait dans les allées comme en plein jour. Cette expérience a laissé tout le monde dans l'admiration. »

Robert-Houdin ne jugea pas utile d'adresser à l'Académie des sciences ou à une revue scientifique une communication sur cette expérience réussie. Vingt-sept ans plus tard, Edison mettra au point la lampe électrique à incandescence avec le succès que l'on connaît. Comme Robert-Houdin, il utilisera un filament végétal : un fil de coton carbonisé.

Ne sachant guère résister à ses deux passions, la science et la magie, Robert-Houdin se laissa tenter par quelques tournées à l'étranger. Londres, les stations thermales d'Allemagne, des contrats mirifiques, une célébrité européenne, la gloire. Consacré jusqu'en Amérique. D'où Barnum accourut lui acheter à prix d'or l'*Écrivain dessinateur* – qu'un incendie détruira.

Ce n'était pas faute d'être imité. On le pillait même dans ses titres. Mais il manquait aux plagiaires les ingrédients scientifiques dont Robert-Houdin enrichissait ses séances. Nul n'avait su aussi bien tirer parti des lois de la mécanique, de l'électricité naissante, de l'horlogerie et de la physique. De l'aimantation du fer, Robert-Houdin avait pressenti le côté spectaculaire, les effets de surprise. Il avait créé le tour du coffret, consistant à rendre à sa guise très léger ou très lourd un coffret métallique de 25 centimètres sur 19, qu'il suspendait à l'extrémité d'une corde. Une fois le coffret accroché, un spectateur était prié de le soutenir et faisait cela benoîtement. Si Robert-Houdin décidait que le coffret devait être pesant, l'homme s'agrippait à la corde, tirait, peinait, transpirait, s'épuisait. En vain, le coffret ne bougeait pas. Un deuxième spectateur à la rescousse, un troisième, un quatrième, une grappe d'hommes ne réussissaient pas mieux. Entraînés et balancés comme des pantins, tandis que toute la salle croulait de rire devant leur piteuse impuissance.

Après sept années d'une réussite aussi fantastique que ses soirées, une jolie fortune amassée, il s'offrit une dernière jouissance d'artiste : un nouveau théâtre, au 8, boulevard des Italiens. Son élève Hamilton, devenu son beau-frère, en assura la direction avec talent. Une dernière fois, Robert-Houdin monta sur scène pour l'inauguration, puis il quitta Paris et regagna le Prieuré. Il avait soif de quiétude, de douceurs familiales – trois enfants nés de son second mariage. Et le besoin de retrouver son cabinet de travail, où l'attendaient maints projets scientifiques. À ses yeux, des curiosités amusantes sans importance.

Le Prieuré, selon le mot d'un de ses nombreux amis, le sculpteur Dantan jeune, était dès l'entrée l'« Abbaye de l'Attrape ».

La propriété était agencée pour déranger le moins possible. La porte s'ouvrait d'elle-même. La boîte aux lettres fonctionnait au moyen d'un système électrique et d'une ouverture à bascule avec sonnerie. Du salon, Robert-Houdin pouvait reconnaître par des sonneries distinctes le nombre et la qualité des visiteurs. Dans l'écurie, distante d'une quarantaine de mètres, une pendule électrique réglait le distributeur de picotin du cheval. Jusqu'au chauffage préréglé de la serre, qui étonnait le jardinier quand Robert-Houdin lui disait : « Jean, vous avez trop chauffé hier soir, vous grillez mes géraniums. »

Pour les gens du pays, tout cela relevait du diable. Déjà la porte d'entrée les rendait méfiants. Peinte en blanc, une inscription s'étalait vers le haut, sur une plaque de cuivre : ROBERT-HOUDIN en lettres dorées. Dessous, un heurtoir cuivré représentait un petit diable, indiquant de ses deux mains sur une autre plaque le mot FRAPPEZ. Le visiteur frappait du heurtoir. Aussitôt, dans l'habitation située à quatre cents mètres, un carillon retentissait jusqu'à ce que dans le vestibule on ait appuyé sur un bouton. Alors le ROBERT-HOUDIN de la porte d'entrée pivotait, remplacé par une plaque en émail sur laquelle était peint : ENTREZ. La porte s'ouvrait, livrant passage. Et elle se refermait d'elle-même derrière le visiteur, tandis que la plaque pivotait à nouveau laissant reparaître : ROBERT-HOUDIN.

Partout dans le domaine, agencements automatiques, horloges, cadrans, sonneries révélaient l'esprit précurseur et pratique du propriétaire. Sans pour autant renier ses manières de magicien dont les invités formaient les premières victimes amusées. Dans le parc, un banc vous transportait d'une butte à une autre. Au-dessus de la tête du meilleur tireur au pistolet, se posait subitement la couronne du vainqueur. Au détour d'une allée, un faux jardinier ratissait, des balançoires s'élevaient du sol et des voix mystérieuses se répondaient d'arbre en arbre. Voilà pourquoi M. Robert-Houdin passait pour un sorcier. Il consacrait pourtant le meilleur de son temps à une horloge destinée à l'Exposition universelle de 1855. Le mouvement était actionné par les oscillations d'un balancier combinées avec le passage alternatif de courant dans un électroaimant. Un système de leviers répartissait le courant, assurant une parfaite exactitude de l'appareil.

La simplification du mécanisme, l'économie qu'on en retirait, l'absence de chaînes, de poids, de ressorts, aboutirent à une horloge révolutionnaire. Le jury jugea Robert-Houdin digne d'une médaille d'argent.

Depuis longtemps il fabriquait des régulateurs. Ses ingénieux mécanismes pour automates, son réveil briquet, avaient servi de marchepied à une technique plus élaborée. Les cercles scientifiques ne tarissaient pas d'éloges à son sujet. Au fur et à mesure des expositions, ses applications électriques à l'horlogerie, à la télégraphie et à la mécanique lui valaient l'estime de savants aussi célèbres que M. Becquerel ou le comte du Moncel. Le physicien anglais Wheatstone, inventeur du stéréoscope, fut tellement enthousiaste, qu'il voulut acquérir immédiatement un de ses répartiteurs électriques. D'autres spécialistes s'intéressèrent à une de ses dernières inventions, le vibrateur électrique. Un interrupteur de courant pour économiser l'électricité la nuit. Dans la griserie de ses découvertes, Robert-Houdin adressait des communications suivies à l'Académie des sciences et déposait brevet sur brevet comme autant de tours de force.

Justement, l'armée lui en demandait un avec insistance.

En Algérie, des agitateurs arabes tentaient de soulever les populations contre la France. Ils utilisaient le pouvoir des marabouts, dont l'influence était grande, donc dangereuse. Militairement, le Second Empire avait conquis le pays jusqu'au Sahara. Mais l'état d'esprit restait subversif. Afin de le soumettre, le colonel de Neveu, chef du bureau politique, eut l'idée de combattre les pratiques des marabouts par un marabout plus puissant. On pensa à Robert-Houdin, seul capable de les abaisser magistralement.

Cette parenthèse africaine gênait beaucoup le magicien chercheur. Peu enclin à quitter ses projets, il usa d'arguments dilatoires qui se heurtèrent à l'entêtement du colonel. Finalement, il accepta. Il irait à Alger et sa femme l'accompagnerait. Pendant trois mois, il prépara minutieusement sa mission. Il se remit à la prestidigitation, à l'illusionnisme, rassemblant ses appareils les plus modernes de mécanique et d'électricité. Comme aux plus beaux jours de ses séances, il fourbit ses truquages et, à la fin de 1856, il embarquait pour l'Algérie.

Là, les plus grands égards lui furent réservés. Le maréchal gouverneur Randon, qui avait parrainé l'initiative de recourir à Robert-Houdin, offrit à ses exploits le théâtre de la ville. Au jour fixé, la salle Bab-el-Azoun s'emplit d'une foule colorée. Soixante chefs de tribus en manteaux rouges, leur suite, le maréchal Randon, sa famille, son état-major, les autorités civiles, les notables et un grouillement de spectateurs privilégiés. La compétition pouvait s'engager.

Robert-Houdin débuta par ses tours anodins. Il chauffa la salle, interpella, stimula : il fit sortir des boulets de canon d'un chapeau, une corbeille de fleurs d'un foulard, de multiples objets d'une corne d'abondance et les distribua à la volée. Il envoya à travers la salle des pièces de cinq francs qui tombèrent dans un coffre de cristal suspendu au-dessus de l'assistance. Puis il augmenta l'effet de surprise. Ce devint de la stupeur quand il fit apparaître du café bouillant dans un bol vide. D'abord réticents, des Arabes acceptèrent d'y goûter. Peu à peu, séduits par l'arôme, d'autres les imitèrent. Plus on buvait, plus le bol se remplissait. De l'ébahissement, Robert-Houdin poussa le trouble jusqu'au prodige.

À sa volonté, il rendit le plus fort des spectateurs incapable de soulever un petit coffre de métal. Il reçut au vol la balle de revolver qu'on tira sur lui. Il fit pleuvoir des douros d'argent des chéchias et des burnous. Le bouquet fut la disparition d'un jeune Maure qu'il avait recouvert d'un énorme gobelet. En un clin d'œil, la salle terrorisée se leva et se précipita à l'extérieur. Lorsque les spectateurs rentrèrent, ils aperçurent le jeune homme sain et sauf. Mais hébété, comme sortant d'un songe et ne se souvenant de rien.

Robert-Houdin avait rempli sa mission : les marabouts étaient dépassés. Le magicien souhaitait prolonger son séjour en Algérie pour visiter quelques douars. C'est alors qu'on l'appela à l'hôtel du gouverneur. Debout, une trentaine de chefs l'attendaient. Le plus âgé s'avança et, déroulant un parchemin, lut l'hommage où dans un lyrisme très oriental tous reconnaissaient sa suprématie. Calligraphié en arabe avec sa traduction française, le diplôme lui fut remis après que chacun eut apposé son sceau.

On ne pouvait rien lui refuser. Partout invité, salué, acclamé, il se prodiguait en des séances qui ravissaient ses hôtes. Il quitta ensuite Alger pour le sud. Dans le douar du chef Bou-Allem, un marabout lui dit :

« Je crois en ton pouvoir surnaturel. Voici deux pistolets. Choisis-en un. Nous allons le charger et je tirerai sur toi. Tu n'as rien à craindre, tu sais parer les coups. »

Pris de court, Robert-Houdin eut la présence d'esprit de répondre :

« J'ai besoin d'un talisman pour être invulnérable. Je l'ai laissé à Alger. Cependant six heures de prières me permettront de braver ton arme. Demain à huit heures, tu pourras tirer sur moi. »

Le lendemain, devant de nombreux Arabes assemblés, les pistolets furent exposés publiquement. Le marabout les vérifia et les chargea de poudre. On apporta les balles. Robert-Houdin en fit désigner une, qu'il engagea dans le pistolet à la vue de chacun. La deuxième arme fut préparée avec un soin identique. Dans un silence impressionnant, il alla ensuite se camper à quinze pas devant un mur blanc. À son signal, le marabout empoigna le premier pistolet. Il visa au cœur. Le coup partit. Et l'on vit Robert-Houdin, droit à la même place, serrant la balle entre ses dents.

Tous étaient abasourdis. Furieux, le marabout s'apprêtait à saisir le second pistolet, quand d'un geste vif Robert-Houdin s'en empara, tira et une large tache rouge éclata sur le mur blanc. Le marabout y trempa un doigt, le porta à ses lèvres. C'était du sang. Anéanti, il baissa la tête, tandis qu'autour de lui on implorait Allah. Théâtral, Robert-Houdin s'en alla sans un mot, enfourcha son cheval et partit avec sa femme en direction de Milianah où on les attendait.

Dans le duel avec le marabout, il s'en était pourtant fallu de peu qu'il perdît sa crédibilité. Mais il était maître de son sujet.

Il avait employé une partie de la nuit à une préparation méticuleuse. Sitôt seul dans sa chambre, il avait retiré de sa boîte à pistolets un moule à fondre des balles. Se servant d'une carte comme d'un récipient, il mit à fondre un morceau de stéarine prélevée sur une des bougies. Il y mêla du noir de fumée, obtenu en plaçant une lame de couteau au-dessus de la flamme. Ceci fait, il coula la composition dans son moule à balles. Le temps de compter dix secondes, il retourna le moule. Il en retira le morceau de stéarine pas encore solidifié qui, à s'y méprendre, formait une balle creuse imitant celles en plomb.

Au matin, il lui avait été facile d'exhiber la balle de plomb devant toute l'assistance. Puis au même instant, de la subtiliser en la remplaçant par la balle creuse qu'il glissa ostensiblement dans le pistolet. En tirant, le marabout avait brisé la stéarine en petits morceaux durs et inoffensifs compte tenu de la distance. Au coup de feu, Robert-Houdin avait ouvert la bouche et montré à tous la balle de plomb qu'il tenait entre ses dents.

Il aurait pu s'en tenir là. Or l'habitude de la scène lui avait prouvé qu'il restait toujours à faire pour marquer durablement les esprits. Aussi avait-il modelé une seconde balle. Il l'avait façonnée plus forte, en laissant plus longtemps refroidir la stéarine. Jadis un Irlandais l'avait initié à un tour consistant à extraire sans douleur le sang de son pouce. Utilisant ce moyen, Robert-Houdin avait rempli la balle de son sang. C'était elle qui en s'écrasant contre le mur, l'avait éclaboussé d'une large tache, tandis que les morceaux de la balle volaient en éclats.

Heureusement, il avait pu saisir le second pistolet avant que le marabout ne s'en empare. Sinon c'en était fini de lui-même et de son pouvoir de convaincre.

Après avoir satisfait sa curiosité de l'Algérie, de ses habitants et de leurs mœurs, Robert-Houdin regagna la France. Pour le récompenser d'avoir réussi sa mission, le gouvernement voulut lui offrir une somme de dix mille francs. Il la refusa. Il s'était jugé en service commandé et on ne rémunère pas un devoir. Quelques mois plus tard, une décision du Conseil d'État l'autorisa à porter officiellement le nom de Robert-Houdin et à le transmettre à ses descendants.

Homme aimant et pratiquant les sciences, Robert-Houdin se considérait comme un simple découvreur. Surtout pas un savant solitaire. Dans son Prieuré, il accueillait tout ce qui valait par l'esprit ou le talent. Des hommes de lettres et des journalistes : Henri Monnier, le père de « Joseph Prud'homme », Eugène Labiche, Gastineau le vaudevilliste, Villemessant, le directeur-dictateur du *Figaro* à la moustache de tigre. Des artistes : Dantan Jeune, l'illustrateur Gustave Doré, le ténor Duprez de l'Opéra. Des médecins membres de l'Institut, des savants patentés comme le physicien Léon Foucault. Tous appréciaient sa bonne humeur, son humour, ses tours, les escamotages et les bizarreries truquées dont la maison et le parc étaient remplis. On n'en sortait que victime ou complice, mais toujours séduit.

Après quoi, il retournait à sa table de travail. Aiguillonné par de nouveaux essais, il avait déposé un brevet d'invention pour l'application de l'électricité à la mécanique. La force motrice de l'électricité, chacun y songeait. Comment n'y aurait-il pas pensé lui aussi ?

Depuis plusieurs années, il échangeait sur le sujet de l'éclairage électrique de longues correspondances avec son ami Foucault, lequel avait perfectionné la lampe à arc. Mais la lumière de l'arc était trop violente. Un soleil éblouissant, dès qu'on rapprochait les deux fils conducteurs. Il fallait domestiquer cette puissance aveuglante. Robert-Houdin y travaillait des journées entières. On approchait de la réussite. Déjà son ami Gavarret avait inventé l'œuf électrique. Un verre de forme ovoïde, où il raréfiait l'air et plaçait deux charbons reliés aux pôles d'une pile. La solution passait par la régularité du courant.

Or Robert-Houdin en créant le répartiteur avait vaincu cette difficulté. Puisqu'il savait conserver à la lumière une intensité constante, ne pouvait-il l'enfermer dans une lampe où l'air aurait été totalement supprimé ? Un Anglais, Joseph Swan, s'y efforçait. Robert-Houdin activa ses recherches, multiplia les essais. Et un soir, à l'occasion de la communion de sa fille Églantine, il offrit un dîner sous la tonnelle qu'il avait illuminée électriquement de lampes à filament végétal.

La féerie dura plusieurs heures, un progrès sur l'expérience de 1851. Le procédé restait coûteux et donc d'application limitée. Mais la démonstration annonçait l'avenir de la lumière électrique.

Il y avait de l'Edison dans Robert-Houdin. Qu'un sujet le passionnât, sans consulter autre chose que son désir de réussite, il s'y employait tout entier.

Son ami, le médecin Gavarret lui envoya la description d'instruments que plusieurs éminents confrères utilisaient pour étudier l'image des vaisseaux de la rétine. Des instruments peu commodes. Par conséquent, des procédés ni faciles, ni sûrs. « Vous trouverez bien le moyen de combler ces lacunes », dit-il au magicien.

Robert-Houdin concentra toute sa fougue à l'ophtalmologie. Il commença par exécuter à l'aquarelle un dessin complet de l'œil : iris, pupille, artères, veines. Il l'accrocha au mur de son cabinet de travail. Ainsi, constamment avait-il l'œil sous les yeux.

Étranger à la médecine – mais Pasteur était-il médecin ? –, il envisagea son travail d'un point de vue purement physique. Un soir de 1866, alors qu'il étudiait à la lumière de sa lampe, il aperçut au bord de son lorgnon un petit cercle lumineux barré de raies noires. Il observa, réfléchit, s'interrogea sur la meilleure manière d'étudier ce phénomène, auquel personne d'autre n'avait prêté attention. Comment l'examiner, comment contrôler son évolution ? Sans aucune aide extérieure, Robert-Houdin imagina et façonna à la main, avec une habileté inouïe, un instrument d'optique « à l'aide duquel on pouvait voir directement dans l'intérieur de son propre œil les différents troubles et affections qui altèrent les organes de la vue ». Il le nomma « iridoscope » et le fit breveter le 29 mars 1866.

Il n'avait pas hésité à étudier sur lui-même ces phénomènes de vision. Sa vue en fut extrêmement affectée, au point d'approcher la cécité, une cécité heureusement passagère. Trois mois plus tard, il déposait une demande d'addition à son brevet pour trois nouveaux appareils. Le « pupilloscope », un petit tube noirci à l'intérieur et fermé à l'avant par une mince plaque de cuivre avec sept trous, un au centre et six disposés en cercle. Il était précieux pour découvrir sur soi-même les déformations de l'iris. Le « pupillomètre », fondé sur les mêmes données que le pupilloscope, mais avec deux trous, permettait la mesure exacte de la pupille. Quant au « rétinoscope », il procurait facilement l'image de l'arbre vasculaire de la rétine.

Portant leur nombre à sept, Robert-Houdin inventa trois autres appareils d'optique, tous aussi simples, efficaces, pratiques et d'une grande économie de moyens. Un de ses amis, Giraud-Teulon, ancien officier du génie et ancien préfet reconverti à la médecine, les présenta en 1867 au Congrès international d'Ophtalmologie. Éblouis, les congressistes décernèrent à Robert-Houdin la grande médaille d'or et la Faculté le félicita très officiellement.

Comme il passait naguère d'un tour à l'autre, il retourna à ses chères horloges. Il créa un porte-montre portatif. Plus tard, il revint aux automates d'une manière on ne peut plus théâtrale. Gastineau le vaudevilliste aspirait à des succès moins légers. Il voulait un morceau de roi, mieux : de tsar. Son personnage central serait le plus célèbre des automates : « le joueur d'échecs », une extraordinaire mécanique conçue par Wolfgang von Kempelen. C'était un Turc enturbanné assis devant un jeu d'échecs, qui jouait de la main gauche et gagnait toutes les parties. On l'avait exhibé partout, vendu, racheté, revendu, pour le plus grand profit de ses propriétaires successifs. Le dernier en date le céda à un musée américain où il fut détruit dans un incendie. Sur cet automate couraient des récits quasi légendaires. On avait tant brodé d'épisodes à son sujet, qu'il suffisait de les mettre en actes. Gastineau se chargea de les écrire. Robert-Houdin construisit l'androïde, poussant le souci de la vérité jusqu'à le faire manœuvrer de la main gauche.

Cinq actes, huit tableaux, un jeu de glaces et d'escamotages, *La Czarine* remporta un succès bruyant.

Aussi éclatant, dans les cercles scientifiques, que sa réussite avec la *Joueuse de tympanon*. Un automate fascinant que l'Académie des sciences cherchait à restaurer. Un double défi pour Robert-Houdin : un tour de force fait d'une longue patience et une énigme.

La précieuse machine était dans un complet délabrement. De surcroît, on s'interrogeait sur l'identité de cette petite figure de femme automate jouant différents airs de musique sur une espèce de tympanon en forme de clavecin. Cinquante-trois centimètres de mystères.

Robert-Houdin ressuscita Marie-Antoinette – le magicien avait découvert l'énigme. En même temps, il redonna vie, parmi une multitude de rouages, aux gestes précis de la mécanique, aux mouvements rythmés des marteaux de métal frappant en mesure les cordes de l'instrument aux airs délicats du XVIIIe siècle.

« Cet automate », affirma-t-il sur une note signée, datée et collée à l'intérieur du tympanon, « a appartenu à Louis XVI et représente les charmes physiques et le talent musical de la Reine. » Construit en Allemagne vers la fin de 1784, il est aujourd'hui l'un des fleurons du Conservatoire national des arts et métiers.

Le Prieuré fut le témoin d'une autre commande. La ville de Paris le sollicita pour un compteur horokilométrique de voiture – un taximètre : dessins, calculs, cadrans modifiés, études complémentaires afin d'éviter les secousses. Beaucoup de travail, que par délassement il entrecoupa d'une

Note sur les radiations lumineuses que l'on aperçoit autour d'un foyer de lumière. Des figures, des explications, des exemples aussi simples que : « Ayant mis sur le fond d'une assiette une très légère couche de vin, posez sur le milieu de cette surface liquide les bords d'une cuillère préalablement humectée, sa partie bombée tournée de votre côté. On verra s'y former au point de contact du liquide, un petit prisme rouge semblable de forme à celui de l'œil... »

Robert-Houdin s'intéressait également au télégraphe. Un télégraphe musical aussi efficace que l'oreille. Le son produit une vibration dont les ondulations viennent frapper les cordes de notre oreille. Pourquoi ne pas reproduire mécaniquement cet effet et abolir la distance de la parole ? Il n'était pas loin du téléphone.

Autre idée : un levier à résistance variable pour réguler la lumière électrique. Un nouveau brevet, un système de transmission applicable aux voitures pour leur compteur. Une foule de projets et d'intuitions. Parmi des inclinations littéraires, les affaires publiques, et des gamineries de vieillard qu'il ne se sentait pas encore. Comme de faire apparaître une pièce de cinq francs dans l'un des œufs d'une paysanne sidérée, au marché de Blois.

Car « honnête homme » au plein sens du mot, il avait aussi tâté des lettres. D'ailleurs, de quoi n'avait-il pas fait l'expérience ? Il avait des connaissances en héraldique, en minéralogie, en physique et chimie, en mécanique et électricité. Il savait un peu de russe et de grec, d'hébreu, de chinois. Écrire, n'était-ce pas manipuler l'esprit d'autrui ?

Ses *Confidences d'un prestidigitateur* avaient rencontré un grand écho parmi les curieux. Deux éditions, une traduction anglaise. Enhardi, il publia *Les Tricheries des Grecs dévoilées : l'art de gagner à tous les jeux.* Il y disait tout, expliquait tout, les finesses, les tours de passe-passe. Il était pour les honnêtes gens contre les fripons.

Cependant, il livrait ses secrets comme Léonard de Vinci ses dessins de machines : trop peu pour qu'on puisse les exécuter.

Robert-Houdin était membre de la Société des sciences et lettres du Loir-et-Cher et conseiller municipal de Saint-Gervais. « *Alexandre Dumas du tour d'adresse* », comme l'appelait le chroniqueur Jules Claretie, il pouvait prétendre à des honneurs plus officiels. Reçu en 1869 à la Société des gens de lettres, il leur joua le tour de main de la *Pluie d'or* et charma ces messieurs qui ne demandaient qu'à voir. C'était sa façon à lui de remercier.

Il rédigea encore *Révélations, comment on devient sorcier* acceptant de « débiner », comme disent les magiciens, certains tours. Dans *Magie et physique amusante* – ouvrage inachevé et posthume – il souleva le voile sur certains autres. Mais son côté chercheur ne le situait pas moins au premier plan. Onze fois couronné pour ses travaux, on lui assurait un fauteuil à l'Académie des sciences. Mécanicien, physicien, inventeur, constructeur d'automates, ophtalmologiste, horloger hors pair, ce prince de la magie avait sa place entre Claude Bernard et Pasteur. D'évidence, il était comblé de dons et de satisfactions.

La moindre n'était pas de surprendre son monde. Espiègle, il profitait de la crédulité de ses contemporains éberlués.

Un jour, il fit monter dans son cabriolet une femme qui se rendait au marché de Blois. Au bout d'un kilomètre, la brave dame lui déclara apeurée que le cheval trottait à l'envers. « Voyons madame, se peut-il ? » Descendue de voiture, nouveau choc : des petits cochons allaient et venaient autour d'elle.

Il annonçait à des Blésois que la Loire était en crue. L'eau galopait de Saint-Gervais à Blois. D'ailleurs, elle était déjà là. La preuve : ces gens avec qui il discutait bien au sec avaient maintenant les pieds dans l'eau. Et petit, mince, vif comme un farfadet, il s'en allait, plus sorcier que jamais, son pouvoir de suggestion intact.

Tant de bonheur ne pouvait durer. Napoléon III gâcha tout par une guerre que ses ministres vantards avaient mal préparée. Il ne nous manquait pas un bouton de guêtre. Mais les guêtres manquaient, ainsi que les munitions, les vivres, des plans concertés, de vrais chefs. Pour une affaire de succession, un Prussien dont les Français ne voulaient pas sur le trône d'Espagne, les Allemands firent leur unité sur notre sottise. Nous eûmes l'imprudence de tirer les premiers. La guerre de 1870 commençait.

Robert-Houdin était très concerné. Son fils Eugène, soldat de métier, était capitaine au 1er Zouaves à Reichshoffen. Les soldats disaient des généraux : « Ils ne savent pas ce qu'ils veulent. » À Reichshoffen, l'un d'eux, croyant que la cavalerie lourde pouvait éviter la catastrophe, fit charger les cuirassiers. Ce fut une effroyable hécatombe d'hommes et de chevaux. On lança les zouaves. Sans soutien d'artillerie, ils furent décimés. Le capitaine Robert-Houdin tomba, grièvement blessé. Quatre jours plus tard, il mourait.

Cette épreuve en annonçait d'autres. L'armée française vaincue, l'Empire croulant, l'Empereur déchu. Une nouvelle guerre menée par des civils républicains, Gambetta en tête, et bientôt l'armistice. Le Loir-et-Cher allait subir une dure occupation prussienne. Robert-Houdin usa de sa notoriété pour épargner des représailles à son village de Saint-Gervais. Ce qui n'évita ni le pillage du Prieuré, ni les privations, comme à tout le monde. Enfin, en application des préliminaires de paix, les Prussiens quittèrent le territoire en mars 1871. Une semaine plus tard éclatait l'insurrection de la Commune, Français contre Français.

Aux élections d'avril, Robert-Houdin était réélu à la quasi unanimité membre du conseil municipal. À l'occasion, quand on le sollicitait, il exécutait encore quelques tours.

Comme pour garder la main. Mais si l'esprit restait en éveil, et le geste brillant, l'élan était brisé. Pourtant, il ne renonçait pas à créer. Sur son établi, un nouvel automate, un écrivain.

Le lundi 5 juin, une brusque douleur le cloua au lit : une pneumonie caractérisée. Veillé par son entourage, le grand illusionniste n'avait plus d'illusions. Le 13 juin 1871, il mourut à dix heures du soir. À l'instant précis où, à Paris, son Théâtre des Soirées Fantastiques donnait la première représentation de sa réouverture.

Hamilton continuait le spectacle. Fortune faite, il se retira. Clevermann lui succéda. La direction revint au fils du fondateur, Émile Robert-Houdin, puis à la veuve de celui-ci. Dickson prit la relève, avec un certain Voisin, fabricant d'appareils de prestidigitation. En 1888, Georges Méliès se rendit acquéreur de l'immeuble. Avant de se rendre éminemment célèbre, plus tard, comme créateur du truquage cinématographique.

Déjà, Robert-Houdin était entré dans la légende. Une comptine était née, dans laquelle il intervenait, tel un personnage féerique. Il consolait la petite Cendrillon laveuse d'assiettes, qui magiquement ira au bal car

> *Heureusement que son parrain*
> *Qu'était m'sieur Robert-Houdin*
> *Vint mettre un terme à son chagrin.*
>
> *V'là qu'il souffle sur un caniche*
> *Et qu'il le change en cheval,*
> *Il fit un fiacre triomphal*
> *Avec une vieille bourriche,*
> *Change en cocher le perroquet*
> *En petit groom le sansonnet…*

CHARLES CROS (1842-1888)
Sons, couleurs et hareng saur

J'ai pénétré bien des mystères
Dont les humains sont ébahis...

Timbré, condamné, traité en poète,
Sous la hache je mettrais ma tête
Que l'opinion publique réclame...

Nos enfants seront de fiers gars
Qui répareront les dégâts
Que dans ta vie a faits leur père...

J'ai tout trouvé, nul mur ne m'ayant arrêté,
Mais Chance, dis-moi donc de quel nom tu te nommes ?...

Et les hommes sans ironie
Diront que j'avais du génie...

Ces douze vers dispersés dans son œuvre résument la vie singulière de Charles Cros. Surdoué, savant et poète, son destin fut une suite d'épreuves aggravées par la malchance et les déboires personnels.

Son grand-père, Antoine Cros, enseignait les belles-lettres et traduisit du grec Théocrite, poète créateur de la poésie bucolique. Henri, son père, docteur en droit, philosophe, enseignant, eut quatre enfants.

Antoine, l'aîné, devint médecin et philosophe. L'académicien Maurice Druon est son petit-fils. Vinrent ensuite Henriette, Henry, peintre et sculpteur, enfin Charles, né le 1er octobre 1842 à Fabrezan, village historique de l'Aude environné de vignes et d'oliviers.

La famille quitta Fabrezan pour s'établir à Paris, où Charles passa son enfance. Très tôt, il sut lire et écrire. À sept ans, il pratiquait le grec et le latin. Son père, qui avait participé en province à la révolution de 1848, fut exclu de l'Université pour militantisme républicain. Victime des mesures répressives de l'Assemblée conservatrice élue en 1849, il utilisa ses loisirs forcés à diriger les études de Charles. Lequel fit ses humanités en autodidacte : langues anciennes et modernes, mathématiques, musique. Par dispense spéciale, il passa son baccalauréat à quatorze ans et suivit les cours du Collège de France. Bientôt, il fut capable de donner des leçons d'hébreu et de sanskrit.

Une soif d'écriture et de connaissances l'inclinait tantôt vers la poésie, tantôt vers les sciences physiques. Les derniers travaux de Becquerel, de Claude Bernard, le captivaient et surtout une théorie des couleurs de Chevreul. C'est alors, qu'à peine âgé de dix-huit ans, il fut engagé à l'Institution des Sourds-Muets rue Saint-Jacques, en qualité de répétiteur.

Dès les premiers mois, il montra beaucoup d'intérêt dans cet emploi. Si bien qu'après un examen, il obtint le poste d'aspirant au professorat. En enseignant aux sourds-muets, il se passionnait pour la linguistique. Particulièrement pour les sons, le sens des mots, l'apprentissage du langage.

L'Institution privilégiait l'enseignement de la méthode gestuelle, du langage par signes. Charles Cros croyait davantage à la méthode orale, la lecture sur les lèvres. Il exposa ses idées dans une étude intitulée : *Parallèle entre*

*la manière dont un parlant apprend une langue étrangère
et la manière dont un sourd-muet doit apprendre la langue
de son pays.*

Son initiative, la pertinence de ses réflexions, sa connaissance des langues, spécialement des langues orientales, témoignaient de son attachement à perfectionner sa fonction. Mais il n'eut pas le loisir de le prouver. On le révoqua. L'établissement appliquait une rigueur et une discipline difficilement supportables par un jeune homme. Charles Cros l'endurait moins que tout autre. Par nature, il était d'un tempérament proche de la bohème et avait horreur des contraintes. L'austérité de l'Institution convenait mal à l'ivresse de vivre de l'instituteur. Après trente mois au contact des sourds-muets, il recouvra une liberté dont il fut toujours avide.

Ce séjour lui avait été néanmoins bénéfique. Par ses écrits comme par ses paroles, Charles Cros était un grand manipulateur de mots. Il avait, disait son frère Antoine : « la parole aisée, douce, voix d'un timbre attachant et puissamment personnel ». L'astronome Camille Flammarion ajoutait : « C'était une véritable joie spirituelle de causer avec lui, même si parfois il paraissait se perdre tout à fait dans les abîmes infinis. »

Charles Cros n'était pas singulier seulement par son esprit, son physique aussi le distinguait. Chétif, les yeux noirs, vifs, une masse de cheveux bouclés tombant bas sur le front, une mince moustache brune, les pommettes saillantes et le teint très basané lui donnaient l'aspect d'un Hindou maigre. D'autres lui trouvaient, par le nez, l'apparence de Molière peint par Mignard.

Dès qu'il eut quitté l'Institution, en 1863, Charles Cros entreprit des études de médecine. Par l'intermédiaire de son frère Henry, qui peignait et exposait au Salon des refusés, Charles Cros se lia avec des impressionnistes parmi lesquels Édouard Manet, qui venait de peindre sa « scandaleuse » *Olympia*.

Tout en continuant de mener une vie débridée conforme à son caractère, Charles explorait une poésie visionnaire, très en avance sur son époque. En même temps, savant dans l'âme, il déposait en collaboration avec Antoine, son autre frère, un brevet dont le libellé reflétait sa double recherche de savant et d'artiste : *Procédés de sténographie musicale et appareils nouveaux destinés à la représentation graphique exacte de la musique exécutée sur les instruments à clavier.*

L'année suivante, abandonnant la médecine, il se proposa d'écrire des biographies d'ecclésiastiques. En octobre, comme une épidémie de choléra frappait l'Europe entière, il mit à profit ses notions médicales pour aider à Paris son frère médecin. L'année 1865 n'était pas terminée, qu'il projeta la construction d'un télégraphe au Pérou sur les traces d'un industriel aventureux.

Le bouillonnant Charles Cros avait vingt-trois ans.

Croyait-il à son télégraphe sud-américain ? Lui qui écrira quelques années plus tard, dans *Le Capitaliste*, un monologue plein de verve : « ... Les télégraphes ? Des fils dans la campagne ou bien des câbles sous-marins. – Les fils ? C'est exposé aux ordures des oiseaux ; ça rouille, ça ronge le fer. – Et puis, qu'est-ce qui passe dans les fils ? l'électricité ? Ça se vend-il au kilo ? Non, c'est comme l'État ; encore de la métaphysique ! – Les câbles ? – Il y a un tas de moules et d'huîtres qui s'incrustent là-dessus. Ça n'a l'air de rien, tout ça, ça ronge le câble. Et les poissons ? Les requins, les cachalots, les baleines ? S'ils mangent le câble, irez-vous le leur chercher dans l'estomac ? ou bien leur réclamer des dommages et intérêts ? C'est pas un placement, c'est pas sérieux !... »

Le télégraphe ne fut pas péruvien. Il n'en demeura pas moins l'une des nombreuses occupations intermittentes de

Charles Cros. En 1866, il déposa un brevet pour un « *Télégraphe autographique à mouvements conjugués non-indépendants et à un seul fil de ligne* ». Il en avait adressé le plan au *Moniteur industriel* avant de construire la machine. Cet appareil apportait de réelles améliorations au synchronisme de la transmission. Il profita de l'Exposition universelle de 1867 pour présenter sa création. Elle impressionna tous les spécialistes du télégraphe. Entre autres l'académicien Du Moncel, qui rédigea un article des plus élogieux sur la prouesse de ce jeune chercheur.

Prodigieusement curieux de tous les domaines de la physique, entre deux explorations poétiques Charles Cros s'orienta vers la photographie en couleurs. Comme les sons, les coloris formaient un ensemble harmonieux pour l'artiste-inventeur. Jusqu'à lui, « la photographie était l'habit noir des choses » selon le mot des Goncourt. Charles Cros y ajouta les tons de la vie.

Le 2 décembre 1867, il déposa un pli cacheté à l'Académie des sciences. Il s'agissait du « *Procédé d'enregistrement et de reproduction des couleurs, des formes et des mouvements* ».

La variété apparente des couleurs provenait en fait de trois couleurs fondamentales : le bleu, le jaune et le rouge. Il s'agissait d'obtenir d'un même objet trois clichés. De telle sorte que le premier cliché fût impressionné par toutes les couleurs sauf le bleu, le deuxième par toutes les couleurs sauf le jaune, le troisième par toutes les couleurs sauf le rouge. De ces clichés, il tira trois épreuves qu'il colora avec de l'encre grasse, bleue la première, jaune la deuxième, rouge la troisième. La superposition des épreuves produisit l'image de l'objet dans ses couleurs originales. Des teintes certes encore approximatives, mais à vingt-cinq ans Charles Cros avait inventé le principe de base de la photographie en couleurs.

En adressant la description de son invention sous pli cacheté à l'Académie des sciences, il se borna à confier sa découverte pour en assurer l'antériorité. Il en différa la publication. L'Académie se contenta donc de recevoir le pli en dépôt et de l'enregistrer en attendant que Charles Cros en demande expressément l'ouverture.

L'esprit toujours à l'affût de nouveautés, en poète il fréquentait les poètes. À l'opposé de la sensibilité romantique, les maîtres de l'école parnassienne – Gautier, Baudelaire, Banville – faisaient de nouveaux adeptes : Hérédia, Sully Prudhomme, Mallarmé, Coppée, Verlaine, etc. Ils regroupèrent leurs poèmes dans un recueil collectif : *Le Parnasse contemporain.*

Si Charles Cros noua des relations avec Verlaine, il devint le rival d'un homme de lettres qui « montait », Anatole France. Rivalité tenace, dont Nina de Villard représentait l'enjeu amoureux.

Épouse séparée du comte Hector de Callias, jeune, fantasque, elle tenait un salon où papillonnaient autour de sa beauté, artistes, écrivains, journalistes, agitateurs de fin de règne comme Flourens ou Rigault, futurs chefs communards. Charles Cros eut la faveur de Nina et devint son amant. Leur liaison tumultueuse dura dix ans.

En 1869 il commença de publier ses poèmes dans de petites revues. Et en mai, dans le journal *Les Mondes*, il livra au public sa « Solution générale du problème de la Photographie des couleurs ». Un des lecteurs éprouva une énorme surprise. Le 7 de ce même mois de mai 1869, il avait présenté à la Société française de photographie deux spécimens de photographie en couleurs. Ce chercheur, Ducos du Hauron, venait de faire connaître épreuves à l'appui, une méthode analogue à celle de Charles Cros.

Par une coïncidence des plus curieuses, ils avaient marché

dans la même voie et, à l'insu l'un de l'autre, ils étaient arrivés au même résultat, le « trichrome », fondé sur la séparation des trois couleurs fondamentales.

Louis Ducos du Hauron était né cinq ans avant Charles Cros et allait lui survivre trente-deux ans. Voyant un lien entre l'invention photographique de Daguerre et les travaux de Chevreul sur les couleurs, il poursuivit dans les deux voies qui l'enthousiasmaient. Un travail de dix années, jusqu'aux premières expériences en 1868. Puis un premier brevet déposé en novembre 1868 et le second, ce 7 mai 1869. Émerveillé par cette rencontre fortuite, Ducos du Hauron écrivit à Charles Cros : « Votre brochure est un chef-d'œuvre d'intuition. Je vous adresse la mienne. Par une commune entente et de mutuelles communications, nous hâterions évidemment les progrès du nouvel art que nous avons imaginé... »

Déjà Charles Cros avait momentanément abandonné cette voie. Après un début de polémique liée à l'antériorité de la découverte de l'un sur l'autre, les relations s'établirent sur un mode amical. Sans pour autant déboucher sur une collaboration. L'invention pure intéressait Charles Cros, et il préservait son indépendance avant tout. Il laissait à d'autres le quotidien des recherches pratiques. Intime de Flammarion, qui venait de publier *La Pluralité des mondes habités*, il s'élança lui aussi vers le cosmos. Dans le journal du même nom, en août il fit paraître : « Étude sur les moyens de communication avec les planètes ». Il reprit ensuite ses explorations poétiques composant poème sur poème. S'il n'avait pas participé au premier recueil du *Parnasse contemporain*, il figura dans le deuxième. Et il collabora à la revue *La Parodie*, qui avait hébergé ses premiers vers. C'était encore l'époque d'une liaison d'idéaliste.

[…] Je vois toujours dans l'ouest clair
Cette comète abolie
Tombez pierres, ciment, fer !
L'amour jamais ne s'oublie.

Au moment où Verlaine, s'apprêtant à se marier, composait des vers heureux et l'invitait à ses « mardis ».

Les premiers mois de 1870, Charles Cros se consacra essentiellement à la poésie. Il préparait son recueil *Le Coffret de santal*. Mais les événements se précipitèrent. Le 19 juillet la France déclara la guerre à la Prusse. Survinrent les défaites et la capitulation de Sedan. Le 4 septembre, l'Empire fut renversé et la République proclamée.

Mobilisé durant le siège de Paris, Charles Cros envoya une « Adresse » au Gouvernement provisoire sur la nécessité de créer des « préfets généraux » en province. « L'autorité de chacun d'eux s'étendrait respectivement sur les groupes de départements, par l'intermédiaire hiérarchique des préfets départementaux, des sous-préfets, des maires. Ainsi seraient établis des pouvoirs redoutables pour l'ennemi. »

Son ardeur patriotique se vit brutalement confrontée à un dilemme franco-français. Le 26 mars 1871, la Commune s'empara du pouvoir. Par fidélité à l'exemple républicain de son père et par hostilité viscérale à toute autorité, Charles Cros prit parti pour les insurgés. Il fit le coup de feu à leurs côtés, retrouvant aux postes clés les insoumis de l'Empire côtoyés chez Nina de Villard.

À cette époque, il logeait souvent chez le couple Verlaine. Sans cependant se priver de la solitude nécessaire à ses recherches. Tandis que les événements suivaient leur cours dramatique, il se découvrait un nouveau sujet d'intérêt : réaliser la synthèse chimique des pierres précieuses.

Était-ce incompatible avec sa nomination d'aide-major au 249ᵉ bataillon ?

La répression de la Commune brisa les utopies. Charles Cros se replongea dans ses travaux et s'enrichit d'une relation au comportement aussi libertaire que le sien.

Verlaine lui présenta un adolescent de dix-sept ans qui arrivait des Ardennes, Arthur Rimbaud. Sa précocité poétique, son caractère indompté conquirent Charles Cros. Il hébergea Rimbaud à son domicile, rue de Rennes, pendant deux semaines. Un laps de temps jugé suffisant. Car parmi des bizarreries, comme d'aller et venir un couteau à la main, Rimbaud détruisit des instruments de recherche photographique, déchira des revues et cassa le nez de plusieurs statues d'Henry Cros.

Si les manières du personnage avaient de quoi inquiéter, son esprit flamboyant ne manquait pas d'attrait. Quand Rimbaud entreprit un *Album zutique*, Charles Cros y participa. Poussant son adhésion à l'extrême, il s'incorpora jusqu'à présider le cercle des poètes « Zutistes » qui disaient « zut » à tout. Cet aspect baroque de l'existence plaisait au bohème, qui se répandait hors des convenances avec jubilation.

En 1872, Cros collabora à la *Renaissance littéraire et artistique*. Et il déposa à l'Académie des sciences un pli concernant « La Théorie mécanique de la perception de la pensée et de la réaction ». Tout cela ne lui rapportait ni argent ni reconnaissance. Son amertume assombrissait son caractère, aux antipodes d'ambitions lyriques sans limites.

Dans cet esprit d'aigreur, il se battit en duel, sans conséquences, avec le comte de Callias. Avant de se brouiller avec Verlaine qui, délaissant sa femme Mathilde, s'était enfui en compagnie de Rimbaud. Charles Cros prit le parti de Mathilde. Puis accompagné de Nina, il quitta Paris pour la Suisse et l'Italie, où les Milanais regardaient sans aménité ce personnage bizarrement accoutré errer dans la ville. De retour à Nice, il publia à ses frais son recueil de poèmes *Le Coffret de Santal*. Les mille exemplaires mettront des années à s'écouler.

Déroutant, ambigu, en d'autres termes trop en avance, le recueil suscita peu d'intérêt. Il ne se vendait pas, les difficultés financières s'accroissaient et Charles Cros constatait : « Les efforts que je consens à faire, malgré ma lassitude, loin de m'être comptés, ne me désignent-ils pas plutôt à la fureur des empressés qui s'agitent en bas ? »

S'il se dispersait, il ne se décourageait pas pour autant. Il ne répugnait pas à faire sa promotion. Il donna à Paris deux conférences. La première : *Que sommes-nous ? Où allons-nous ? À qui le monde ?*

Lors de la seconde, il présenta *Le Coffret de Santal*. Revenant aux astres, il envoya à l'Académie une note sur : « Le prochain passage de Vénus sur le disque du soleil » qu'il compléta par une série de conférences sur les communications entre les astres. Il fréquenta également le café artistique de *La Nouvelle-Athènes*, puis s'institua rédacteur en chef de *La Revue du monde nouveau*. Essai infructueux, la revue sombra à son troisième numéro.

S'éloignant un temps de ses déboires littéraires, Charles Cros se tourna de nouveau vers les sciences. Il rédigea une note sur : « Les couches annuelles des arbres dans leurs rapports possibles avec les phénomènes météoriques. » Une autre intitulée : « Opportunité d'observer au microscope les cellules nerveuses dans les tissus vivants attenant encore à l'animal ou dans les tissus frais traversés de courants galvaniques. » Pareil à ces courants, son cerveau allait sans cesse d'un sujet à l'autre.

Lorsqu'il sortait de son isolement, il s'enivrait de contacts divers. En dépit de brouilles avec Nina, trop coquette envers des hommages empressés, il réapparaissait dans son salon bohème. Il s'affiliait à des cercles aussi fantaisistes que les « Hydropathes », les « Sansonnets », les « Dîners du Bon Bock », où l'on goûtait sans contraintes toutes les libertés. Y compris pour Charles Cros l'habitude de trop boire. Ne serait-ce que pour oublier la déception de voir son envoi refusé dans le troisième numéro du *Parnasse contemporain.*

Coppée avait statué : « Tous les ridicules du genre. Rien de personnel. » Et Anatole France, le rival en amour, avait ajouté : « Je serais contraint de retirer mon envoi si le sien était admis. »

Bien accueillis dans les deux premiers recueils du *Parnasse*, Verlaine et Mallarmé avaient à leur tour été exclus du troisième.

Le 26 juin 1876, Charles Cros adressa à l'Académie des sciences : « Deux épreuves de photographie colorée, accompagnées d'une lettre dans laquelle M. Cros demande l'ouverture d'un pli cacheté déposé par lui le 2 décembre 1867. »

Si Ducos du Hauron avait en vue le procédé industriel de son invention, Charles Cros considérait sa découverte en poète autant qu'en savant.

> *J'ai voulu que les tons, la grâce,*
> *Tout ce qui reflète une glace,*
> *L'ivresse d'un bal d'opéra,*
> *Les soirs de rubis, l'ombre verte,*
> *Se fixent sur la plaque inerte.*
> *Je l'ai voulu, cela sera.*

Des années durant, il s'appliqua à résoudre le problème fascinant des couleurs : leur classification, la reproduction, la relation entre les clairs et les foncés, la polychromie, le chromomètre servant à les reproduire… À chaque progrès, il communiqua à l'Académie des sciences ou à la Société française de photographie ses observations, ses démonstrations, ses remarques, ses notes.

Cette persévérance ponctuée de résultats attirait l'attention de fervents adeptes des problèmes physiques. Parmi ces passionnés, le duc de Chaulnes. Au XVIIIe siècle, l'un de ses ancêtres, homme de guerre, avait pratiqué les sciences et le duc actuel en avait hérité le goût. On le disait adorateur de sa femme, ravissante duchesse qu'il n'hésitait pas à appeler : « la plus jolie femme du monde ». Tandis que, petit et gros, ce même monde le brocardait du surnom : « le ballon captif ». Le duc de Chaulnes encouragea Charles Cros à poursuivre ses recherches et promit de lui obtenir une pension.

Cette année 1876, Bell inventa le téléphone. L'intérêt de cette découverte pour les recherches sur l'acoustique était trop manifeste pour ne pas séduire Charles Cros et réveiller ses anciennes tentatives auprès des sourds-muets. Ardemment, il se pencha sur cette nouveauté – sans pour autant délaisser le domaine des mots.

Au cours de l'été, il fit la rencontre du comédien Coquelin cadet, de la Comédie-Française. Il lui proposa ses premiers monologues. D'emblée, Coquelin accepta. L'idée de transposer à la scène cette formule littéraire originale lui était venue en entendant le « Hareng saur », dans un souper aux Batignolles, vers les quatre heures du matin. « Je vis là l'aurore du monologue moderne. Jamais impression plus curieuse ne me fut donnée qu'en écoutant Cros dire, avec le sérieux d'un homme qui réciterait du Chateaubriand ou du Lamennais, son impayable : "Hareng saur". »

Il était un grand mur blanc – nu, nu, nu,
Contre le mur une échelle – haute, haute, haute,

Et, par terre, un hareng saur – sec, sec, sec.

Il vient, tenant dans ses mains – sales, sales, sales,
Un marteau lourd, un grand clou – pointu, pointu,
                                                    [pointu,
Un peloton de ficelle – gros, gros, gros.

Alors il monte à l'échelle – haute, haute, haute,
Et plante le clou pointu – toc, toc, toc,
Tout en haut du grand mur blanc – nu, nu, nu.

Il laisse aller le marteau – qui tombe, qui tombe, qui
                                                    [tombe,
Attache au clou la ficelle – longue, longue, longue,
Et, au bout, le hareng saur – sec, sec, sec.

Il redescend de l'échelle – haute, haute, haute,
L'emporte avec le marteau – lourd, lourd, lourd,
Et puis, il s'en va ailleurs – loin, loin, loin.

Et, depuis, le hareng saur – sec, sec, sec,
Au bout de cette ficelle – longue, longue, longue,
Très lentement se balance – toujours, toujours, toujours.

J'ai composé cette histoire, – simple, simple, simple,
Pour mettre en fureur les gens – graves, graves, graves,
Et amuser les enfants – petits, petits, petits.

En 1877, le duc de Chaulnes invita Charles Cros à Sablé-sur-Sarthe et mit son laboratoire à sa disposition. Cros s'y livra à la transcription et à la restitution des sons, deux aspects des mille projets dont il poursuivait la chance depuis près de quinze ans.

À la mi-avril, il mit au point un appareil, qu'il nomma « paléophone », de *paleo* (« ancien ») et *phone* (« voix, son ») c'est-à-dire « voix du passé ». Le 18 avril, il adressa à l'Académie des sciences un pli « contenant la description d'un procédé d'enregistrement et de reproduction des phénomènes perçus par l'ouïe, de Charles Cros ». Avec cet envoi il prenait date, tout en prévoyant d'apporter des prolongements à son procédé « qui consiste à obtenir le tracé du va-et-vient d'une membrane vivante et à se servir de ce tracé pour reproduire le même va-et-vient sur la même membrane ou sur une autre, appropriée à rendre les sons ou bruits qui résultent de cette série de mouvements ».

Il détaillait le fonctionnement, la membrane vivante propre à produire les sons, la pointe métallique, le disque en relief et creux, le tracé en spirale... Tout l'appareil, que le 10 octobre son ami l'abbé Lenoir livra au public dans un article de la *Semaine du clergé* : « Un instrument que nous appellerions, si nous en étions le parrain, le phonographe. »

À cette période, Edison travaillait aux États-Unis à perfectionner le télégraphe. Le 31 juillet, il déposa un brevet sur la répétition automatique de signaux en morse, enregistrés sur papier. C'est alors qu'il eut connaissance de l'invention de Charles Cros.

Le 11 novembre, le *Scientific American* reproduisit la chronique de l'abbé Lenoir – qui signait Leblanc. Mais en termes équivoques, laissant supposer l'invention comme étant une nouveauté américaine. Edison présenta quelques jours plus tard une ébauche de phonographe et prit un nouveau brevet.

Revenu à la photographie des couleurs, Charles Cros se rendit compte que le monde s'enthousiasmait pour SA découverte en applaudissant le nom d'Edison. Aussitôt il s'activa : « La publication d'idées analogues aux miennes par un M. Edisson [*sic*], américain, me détermine à faire immédiatement connaître mon invention. » Il demanda l'ouverture de son pli cacheté du 18 avril, qui fut mis à

l'ordre du jour de la séance du 3 décembre 1877 de l'Académie. Trop tard, l'opinion publique et les journaux
saluaient déjà en Edison « le créateur du phonographe ».

En décembre, puis en janvier1878, enfin en juin de la
même année, Edison multiplia les brevets de perfectionnement du phonographe. Il en avait démontré le principe
devant les membres subjugués de l'Académie des sciences.

Cros était désabusé. Par deux fois, avec la photographie
des couleurs et le phonographe, on usurpait ses découvertes.
On lui volait ses mérites en le privant de l'antériorité.

Néanmoins il affirma, à sa manière, la certitude de sa
réussite

> *Comme les traits dans les camées*
> *J'ai voulu que les voix aimées*
> *Soient un bien, qu'on garde à jamais,*
> *Et puissent répéter le rêve*
> *Musical de l'heure trop brève.*
> *Le temps veut fuir, je le soumets.*

Comme l'on dit, « il ne faisait pas le poids », solitaire
face à l'organisation efficace d'Edison. De surcroît, il avait
une réputation de poète. Et de quelle poésie ! Anti-
conformiste :

> *Voici rentrer l'officier de marine,*
> *Il a de noirs favoris.*
> *Le vent de mer a gonflé sa narine,*
> *Il dit combien de vaisseaux il a pris.*

> *Voici rentrer l'officier de marine,*
> *Il a deux beaux galons d'or.*
> *Il veut surprendre, au logis, Mathurine*
> *Sa femme, son plus précieux trésor...*

Pourtant, conscients de son antériorité, de rares journalistes le défendirent éloquemment. Lui-même tenta de redonner vigueur et actualité à sa découverte. En 1878, par trois fois, il multiplia ses plaidoyers : il écrit une « Note au sujet du phonographe de M. Edison », dans laquelle il affirma après un historique incontestable (et aujourd'hui incontesté) que : « la description de M. Edison est de *huit mois et demi* en retard sur celle de M. Cros... En résumé le brevet de M. Edison, pour tout ce qui est dit du phonographe, est *nul*. » Il dépose un nouveau brevet : « Nouveaux procédés de phonographie », et un « Mémoire additionnel au précédent brevet ».

N'ayant ni machine parlante, ni enregistrement à proposer à l'Académie des sciences, ses initiatives se heurtèrent à l'incompréhension.

On ne reconnut pas cette intelligence prodigieuse. Charles Cros avait encore vu plus loin. Ainsi, par des moyens photographiques, il avait inventé la reproduction du sillon enregistré. De la sorte, il ouvrait la possibilité de tirer de son « cliché » un nombre indéfini d'épreuves.

D'autres épreuves, humaines celles-ci, l'affligèrent profondément. Nina de Villard avait eu des « contacts impurs », en un mot, des amants. De son côté, après bien des disputes, il avait fugué avec bien des maîtresses. La rancœur mena à la rupture de leur liaison.

> *Les baisers perdent leurs charmes,*
> *Ayant duré quelques saisons.*
> *Les réciproques trahisons*
> *Font qu'on se quitte un jour, sans larmes.*

Aigri, amer, déçu, fier et seul, en marge de la société, il y rentra en mai 1878 pour épouser Mary Hjardemaal. Il avait trente-six ans, il lui en restait dix à vivre.

Il avait pris pour épouse une femme très belle, aux anté-cédents pittoresques. Mary était danoise, d'origine créole, née en Guyane hollandaise.

Son mariage ne changea pas le mode de vie de Charles Cros. Il continua frénétiquement à rechercher des perfec-tionnements scientifiques. Tout à la fois au téléphone, au chromomètre, au phonographe, à la photo en couleurs. En même temps il composait de nouveaux poèmes insolites et des monologues dont il devenait un spécialiste reconnu. Et il fréquenta assidûment « les Hydropathes », un cercle littéraire où l'eau était proscrite.

Les poètes Lorin, Goudeau et Rollinat venaient de le fon-der. On y accueillait d'autres poètes. Ils récitaient là leurs œuvres devant un auditoire qui s'enivrait de rimes, de vin, d'absinthe et reprenait l'« Hymne des Hydropathes » :

Hydropathes, chantons en chœur
La noble chanson des liqueurs...

Charles Cros se complaisait dans cette atmosphère liber-taire d'artistes vrais ou faux et de buveurs impénitents. Comme eux, il se grisait aux dépens de sa santé de plus en plus déclinante.

En janvier 1879, il fit une démonstration de son chromo-mètre devant la Société française de photographie et présenta des épreuves en couleurs. Les mois suivants, il redoubla d'ac-tivité, dans de multiples domaines comme à son habitude.

Comptes rendus, remarques, observations centrées sur les lumières colorées, les matières colorantes, les rayons lumineux. Il adressait aussi à l'Académie des sciences ses « Principes de mécanique cérébrale », repris de travaux menés sept ans auparavant sur la « Théorie mécanique de la perception, de la pensée et de la réaction », et une étude « Sur la pile physiologique à deux liquides », qu'il donna en conférence à la salle des Capucines, à Paris.

Sans répit, il passait d'un genre à l'autre. S'il abandonnait la science, c'était pour se consacrer aux lettres. Il collaborait à de petites revues, souvent éphémères, *L'Hydropathe, Tout Paris, Le Molière*. Dans les rédactions, il rencontrait les bohèmes et les comparses des cafés. Parfois un admirateur, comme le tout jeune Jules Laforgue, qui, avec fantaisie, s'enfiévrait pour les mots et les vers.

L'année 1879 sembla être favorable à Charles Cros. Il reçut le prix Juglar de l'Académie française. L'éditeur sortit héroïquement une seconde édition du *Coffret de santal*. Et l'État commença à lui verser une indemnité au titre des arts et lettres. Comble de bonheur : il eut un fils, Guy-Charles.

Verlaine le disait « Cros se multipliait ». Il était en effet un forcené de découvertes. À la suite de l'invention de Bell, il rédigea des considérations théoriques. Puis il s'intéressa à la « Téléphonie à grande distance » grâce à Jules Carpentier, un savant qui finança ses expérimentations. Pour autant, il ne négligeait ni la photographie ni l'écriture de monologues : « La science de l'amour », « L'homme qui a trouvé », « Le bilboquet », des parodies sur le savant, l'inventeur, la critique savante. Sous le rire perçait l'amertume du chercheur.

Il poursuivait sa collaboration aux journaux et aux revues. Il passait des soirées au « Tout Paris », où il croisait Fantin-Latour, Forain, Gil, Lautréamont, Corbière, Manet… Et il sut qu'on avait enregistré au phonographe une valse du populaire compositeur Olivier Métra. Le phonographe, SON invention, pour laquelle avaient manqué les trois mille francs nécessaires à sa fabrication.

Son indignation touchait à la révolte. Sa révolte fondait dans la boisson.

Comme il était à prévoir, la société littéraire des « Hydropathes » sombra. Elle se scinda en trois : « Les Hirsutes »,

« Les Décadents », « Le Chat Noir ». « Le Chat Noir » à Montmartre eut la préférence de Charles Cros, qui fut bientôt à tu et à toi avec Rodolphe Salis, le fondateur du cabaret.

Empêtré constamment dans des problèmes d'argent, voire familiaux – la naissance d'un second garçon, René, qui vivra dix-huit ans –, Charles Cros n'en conservait pas moins sa passion pour la poésie et la science. Bien qu'il fût encore plus désargenté depuis qu'il ne pouvait plus escompter le concours du duc de Chaulnes, poursuivi pour rapt d'enfant.

Pourtant, il éprouvait de temps à autre une satisfaction de savant. Il réussit à exécuter une épreuve en couleurs de *Jeanne*, un tableau que Manet venait d'exposer au Salon. Il eut également un plaisir d'auteur. *Le Gaulois du dimanche* publia un de ses monologues : « L'homme qui a voyagé ». Mince reconnaissance envers ce

> *Vrai sauvage égaré dans la ville de pierre*
> *À la clarté du gaz je végète et je meurs.*

Car il était lucide sur lui-même et amer sur ses contemporains « Ma trace avant longtemps ne sera pas suivie. »

« Perpétuellement malade, dégoûté et chimiste », il se savait condamné à une existence brève. Tout y contribuait. Sa course avide de tout découvrir, de multiples recherches dans d'affligeantes conditions, des nuits entières à chanter, poétiser, déclamer des monologues, boire beaucoup. Verlaine, compagnon de beuverie, en témoignait : « Cros récitait quelques monologues inédits tout naïvement, détestablement même, mais combien drôlement. »

Ces désordres insensés usaient le fluet Charles Cros. Il s'en excusait auprès de sa femme :

> *Pardonne ces hautes façons*
> *C'est que je me hâte de vivre.*

Il en donna une preuve en créant les « Zutistes » nouvelle manière. Une fois par semaine, il recevait en habitués Alphonse Allais, Madame Verlaine, Willy, Moréas... Jusqu'à ce que Mary à son tour tombe malade, ce qui aggrava sa situation morale et financière. L'année 1884 fut celle des femmes. Nina de Villard, l'égérie de la bohème, mourut en juillet. Cros entra en relations avec Thérésa, une chanteuse, pour qui il jura d'écrire « le plus beau poème de la langue française, ayant découvert le secret de donner aux mots une qualité que personne n'a soupçonnée jusqu'ici ».

Les difficultés de toutes sortes s'accumulaient. Poursuivi pour non-paiement du loyer, Charles Cros dut mettre sa bibliothèque en vente publique. Ses inventions ne rapportaient rien. L'indemnité de l'État tombait irrégulièrement. Seules modestes ressources, les monologues et des participations aux revues et au « Chat Noir ». Seules consolations, l'enthousiasme de quelques lettrés pour sa poésie. Albert Samain le considérait comme un maître, Léautaud découvrait avec ravissement le *Coffret de santal*. Mais

> *Au plus grand nombre je déplais*
> *Car je semble tomber des nues...*

L'incompréhension générale était son lot, son caractère et son humeur s'en ressentaient. On l'ignorait, en retour il méprisait avec hauteur.

Profondément attaché à sa province natale, Charles Cros passa l'été 1886 dans l'Aude. Il replongea dans cette terre d'oliviers et de vignes et l'efficacité reprenant le dessus, il étudia un « Remède contre le Phylloxera ». Il demeurait aussi l'inventeur du phonographe. Il tenait à le faire savoir. À la foire de Saint-Laurent-de-la-Cabrerisse, quelques kilomètres au sud de Fabrezan, il exhiba sur un étal son drôle d'instrument. Une boîte à cigares avec un mouvement d'horlogerie, une plaque recouverte de cire vierge qu'il avait aplatie et, au centre, une membrane vibrante où un bec de plume inscrivait les vibrations sur la cire. Aux badauds qui voulaient tester l'appareil, il demandait de dire énergiquement et clairement un mot. Ne sachant quoi dire, chacun lançait un « MERDE » tonitruant. Le phonographe le restituait dans un chevrotement de vieillard. Et il en coûtait ridiculement un ou deux sous, que Charles Cros s'empressait de dépenser entre amis au café voisin.

Revenu à Paris dans l'automne, il engagea une vive controverse avec Félix Granet, ministre des Postes et Télégraphes. Sur une question de brevet lié au perfectionnement des lignes télégraphiques, Charles Cros fit valoir son antériorité. Floué par deux fois, il eut assez de sursaut pour attaquer le ministre et critiquer ses méthodes. Dès 1867, il avait réalisé un appareil télégraphique présenté à l'Exposition universelle. En 1880, il l'avait perfectionné. Aussi il sollicita l'appui de ses amis, le député Camille Pelletan et Jules Carpentier, pour l'aider à recouvrer des droits légitimes dont il se sentait dépossédé.

Savant bafoué, poète équivoque, une existence physique et matérielle délabrée, ses démarches pathétiques étaient vouées à l'échec. Des escarmouches dérisoires, face à un ministre qui à la tribune combattit comme personne l'expédition du Tonkin.

Maudit et maudissant, Charles Cros écrivait et buvait pour calmer ses « colères folles ». Il n'en sentait pas moins l'inanité de ses efforts. Cependant il ne pouvait s'empêcher d'en faire, rédigeant étude sur étude : « Propulseur dans les fluides visqueux », « Les Trois états des corps et les trois coniques ». Mais qui déchiffrait les fulgurances de ce cerveau enfiévré ?

Ces gens du café, qui sont-ils ?
J'ai dans les quarts d'heure subtils
Trouvé des choses
Que jamais ils ne comprendront.

Déjà il passait à « d'autres choses ». Il avait eu l'idée d'une « Contribution aux procédés de photographie céleste ». Flammarion l'avait bien défini : « Cros cultivait les sciences et surtout l'astronomie ». Il persistait à fournir des monologues qu'on lisait au « Chat Noir ». À consacrer ses élans à des poèmes réunis dans *Le Collier de griffes*. Un recueil de vers très personnels, très en avance, drôles, amers, amoureux, fantaisistes. Un ton neuf qui déroutait le quidam

Joujou, pipi, caca, dodo,
Do, ré, mi, fa, sol, la, si, do...

Il vivotait dans un logement mansardé meublé de bric et de broc. Mary était toujours malade. Devant le visiteur de passage, il développait sans fin, comme halluciné, un projet phénoménal et des théories brillantes. Des visions qu'on croyait folles et qu'il embrassait toutes à la fois.

Compagnon d'absinthe, Verlaine pressentait la réelle valeur de ce poète absolu que fut Charles Cros. En 1887, il lui consacra une notice dans la série les « Hommes d'aujourd'hui ». Il était dit que la malchance poursuivrait Charles Cros. Il ne lui restait plus que sept mois à vivre. La notice fut publiée, mais sous forme nécrologique : elle parut au lendemain de sa mort.

En 1888, Charles Cros collabora à la *Revue de Paris et de Saint-Pétersbourg* et il édita une ultime gerbe, le poème « La Vision du grand canal royal des Deux Mers ».

... Le liquide chemin de Bordeaux à Narbonne
Qu'abreuvent tour à tour et l'Aude et la Garonne...

Un mois exactement avant sa mort, il adressa encore une note à l'Académie des sciences : « Erreur dans les mesures des détails figurés sur la planète Mars ». Il demeurait bien le savant-poète de toujours. Un savant à qui la persévérance et la bonne étoile avaient manqué.

Un matin du mois d'août, une relation le rencontra près du jardin du Luxembourg. Charles Cros lui apparut comme un homme défait, tremblant. Il dit « bonjour » d'une voix éteinte. Un instant ils causèrent de sciences et, au moment de se quitter, Charles Cros murmura : « Vous savez que je l'ai trouvée... – Quoi donc ? – La photographie en couleurs. »

Le 8 août, il mourut. Il avait quarante-six ans. Après un service religieux à Saint-Sulpice, on l'inhuma au cimetière Montparnasse. Il laissait une veuve et deux enfants dans une complète détresse. Le 2 janvier 1889, le théâtre du Vaudeville donna une matinée à leur bénéfice. La même année, à Vienne, on enregistra sur phonographe Brahms jouant au piano. Et à l'Exposition de Paris, la voix de Gustave Eiffel et celle de Frédéric Mistral parlant en provençal.

Déjà la postérité s'ouvrait à Charles Cros. Les poètes « modernes », comme Apollinaire, le tenaient pour un des leurs. Les surréalistes se l'appropriaient, il avait « arraché à la nature une partie de ses secrets ». Et l'on faisait un sort à l'« *Hareng saur* ». Au point d'occulter le reste de sa poésie – et de ses découvertes... dont l'Académie des sciences ouvre encore les plis après les cent ans réglementaires.

En 1947, des personnalités du monde musical – critiques, journalistes, historiens, musicologues – créèrent l'Académie Charles Cros. Elles rendaient hommage à son esprit d'innovation, en particulier dans le domaine acoustique.

Chaque année, la quarantaine de sociétaires dresse un palmarès de vingt-quatre prix des meilleurs enregistrements de musique classique, de jazz, de la chanson et de textes parlés. Gages de qualité, les « Grands Prix de l'Académie Charles Cros » bénéficient d'une large notoriété nationale et à l'étranger.

Quant à Charles Cros, il survivra aussi longtemps que des hommes utiliseront le phono et la photo.

THOMAS EDISON (1847-1931)
Comment un vendeur de journaux devint un grand homme

Dans l'État d'Ohio, à une douzaine de kilomètres du lac Érié, prospérait autrefois la petite bourgade de Milan. Elle possédait sa forge, ses scieries, et même son chantier naval. À la moisson, elle redoublait d'animation. Des files de chariots attelés à cinq paires de bœufs venaient des grandes plaines décharger le blé sur les bateaux amarrés le long du canal.

C'est là qu'avait trouvé refuge Samuel Ogden Edison, un grand Canadien barbu, poursuivi pour rébellion contre le gouvernement britannique. Il avait tour à tour été marinier, menuisier, tailleur et aubergiste. Pour finir, il s'était établi scieur et négociant de bois d'œuvre. Sa femme, ayant perdu trois enfants en bas âge, était toujours vêtue de noir.

La nuit du 11 février 1847, pendant une tempête de neige, naquit, dans la maison que Samuel Edison avait bâtie de ses mains, son septième et dernier enfant. On le prénomma Thomas, comme son oncle et Alva, en l'honneur d'un ami.

De son père, l'enfant hérita d'un caractère individualiste et obstiné. De sa mère, une ancienne institutrice, il tenait une grande curiosité d'esprit. À quatre ans, ayant vu une poule couver et les poussins sortir de la coquille, il prit des œufs juste pondus et s'assit dessus pour voir s'il réussirait lui aussi à les couver. Trois ans plus tard, il fut fouetté par son père sur la grand-place, pour avoir mis le feu à une grange : « Je voulais voir ce que cela ferait », dit-il. Malgré la punition, il continua de n'en faire qu'à sa tête. Sans cesse, il observait le travail des charretiers, des charpentiers et des bateliers. Il leur posait quantité de questions, toujours d'ordre pratique, puis, afin de vérifier, il essayait de les imiter.

Milan, farouchement attaché à son canal, ne voulut pas du chemin de fer et se trouva écartée du tracé. En 1854, la concurrence du rail lui porta un coup mortel et Sam décida d'aller tenter sa chance à Port Huron, dans le Michigan. La famille plia bagage. En remontant le fleuve Saint-Clair, en bateau à roues à aubes, les enfants ravis croisèrent des canots de Peaux-Rouges emplumés et virent de loin en loin s'élever la fumée de leurs feux.

À Port Huron, Sam trouva une place de gardien au phare qui éclairait le lac. Tom était maigrichon, mais faisait chaque jour quatre kilomètres à pied sans rechigner jusqu'à l'école. Ce qui le contrariait, c'était la méthode de l'instituteur : tout apprendre par cœur. Du coup, il ne fixait plus son attention et chahutait. Un jour, avec un hameçon auquel il avait attaché un appât, il souleva jusqu'au balcon un malheureux poulet et le laissa battre des ailes avec des cris désespérés ; il eut un certain succès.

Une inflammation des osselets empêchait l'enfant de bien entendre et lui faisait parfois manquer l'école. Pour comble de disgrâce, son père, toujours endetté, tardait à payer les frais de scolarité. Le maître, exaspéré, donnait fréquemment des coups de canne à l'enfant. Un jour, il le traita de « retardé ». Tom jura de ne plus remettre les pieds à l'école. Sa mère fit une scène à l'instituteur et décida de garder son fils à la maison. Désormais, elle s'occuperait elle-même de son instruction. Ainsi, Thomas Edison, qui allait devenir l'inventeur le plus fécond de tous les temps, n'a-t-il passé en tout et pour tout qu'un peu moins d'un an sur les bancs de l'école.

Au lieu de le forcer à étudier, Mrs Edison éveilla son intérêt en lui donnant des livres fascinants. Thomas lui en resta profondément reconnaissant : « Je dois tout à ma mère, elle m'a compris, elle m'a laissé suivre ma vie. » Pour ses dix ans, elle lui offrit un dictionnaire de sciences et un livre de physique avec beaucoup d'illustrations. Il s'amusa à reproduire la plupart des expériences, pour s'assurer de l'exactitude des descriptions. Apprendre devenait ainsi un jeu. Il collectionnait des flacons de produits chimiques qu'il rangeait sur l'étagère de sa chambre. Le jour où il renversa de l'acide sulfurique sur le plancher, ses parents reléguèrent ses bocaux dans la cave. Pour les dissuader d'y toucher, il colla alors des étiquettes « poison ».
« Tom va finir par faire sauter la maison, disait son père.
– Laisse-le. Il sait ce qu'il fait », répondait sa mère.
Fasciné par l'électricité autant que par la chimie, il apprit à construire des piles, des jouets électriques ou de petits générateurs à friction ou à magnéto. À onze ans, pour imiter les exploits des jeunes qui posaient le télégraphe à travers le Middle West malgré les attaques des Indiens, il installa une ligne entre sa maison et celle d'un ami, en fixant aux arbres du fil de fer et des bouteilles.

En 1859, le chemin de fer de Detroit, le Grand Trunk Railroad, arriva jusqu'à Port Huron. Tom avait alors douze ans, un âge où beaucoup d'enfants commençaient à travailler. Sa famille était pauvre et il voulait gagner sa vie pour être indépendant et faire ce qui l'intéressait : des expériences.
Son père lui trouva un emploi de vendeur ambulant dans le train qui partait de Port Huron à 7 h 15 et arrivait à

Détroit quatre heures plus tard, après de nombreux arrêts. Au retour, le train repartait à 18 heures et Thomas rentrait à la maison vers 22 heures.

La locomotive rutilante, avec son chasse-neige et sa haute cheminée en « V », crachait des tourbillons de fumée. Les quatre wagons de bois à classe unique, sans compartiments, étaient chauffés par un poêle. Tom déambulait au milieu de l'allée centrale avec un panier presque aussi grand que lui. Il offrait des sandwiches et des pommes, des cacahuètes et du pop-corn, ainsi que des journaux. Il y avait toutes sortes de voyageurs : fermiers, ouvriers, touristes, immigrants. L'enfant aimait discuter avec eux. Le soir, il rapportait un dollar à sa mère et, en outre, ce travail développait son esprit d'initiative

« J'avais douze ans, dit-il plus tard avec plaisir, c'était le meilleur moment de ma vie. Je n'étais pas sourd, j'entendais encore le chant des oiseaux. J'étais déjà mon propre maître, sans connaître pour autant les ennuis de l'existence. »

Le chef de train lui permettait d'entreposer ses fruits et ses journaux au fond de la voiture de queue, qui faisait à la fois office de fourgon de marchandises et de fumoir. Il y avait là une table et deux chaises, mais faute de fenêtre, il n'y venait jamais personne. Cela donna l'idée à Thomas d'y transporter les batteries, les flacons et les tubes à essai entreposés jusqu'alors dans la cave de ses parents. Ainsi, les longues heures où le train stationnait à Detroit sur une voie de garage, pouvait-il continuer tranquillement ses expériences.

Malheureusement, un coup de frein brutal pendant une manœuvre mit un terme à ses travaux pratiques ; un bocal contenant des bâtonnets de phosphore se brisa en tombant sur le plancher. Au contact de l'air, le phosphore s'enflamma et commença de mettre le feu au wagon. Le chef de train arriva à temps pour l'éteindre, mais il jeta tout le laboratoire par la fenêtre.

Désormais, le gamin passait les longues heures d'attente à Detroit à la bibliothèque municipale, lisant tout ce qui lui tombait sous la main. Puis il courait au *Detroit Free Press* acheter les journaux pour les revendre dans le train du soir.

Un jour où il était retardé sur le quai par un groupe d'acheteurs, il s'aperçut que le train démarrait. « Je courus après, j'atteignis le marchepied à bout de souffle, incapable de me hisser à bord, tant les marches étaient hautes. Un employé m'attrapa par les oreilles et me tira à lui. J'entendis un craquement et je commençai à devenir sourd. »

Vérité ou légende ? Le gamin était déjà dur d'oreille, à la suite d'une scarlatine mal soignée. Quoi qu'il en soit, sa surdité s'aggrava brusquement et devint une véritable infirmité. Privé de communication avec ses camarades, il ne pouvait plus compter que sur lui. Adieu au bavardage. Toute sa vie, il serait un solitaire, passionné de travail et de lecture.

Au bureau du *Detroit Free Press*, Tom observait les journalistes autant que les typographes. Pourquoi, se dit-il, ne pas éditer et diffuser aussi son propre journal ? Après avoir déniché une petite presse d'occasion, il se procura des caractères, du papier et de l'encre et installa un atelier dans le fourgon.

Pendant le long arrêt à Detroit, il se mit à imprimer son propre hebdomadaire, le *Grand Trunk Herald*, la feuille d'avis du Grand Trunk. Au lieu de compiler les articles parus dans les autres journaux, il se fit une spécialité de faits divers colportés dans les gares des petites villes sur la ligne. Il complétait avec des annonces pour les auberges locales, les horaires de correspondance avec les omnibus à cheval, sans oublier les avis d'objets trouvés et les faire-part des familles des cheminots. Chaque jour, il réussissait à vendre en moyenne trois cents exemplaires au prix de 3 *cents*.

La vente du *Detroit Free Press* était plus fluctuante. Tom devait évaluer le nombre de journaux qu'il pourrait vendre le jour même. S'il n'en prenait pas assez, il manquait des ventes ; s'il en prenait trop, ils lui restaient sur les bras. Pour viser juste, il allait en salle de composition tâcher d'apercevoir les gros titres du prochain numéro.

La guerre de Sécession faisait rage et Tom avait noté qu'à l'annonce de chaque bataille, les familles des soldats achetaient le journal. Leur angoisse augmentait sensiblement les ventes.

Un après-midi de 1862, en regardant les épreuves, Tom apprit que nordistes et sudistes se livraient une terrible bataille à Shiloh, dans le Tennessee. On parlait de dizaines de milliers de morts. L'issue était incertaine.

« L'occasion me sauta aux yeux, raconta plus tard Edison. Je pouvais faire une vente considérable. À condition de créer le suspense tout le long du trajet en prévenant les gens qu'il y avait un événement. J'eus alors une idée. J'allai voir le télégraphiste de la gare de Detroit : serait-il d'accord pour demander par télégraphe à chaque chef de gare de recopier la nouvelle de la bataille ? À la craie, sur l'ardoise, près du guichet, là où s'affichait normalement l'horaire des trains. En échange, je m'engageai à lui fournir gratis pendant six mois *Harper* et le quotidien du soir. Marché conclu. J'allai ensuite au bureau du *Detroit Free Press* demander mille cinq cents exemplaires à crédit. »

À crédit ? On les lui refusa. Le journal ne faisait pas crédit et, d'ailleurs, Tom ne prenait jamais plus de cent ou deux cents exemplaires. Tenace comme son père, il ne se tint pas pour vaincu. On lui avait dit que le directeur, plutôt partisan des sudistes, souhaitait la fin des combats ; peut-être aimerait-il que l'on répande des nouvelles propres à donner raison aux pacifistes ? À force d'insister, Tom réussit à s'introduire dans son bureau.

Il m'écouta sans rien dire et m'examina longuement, de la tête aux pieds. J'étais pauvrement habillé. Il hésita, puis me donna un papier :

« Descends avec ça, on te donnera ce que tu demandes. »

Je pris mes mille cinq cents exemplaires, je trouvai deux garçons pour m'aider à les plier et je partis avec le train.

Le télégraphiste avait tenu parole. À la première gare, Utica, je vendais d'habitude deux exemplaires ; à l'arrêt, je crus à une émeute : la foule se pressait sur le quai, chacun voulait mon journal ; le temps que le train reparte, j'en avais vendu cent deux, à 5 *cents* pièce. Mount Clemens, la gare suivante, était pleine de monde, j'en vendis trois cents à 10 *cents*.

Et cela continua jusqu'à Port Huron. Cinq cents mètres avant l'arrêt, là où le train commençait à ralentir, il y avait au bord de la voie une butte que j'avais rehaussée de sacs de sable. C'est là que j'avais l'habitude de sauter en marche et qu'un camarade m'attendait avec un cheval et une charrette. Cette fois, je continuai jusqu'au terminus, j'assis un gosse sur les journaux restants, pour éviter le chapardage, et je lançai : « 25 *cents* ! Messieurs, je n'en ai pas assez pour tout le monde ! » On se les arracha.

En rentrant chez moi, je passai devant l'église, remplie de fidèles pour le service du soir. Le porche était ouvert, je criai le gros titre. Instantanément, l'église se vida, les paroissiens surenchérirent pour acheter les derniers exemplaires. À en juger par toutes ces pièces de monnaie, le pasteur n'avait pas encore fait la quête.

Cette histoire me montra l'avenir du télégraphe : sans lui, je n'aurais jamais réussi mon coup. Je décidai aussitôt de me faire télégraphiste.

L'occasion se présenta bientôt. À l'ère du chemin de fer à voie unique, le télégraphe était essentiel à la sécurité. Pour éviter les collisions, le chef de gare s'en servait pour signaler le départ du train à son collègue de la gare suivante. Tom bricola chez un armurier de Detroit un émetteur et un récepteur et les fit essayer au chef de gare de Mount Clemens, un certain MacKenzie, avec qui il sympathisait.

Un jour où tous deux étaient occupés à l'appareil, Mac-Kenzie oublia de surveiller Jimmy, son petit garçon de trois ans, qui jouait sur le quai. Soudain, Tom se retourna pour regarder manœuvrer un wagon décroché par une locomotive et s'aperçut avec horreur que l'enfant, inconscient du danger, était descendu sur la voie. Le wagon roulait seul, lentement, inexorablement. Aucun moyen de freiner, un malheur allait arriver. Tom jeta sa casquette et les journaux qu'il avait sous le bras. Sans une hésitation, il bondit sur la voie, au péril de sa vie. D'extrême justesse, il réussit à prendre l'enfant dans ses bras, évitant l'accident.

Comment remercier le sauveteur de son fils ? Mac-Kenzie n'était pas riche. Il offrit au jeune Edison de le prendre en pension et de lui enseigner la pratique du télégraphe, avec toutes les astuces et les abréviations usuelles. Tom ne demandait pas mieux. Son ouïe sélective le rendait sourd aux autres bruits, il n'entendait que le cliquetis de l'appareil posé sur la table. Au bout de quelques semaines, il avait dépassé son professeur.

On manquait d'opérateurs de télégraphe. Celui de Port Huron, attiré par l'offre d'une forte prime de risque, était parti suivre l'armée nordiste. Tom n'avait que seize ans, mais MacKenzie lui fit obtenir le poste. L'hiver suivant, le gel et la glace rompirent le câble qui reliait Port Huron à Sarnia, la gare d'après, sur la rive canadienne du lac Saint-Clair. Tom fit venir une locomotive jusqu'au bord du lac gelé, pour siffler les messages en morse. En face, les Canadiens, intrigués, se demandaient ce que cela pouvait bien signifier ; leur télégraphiste finit par comprendre et une locomotive avança à son tour pour siffler son message de réponse.

Cet épisode fit connaître Edison et l'aida à obtenir peu après un poste de nuit à Stratford Junction, dans l'Ontario. Son travail se bornait à avertir les deux gares voisines du mouvement des trains et à actionner un feu rouge si on lui signalait l'approche d'un convoi. Edison préférait le travail de nuit, de façon à consacrer la journée à ce qui lui plaisait : lire et faire des expériences. Encore fallait-il pouvoir récupérer pendant les heures creuses, où passaient seulement un ou deux trains dans chaque sens. Mais le règlement du Grand Trunk obligeait les télégraphistes à envoyer toutes les heures un message prouvant qu'ils se trouvaient bien éveillés à leur poste. Tom expédiait son signal avec ponctualité, trop ponctuellement peut-être. Un jour, son chef lui envoya un message juste après le signal et eut la surprise de ne pas recevoir de réponse. Après enquête, il découvrit que le jeune apprenti avait bricolé un mécanisme d'horlogerie qui envoyait automatiquement, à heures fixes, le message réglementaire.

Tom perdit naturellement son poste et commença dès lors une vie de télégraphiste itinérant. « Ma surdité ne m'empêchait nullement d'entendre le cliquetis du télégraphe lorsque je me trouvais auprès de l'appareil. Alors que j'entendais parfaitement, sans la moindre défaillance, le bruyant tic-tac de l'instrument, je ne percevais aucun autre bruit, ce qui me mettait à l'abri de toute distraction. Je n'entendais même pas les appareils distincts du mien. Bientôt, je fus connu comme un télégraphiste très rapide. »

Tom préférait à son travail routinier la lecture de livres techniques ou la préparation de nouvelles expériences. Il laissait s'accumuler les dépêches et ne tarda pas à se faire renvoyer. En cinq ans, il changea quatorze fois de poste et de domicile, au Michigan, en Louisiane, dans l'Ohio, l'Indiana, le Missouri et le Tennessee.

Chaque fois, il reprenait la route et se présentait sans complexe, habillé en paysan de l'Ouest, coiffé d'un chapeau de cow-boy, un mouchoir noué autour du cou. Son air de fierté et d'assurance plaidait toujours en sa faveur.

Tantôt il partageait une chambrée, tantôt il prenait une petite chambre, où il entassait ses pinces, ses rouleaux de fil et ses livres. Un jour, il acheta d'occasion les *Recherches expérimentales sur l'électricité* de Faraday ; il en commença la lecture à 4 heures du matin, en rentrant du travail, continua toute la journée, sans un instant de repos, décidé à répéter chaque expérience. Puis il avala une part de tarte et un café et courut reprendre son poste.

Un soir, à Louisville, il acheta pour deux dollars la collection complète d'une revue scientifique et l'entreposa pendant la nuit au standard où il travaillait. Peu avant l'aube, en regagnant son domicile, son fardeau sur le dos, il crut entendre siffler des balles : un policier, n'ayant pas entendu de réponse à ses sommations, l'avait pris pour un voleur.

Aux heures de pointe, face à l'avalanche de messages, pour aller plus vite Edison se mit à transcrire de façon aussi brève que possible, en caractères minuscules et avec des blancs à compléter ensuite au mieux. Puis, avec un mécanisme d'horlogerie, il aiguilla une partie des messages vers un second enregistreur, à vitesse plus lente, pour les déchiffrer plus tard, à tête reposée. Ce dédoublement lui inspira une idée, utile sur les grandes distances, où le signal risquait de s'affaiblir : un répéteur automatique pour éviter de recopier en cours de route. À force de démonter, de modifier, de remonter des équipements et de les connecter avec du fil et de la cire à cacheter, Edison étudia aussi le moyen d'envoyer deux messages en sens inverse sur un seul fil.

En 1868, il travailla quelque temps à Boston pour la *Western Union*, la plus grande compagnie de télégraphe, avant de s'installer à son compte comme inventeur professionnel.

Son premier brevet concerna une machine à voter. En transmettant des comptes rendus de vote, il avait remarqué le temps perdu à appeler chaque votant par son nom. Aussi imagina-t-il d'affecter à chaque sénateur ou représentant un pupitre avec deux boutons, l'un pour « oui », l'autre pour « non ». Il les reliait à un totalisateur placé sur le bureau du président de séance.

Le rapporteur du Congrès souleva une objection : ce système empêcherait les parlementaires d'expliquer leur vote. Le projet fut rejeté. Avant d'inventer un produit, conclut Edison, il faut s'assurer qu'il réponde bien à un besoin.

Cet échec le laissant sans le sou, il alla tenter sa chance à New York. Là, il eut la bonne fortune de rencontrer un électricien, Franklin Pope, qui l'abrita dans les sous-sols de la *Gold Indicator Company*. C'était une agence d'informations financières, qui communiquait à trois cents agents de change et courtiers, minute par minute, sur un téléscripteur à ruban de papier, le *stock ticker*, les derniers cours de l'or, des valeurs et des denrées.

Edison vécut quelque temps caché dans la salle des batteries. La nuit, la bougie à la main, il montait examiner le reste de l'installation : les piles, les relais, les lignes et les manipulateurs. Un jour, tout le système de *stock tickers* tomba en panne. Personne n'en trouvait la cause. Les clients s'énervaient, c'était l'affolement. Mr Laws, le patron, ne savait plus où donner de la tête, lorsqu'un jeune inconnu l'aborda :

« Monsieur, c'est simplement ce petit ressort qui s'est cassé et qui est tombé entre deux roues. »

C'était Tom. Laws l'engagea aussitôt.

Trois mois plus tard, lorsque Laws vendit son affaire à la *Western Union*, Edison et Pope décidèrent de s'associer. Une publicité dans le *Telegrapher* annonça : « *Pope, Edison & Company*, ingénieurs électriciens, constructeurs d'équipements électriques pour le télégraphe, constructeurs de lignes télégraphiques privées, fabriquent des équipements scientifiques sur commande ou conduisent des tests de nouveaux instruments dont ils fournissent les comptes rendus écrits. »

Les deux amis commencèrent par améliorer le téléscripteur, le *stock ticker*, auquel ils avaient travaillé chez Laws. Comme il se déréglait, on devait envoyer un technicien le réparer chez les clients ; ils trouvèrent un moyen de le dépanner et de le synchroniser depuis le central. Puis ils prirent un brevet pour une imprimante. Enfin, ils entreprirent la construction de lignes privées entre la Bourse et leurs abonnés. Ils faisaient fabriquer les terminaux par deux ou trois ouvriers à domicile, négociaient des droits de passage avec les propriétaires d'immeubles et montaient eux-mêmes sur les toits installer les fils.

L'affaire prenait un bon départ. Malheureusement, les deux associés se disputèrent. Ils ne tardèrent pas à se séparer. Lefferts, un ingénieur en chef de la *Western Union*, convoqua Edison, qui lui faisait concurrence en louant ses services moitié moins cher.

« Combien voulez-vous de votre affaire et de votre brevet ? » demanda Lefferts.

Plutôt que d'avancer un chiffre, Edison le laissa faire une offre.

« Que diriez-vous de 40 000 $? »

Edison faillit s'évanouir : il pensait à 3 000 $, environ un an de salaire, mais n'avait pas osé lancer pareil chiffre. Il signa le contrat et reçut un chèque de 40 000 $, qu'il s'empressa de porter à la banque. À sa grande déception, le caissier lui rendit le chèque, son premier chèque. Edison était trop sourd pour comprendre qu'on lui demandait seulement de l'endosser. Lorsqu'il revint accompagné d'un employé de la *Western Union*, le caissier s'amusa à le payer en petites coupures. Edison finit par ouvrir un compte. Ce fut le début d'une épopée industrielle d'où allait naître la *General Electric*.

La *Western Union* lui passa bientôt commande de milliers d'imprimantes. Edison loua un atelier à Newark, en face de New York, et embaucha une cinquantaine de jeunes, des mécaniciens ou des horlogers auxquels il enseigna les rudiments de l'électricité.

Bien sûr, ses machines avaient des pannes de jeunesse. Le patron – à vingt-quatre ans, tout le monde l'appelait Tom – réunissait alors ses plus proches collaborateurs, Charles Batchelor, John Kruesi et John Ott. « Mes amis, disait-il, j'ai verrouillé la porte. Nous ne sortirons que lorsque nous aurons trouvé pourquoi ça cloche. »

Pendant soixante heures d'affilée, presque sans sommeil, ils restaient au travail jusqu'à ce que l'imprimante fonctionne correctement. Les femmes leur passaient la nourriture par les barreaux de la fenêtre.

Tom n'aimait pas la routine. Plutôt que produire, il préférait innover. Avec sa petite équipe, il inventa le télégraphe quadruplex, qui envoyait à la fois deux messages dans chaque sens, le télégraphe automatique et les téléalarmes pour les pompiers et la police. On ne connaissait encore ni la machine à écrire ni la photocopie, alors il imagina le stylo électrique, muni d'un moteur gros comme un œuf, qui perforait le papier d'une multitude de petits trous et les remplissait d'encre ; en pressant ensuite la feuille sur un rouleau d'acier, on pouvait faire beaucoup de copies.

Pour mettre au point chacune de ces nouveautés, Edison engageait des paris avec les meilleurs de ses collaborateurs et leur offrait des primes pour travailler presque sans arrêt. Lorsque les problèmes étaient réglés, il décrétait un jour de congé et emmenait tout le monde à la pêche. Jamais il ne se décourageait : « Je suis écœuré, Tom, lui dit un jour un assistant, cela fait plus de cent expériences pour résoudre cette question et nous n'avons toujours rien trouvé. C'est bien la dernière fois, abandonnons.

– Pas du tout, répondit Edison joyeusement. Nous avons appris quelque chose, c'est qu'il est impossible d'arriver au résultat de cette manière là. Cette fois, j'ai compris que nous devons essayer une autre méthode ; ça, c'est déjà un résultat ! »

Le jour de Noël 1871, Edison épousa l'une de ses secrétaires, Mary Stilwell, une blondinette de seize ans aux yeux gris et à la figure ronde. Il avait fait sa connaissance un jour de pluie, en l'abritant sous son parapluie. Une heure après la cérémonie, il se souvint que ses imprimantes avaient un problème.

« J'en parlai à Mary et lui dis que j'aimerais aller au labo. Elle accepta. Je lui dis que je reviendrais pour le dîner. »

Les heures passèrent, Mary pleurait de se voir délaissée. À minuit, Edison se trouvait encore au labo. Un ami fit irruption :

« Tom, qu'est-ce que tu fais ici, à cette heure ?

– Quelle heure est-il ? »

– Minuit.

– Minuit, est-ce possible ? répondit-il comme sortant d'un nuage. Je dois rentrer à la maison, c'est ma nuit de noces. »

Le lendemain, ils partirent pour les chutes du Niagara. Par la suite, il ne prit plus jamais le temps de s'occuper de sa femme. Il ne vit pas non plus grandir ses trois enfants.

En 1876, jugeant qu'il avait gagné assez d'argent comme industriel, Edison voulut se consacrer pleinement à son métier d'inventeur.

Ses proches collaborateurs le complétaient admirablement : Charles Batchelor excellait à traduire ses idées en schémas de fabrication et John Kruesi fabriquait les outils à partir d'un simple dessin. Il compléta ce petit noyau de fidèles par une vingtaine de chercheurs et d'ouvriers et les emmena en pleine nature, loin de la sinistre ville de Newark.

À Menlo Park, à trente kilomètres au sud-ouest de New York, Edison acheta une grande maison. Sur le terrain voisin, son père, le vieux Samuel, ravi de se rendre indispensable, l'aida à construire un laboratoire de chimie et d'électricité, une sorte de grange à deux étages, avec balcon. Puis vint le petit atelier de menuiserie et d'électricité et la soufflerie de verre. Plus tard, on ajouta la resserre pour carboniser du bois afin de récolter du noir de fumée.

Menlo Park n'était pas un cabinet de curiosités ou un centre de recherche fondamentale, mais une usine à inventions. Ce fut le premier laboratoire exclusivement dédié à des applications pratiques. Les idées bouillonnaient. Vingt fois par jour, Edison sortait son carnet de sa poche pour prendre des notes. Dans sa vie, il remplit trois mille quatre cents de ces carnets de deux cents pages, chacune accompagnée d'une date et d'un croquis. Mais, en bon Américain, il ne retenait de ces idées que ce qui pouvait être pratique et déboucher sur un marché. Si sa méthode expérimentale était rigoureusement scientifique, le but restait toujours commercial.

Edison n'avait pas d'horaire. Il travaillait sur un sujet jusqu'à saturation, puis se reposait en étudiant autre chose et soudain, surgissait l'idée tant attendue. Autour de lui, la

« tribu » vivait dans une atmosphère bon enfant. Ils travaillaient autant pour l'amour de l'art que dans l'espoir d'être associés à une découverte majeure débouchant sur un produit révolutionnaire. Vers minuit, ils interrompaient le travail pour souper tous ensemble. Puis quelqu'un jouait un morceau à l'orgue ou à la guitare. Souvent, Edison se remettait au travail, quitte à s'endormir couché sur la table du laboratoire, sans même enlever ses chaussures, la tête posée sur un gros livre.

Mary arrivait parfois à trois heures du matin, portant sous le bras la veste et le manteau de son mari, dans l'espoir de le faire rentrer. Elle restait en silence et devait souvent se résigner à aller lui chercher un traversin et un édredon. Quand enfin il rentrait à la maison, il se jetait épuisé sur son lit, sans un mot, et dormait tout habillé.

Mary était la seule à se lamenter. Elle avait horreur de la campagne et ne se distrayait qu'avec ses deux jeunes enfants, surnommés par leur père « Dot » et « Dash » (« point » et « trait »). Allusion évidente au langage télégraphique.

William Orton, le président de la *Western Union*, venait de manquer l'occasion d'acheter le brevet de Bell sur le téléphone ; inquiet des premiers succès de la *Bell Telephone Company*, il craignait qu'elle ne vienne un jour le concurrencer sur son propre domaine, la télégraphie.

Orton avait rencontré Edison et son imagination le fascinait. Il lui demanda s'il n'y avait pas moyen de contourner le brevet.

Bien sûr, Edison s'était empressé d'essayer le premier téléphone, mais, étant sourd, il n'entendit qu'un murmure inintelligible. Il chercha donc un moyen de le renforcer et continua ses recherches jusqu'à obtenir un son perceptible.

Le système de Bell était composé de deux appareils identiques, indifféremment émetteur ou écouteur. Il reposait sur la variation d'intensité électrique produite par les vibrations d'un diaphragme asservi à la voix. Son inconvénient était sa faible portée, trois ou quatre kilomètres seulement. Pour se faire comprendre malgré les interférences, il fallait répéter en criant plusieurs fois. Le diaphragme était un mince disque de fer placé près d'un barreau aimanté en permanence par une pile électrique.

Pendant deux ans, Edison et Batchelor testèrent la résistance électrique de plus de deux mille substances chimiques. Plutôt que de modifier l'écouteur de Bell, ils mirent au point un émetteur plus puissant. Les vibrations du son rapprochaient deux pastilles de carbone qu'ils glissaient entre deux plaques de métal fixées au diaphragme. Les changements d'écart accroissaient la variation de la résistance électrique et rendaient la parole plus distincte.

Edison habitait Menlo Park depuis plus d'un an lorsqu'il inventa le phonographe.

« De toutes mes inventions, déclara-t-il un jour, c'est celle que je préfère. J'ai inventé pas mal d'appareils, mais celui-ci est mon bébé ; il deviendra un grand gaillard qui prendra soin de moi quand je serai vieux. »

Charles Cros y avait déjà pensé, mais il n'avait eu ni le talent de réaliser lui-même un prototype ni les moyens de le faire réaliser par d'autres.

Edison fit cette découverte par hasard, en essayant d'accélérer et d'automatiser un répéteur destiné à relayer la transmission des télégrammes.

« J'avais connecté un récepteur de télégraphe à l'extrémité d'un bras qui se promenait sur un disque de papier posé sur un plateau tournant. Ce bras avait un stylet pointu. Au fur et à mesure de la réception des télégrammes, il gaufrait le papier avec une succession d'empreintes en relief. Une vraie dentelle de creux et de bosses. Si je retirais ce disque pour le placer sur une machine identique munie du

Le phonographe d'EDISON

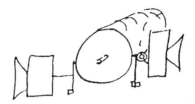

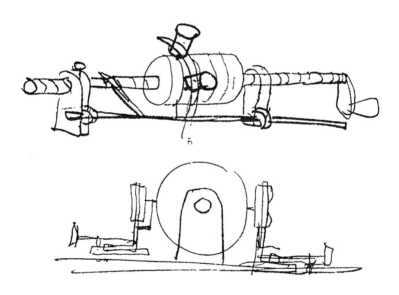

**Croquis de Batchelor, Edison et Kruesi
(Menlo Park, novembre-décembre 1877)**

même stylet, les indentations du papier répétaient les signaux sur un autre fil télégraphique. »

Edison voulut augmenter la vitesse de sa machine. La pointe rebondit alors sur les indentations en émettant une sorte de chuchotement. Il eut une illumination. Ne pourrait-on reproduire sur le papier les vibrations d'un diaphragme ? Un peu comme le cliquetis du morse.

Encore fallait-il tester l'amplitude des vibrations de la voix, mesurer leur capacité de produire un travail mécanique. Travail difficile pour un sourd ! Edison fixa alors une aiguille au diaphragme d'un récepteur de téléphone et posa son doigt sur l'aiguille ; quand on parlait fort dans le téléphone, l'aiguille lui piquait le doigt.

Après de nombreuses manipulations, il fit graver un sillon en spirale sur un cylindre de cuivre recouvert de papier paraffiné. De chaque côté du cylindre, un porte-voix était relié à un diaphragme muni d'un stylet qui s'engageait dans le sillon gravé.

Un jour où il faisait avancer le cylindre en tournant une manivelle, Edison cria « Allô » dans le porte-voix. L'air, l'onde sonore, répercutée par le diaphragme, fit pénétrer la pointe de l'aiguille dans le papier paraffiné et le creusa légèrement. Batchelor retira le papier, le plaça sous l'autre diaphragme et actionna le cylindre en marche arrière pour revenir à la position initiale. Puis il le relança en avant. Ils eurent alors le souffle coupé : dans l'autre porte-voix, on entendait chuinter « Allô ». Aucun doute : les indentations actionnaient le second diaphragme, l'appareil reproduisait le son. Pour enregistrer la voix humaine, pas besoin d'électricité, la mécanique suffisait.

Dans le plus grand secret, Edison mit plusieurs assistants sur le projet. Lui-même multipliait les croquis. Pour tester les améliorations, il plaçait son oreille droite, la seule un peu valide, tout contre le porte-voix. Parfois même il le mordait et les vibrations, transmises aux os de la tête, parvenaient jusqu'à son nerf auditif.

À l'automne, un coin du voile se déchira. Un membre de l'équipe – excès de zèle ou ordre du patron – fit une révélation à un journaliste : Edison mettait la dernière main à une invention merveilleuse, on allait pouvoir enregistrer automatiquement la voix humaine et la répéter indéfiniment.

Effectivement, le 6 décembre 1877, devant ses collaborateurs réunis pour la circonstance, Edison enroula autour d'un cylindre une feuille de papier métallisé à l'étain et appuya, juste au début du sillon, une aiguille fixée au diaphragme. Il tourna la manivelle et, collant sa bouche au porte-voix, il entonna une chanson de son enfance :

> « Marie avait un petit agneau à toison de neige
> Qui la suivait partout où elle allait.
> Partout où allait Marie,
> Pour sûr, l'agneau la suivait. »

Le message se grava sur la feuille comme une suite de bosses et de creux minuscules. Batchelor retira le stylet du diaphragme enregistreur, remonta à la manivelle le cylindre jusqu'à sa position d'origine et appliqua doucement la pointe d'écriture sur l'autre diaphragme. Puis Edison tourna la manivelle en avant, cette fois en silence, à la même vitesse que pendant l'enregistrement. Soudain, chacun reconnut sa voix, faible mais distincte :

« Marie avait un petit agneau… »

Tout le monde était ébahi. Cela marchait du premier coup, cas rarissime pour une innovation. Kruesi, en bon Suisse allemand, s'exclama :

« *Mein Gott in Himmel !* »

Chacun voulut essayer. À tour de rôle, on s'amusait à parler ou à chanter devant la machine et à écouter, stupéfait et ravi de reconnaître ses propres paroles. On ne voyait plus le temps passer ; plusieurs restèrent toute la nuit à ajuster l'appareil pour le perfectionner encore.

Avec le phonographe, Edison devint célèbre du jour au lendemain. La presse était unanime. Cette invention surpassait encore le téléphone, qui avait pourtant fait la une l'année précédente. L'atelier vit affluer des personnalités, des journalistes, des curieux venus par milliers tenter d'apercevoir « le sorcier de Menlo Park ».

Le laboratoire était noyé sous les fils télégraphiques. Dans le vestibule, des vitrines exposaient les instruments d'Edison : claviers, écouteurs, microscopes et galvanomètres. Dans l'atelier, on entendait les tours, les perceuses, les marteaux. La visite se poursuivait au milieu des batteries, des cornues et des flacons de produits chimiques.

Absorbé dans une expérience, le maître des lieux ne voyait pas arriver les visiteurs. Il avait l'air rêveur, détaché des contingences matérielles. Mais il mettait vite sa main en cornet pour entendre les questions et faisait une démonstration de son phonographe, en récitant des pages de la Bible ou de Shakespeare. Il remontait ensuite la manivelle et, après un silence, la mécanique répétait toute seule, c'était magique.

Un jour, Stanley, l'explorateur, lui demanda :

« Si vous pouviez entendre la voix d'un grand personnage de l'histoire, lequel choisiriez-vous ?

– Napoléon.

– Moi, répliqua Stanley, j'aimerais mieux écouter la voix de Notre Seigneur. »

Pris de court, Edison répliqua :

« Euh ! Vous savez, moi je préfère les gens dynamiques. »

Sarah Bernhardt avait aussi entendu parler du phonographe. Elle voulut rencontrer « le grand Edison » et faire enregistrer sa voix. La Divine était en noir des pieds jusqu'à la tête. L'inventeur lui fit faire le tour du laboratoire, expliquant chaque détail. Elle le suivit partout, curieuse, captivée, subjuguée, battant des mains.

« Edison me fait penser à Napoléon, dit-elle ; je suis sûre qu'au moins un lobe de leur cerveau est fait de la même manière. Bien sûr, l'un a un génie destructeur, l'autre un génie créatif. »

Edison déposa sans tarder un brevet. Toujours visionnaire, il y mentionna la possibilité de remplacer le cylindre par un disque. Dès janvier 1878, il créa la *Compagnie du phonographe Edison*, pour fabriquer les appareils et, région par région, accorder des licences à des exploitants chargés de faire le tour des foires. D'un bout à l'autre des États-Unis, le phonographe remplit les salles de spectacles.

Edison rêvait déjà d'utiliser le phonographe à enregistrer des livres destinés aux aveugles ou les discours des grands hommes pour la postérité :

« Cette machine n'a ni langue, ni dents, ni larynx, ni pharynx, elle est sans intelligence et sans voix, mais elle peut reproduire votre voix et vos paroles. Quand vous serez retourné en poussière, elle répétera à des générations qui ne vous auront jamais connu, chacune des pensées passagères, des fantaisies et des vaines paroles que vous aurez chuchotées près de ce fin diaphragme de métal. »

Sur un plan plus prosaïque, Edison pensait intéresser le monde des affaires pour dicter des lettres, garder la trace des conversations ou de communications confidentielles.

Le 18 avril 1878, après une démonstration devant l'Académie des sciences, Edison fut invité tard dans la soirée à la Maison-Blanche avec son appareil. Enthousiasmé, le président Hayes alla réveiller sa femme pour la faire profiter de cette merveilleuse expérience.

Cependant, au bout d'un an, la vogue retomba. Le public ne voyait plus dans le phonographe qu'une boîte à musique ou une curiosité scientifique. Edison avait d'ailleurs en tête un projet d'une tout autre envergure : l'invention de l'éclairage électrique.

Par une ironie de l'histoire, une éclipse de soleil mit Edison sur la voie de la lampe à incandescence. Dans les années 1870, trois quarts de siècle après Volta et Galvani, l'électricité ne servait encore qu'au télégraphe. À la campagne, on utilisait toujours la bougie ou la lampe à huile ; un village entier consommait moins de lumière que de nos jours une simple maison. En ville, d'éblouissantes lampes à arc éclairaient bien une heure ou deux quelques avenues, mais la fumée et l'odeur dégagées par la combustion des électrodes rendaient impossible toute utilisation en appartement. Le gaz d'éclairage provoquait des vertiges, des maux de tête, parfois des explosions, et coûtait cher. La faible puissance des ascenseurs hydrauliques limitait à quelques étages la construction des immeubles. On voyageait en voiture à cheval ou en train à vapeur et les usines, dépendantes du charbon et de l'eau, répandaient leur fumée noire le long des rivières.

Il fallut à peine quelques mois à Edison pour mettre au point la lampe à incandescence et, en l'espace d'une dizaine d'années, l'Amérique entière, dans le sillage de l'*Edison Electric Company*, s'éclaira à l'électricité, se couvrit de tramways électriques et commença à élever des gratte-ciel desservis par des ascenseurs électriques.

Le 29 juillet 1878, une éclipse totale de soleil était visible au Wyoming, au nord des montagnes Rocheuses :

passionnante invitation au voyage pour la communauté scientifique. Deux amis astronomes, George Barker et Henry Draper, invitèrent Edison à les accompagner. Il accepta volontiers, car les radiations infrarouges dissipées à cette occasion permettraient, pensait-il, de vérifier l'efficacité de l'une de ses inventions.

En expérimantant son téléphone, Edison avait en effet observé que ses membranes de caoutchouc à pastille de carbone déformaient la transmission de la voix lorsqu'elles étaient exposées à la chaleur. En se dilatant, elles changeaient de résistance électrique. Une découverte en amenant une autre, en utilisant les propriétés du caoutchouc, sensible à la chaleur, et celles du charbon, dont la résistance électrique varie avec la pression, il avait mis au point le « tasimètre », qui décelait d'infimes écarts de température.

L'éclipse ne dura que trois minutes, mais le halo dégagea une chaleur trop forte pour la capacité du tasimètre. La nuit suivante, Edison testa néanmoins son appareil sur une étoile particulièrement brillante, et son imagination fertile entrevit aussitôt de nouvelles applications : détecter les étoiles invisibles, la proximité d'icebergs, mesurer la vitesse du vent, dresser une carte infrarouge du ciel... Malheureusement, le tasimètre, trop sensible aux vibrations et au toucher, resta à l'état d'instrument de laboratoire.

Edison et ses deux compagnons, ravis de leur voyage, décidèrent de le prolonger et de passer deux mois à parcourir en tous sens le Far West. L'aventure les conduisit au-dessus de la puissante rivière Platte, jusqu'à une mine où les chercheurs d'or peinaient à percer la roche avec des pics.

« Barky, dit Edison au professeur Barker, ne pensez-vous pas que l'électricité pourrait leur transmettre la force de cette rivière ? Et les aider aussi, sitôt la découverte d'un filon, à estimer la quantité de minerai ? Tenez, le minerai est entouré d'une gangue d'argile, n'est-ce pas ? Eh bien, l'argile est un matériau conducteur. Pour savoir si cela vaut la peine de creuser encore ou si le filon est épuisé, on pourrait brancher une batterie sur une prise de terre en surface et descendre au fond du puits de mine brancher l'autre fil dans l'argile. Si la couche d'argile est importante, signe d'un minerai abondant, le circuit sera bon et le courant passera bien ; dans le cas contraire, le courant sera faible. »

Pendant le voyage du retour, assis sur le chasse-neige de la locomotive, ou plutôt le pare-buffles, Edison continuait de discuter d'électricité avec Barker. Ne pourrait-on ouvrir dans le Middle West des lignes secondaires à traction électrique ? Loin des houillères, ne serait-ce pas meilleur marché que la traction à vapeur ? Soudain, l'intuition jaillit : il s'occuperait désormais d'électricité, pas pour le télégraphe ou les téléalarmes, mais pour vraiment changer la vie des hommes. À Menlo Park, il décida de mettre de côté son « bébé », le phonographe :

« Le petit attendra encore dix ans pour grandir ; plus tard, il deviendra un homme. J'ai autre chose de plus important dont je dois m'occuper et que je dois terminer auparavant. »

Edison n'avait jamais vu produire l'électricité autrement qu'avec des piles, si l'on excepte les petits générateurs bricolés dans son enfance. Barker l'emmena donc voir fabriquer les lampes à arc et les dynamos.

Ce spectacle fascina Edison. Il resta muet d'admiration, mais déjà il réfléchissait, imaginait et calculait.

« C'était la première fois que je voyais une application pratique de l'éclairage. Je vis tout de suite que l'on n'avait pas été jusqu'au bout et que j'avais une chance de faire mieux. Ce que l'on avait fait n'était pas assez pratique. On n'avait pas encore inventé de lampes économes en courant, tant mieux ! L'intensité de la lumière était trop forte et les points lumineux trop peu nombreux. »

En quittant l'usine, Edison lança un défi :

« Je vous parie que, pour la lumière électrique, je suis capable de vous battre. Je ne vous crois pas sur la bonne voie. »

Sitôt rentré chez lui, Edison réfléchit deux nuits de suite. Il comprit qu'il fallait subdiviser la lumière et copier le réseau de distribution du gaz pour amener l'électricité à l'intérieur des maisons. Il eut la vision de centrales électriques d'où rayonneraient des réseaux de fils pour distribuer le courant aux petites lampes d'appartement. Rien à voir avec les globes éblouissants des lampes à arc. New York serait éclairée depuis une vingtaine de centrales ; on ferait passer les câbles par les tuyaux de gaz devenus inutiles ; on remplacerait les becs de gaz par des lampadaires électriques. Cependant, avant de raccorder tous les logements, il fallait imaginer un moyen de mesurer la consommation, afin de faire payer l'usager.

Edison commença par lire tout ce qui avait été publié sur l'éclairage. Depuis quarante ans, une bonne dizaine de chercheurs avaient expérimenté des lampes à filament incandescent. Ils le scellaient dans une ampoule de verre où ils tentaient de faire le vide. Difficulté d'apparence insurmontable : le fil devait brûler longtemps sans fondre, dans un vide parfait. Après douze ans d'efforts, l'Anglais Joseph Swan avait abandonné, fatigué de changer systématiquement ses fils de carbone ou de platine après quelques heures de fonctionnement. Par ailleurs, comment savoir ce qui se passe dans cette petite ampoule ? Comment y mesurer le vide ?

En réalité, il s'agissait de créer toute une industrie nouvelle et pas seulement une lampe. Pareil projet impliquait

de tester de nouveaux matériaux pour le filament, de perfectionner les techniques du vide et de calculer la puissance et la tension optimales du réseau. Comment mener à
bien ces recherches sans partenaires financiers ? Où trouver des appuis contre l'hostilité des puissantes compagnies
d'éclairage au gaz ?

Les capitalistes américains n'avaient guère aidé Morse
et Bell. Mais avec l'inventeur du phonographe, avec « le
sorcier de Menlo Park », on pouvait prendre un risque…
un risque mesuré. Vanderbilt et Pierpont Morgan l'aidèrent
à créer l'*Edison Electric Light Company*.

Pour définir la section des conducteurs, Edison avait
besoin d'un mathématicien. On lui présenta un jeune
diplômé, frais émoulu de l'université, Francis Upton.
Edison dissimulait mal un complexe d'infériorité face à ce
scientifique, le seul de l'équipe. Il le surnomma aussitôt
« la Culture » et lui fit avaler bien des couleuvres. Pour
commencer, il lui montra une ampoule et lui demanda d'en
calculer le volume. Upton prit une feuille de papier, dessina
l'ampoule, la décomposa en de multiples sections, afin de
déterminer par des équations chacune des contenances.

« Ne voyez-vous pas qu'il suffit de la remplir d'eau et
de la vider dans un tube gradué ? C'est l'affaire de deux
minutes », lui lança Edison agacé. Voilà bien son esprit
pratique.

Malgré cette fâcheuse entrée en matière, les deux hommes
firent équipe et Upton conçut le premier réseau de distribution électrique de l'histoire.

Pendant quatorze mois, on mena à Menlo Park plusieurs
milliers d'expériences en vue d'augmenter la durée
d'éclairement des lampes à filament. On testa le platine, le
chrome, le molybdène, le tungstène, le nickel – si éblouissant qu'Edison faillit en perdre la vue. On essaya aussi le

bambou – des chercheurs furent envoyés au Japon et jusque dans la jungle amazonienne rechercher les meilleures variétés de bambou – et même les poils de la barbe de Mac-Kenzie, le télégraphiste de Mount Clemens, dernière recrue de l'équipe !

Le carbone a un point de fusion très élevé. Pour obtenir les pastilles de son émetteur de téléphone, Edison faisait brûler nuit et jour à Menlo Park une douzaine de lampes à kérosène. De temps à autre, on grattait la suie qui se déposait et on en faisait une pâte à cuire. Un jour où Edison réfléchissait tout en roulant machinalement entre ses mains l'une de ces boulettes, il se demanda si le matériau ne conviendrait pas au filament de la lampe. Les essais recommencèrent de plus belle. Le carbone dégageait un peu de gaz que l'on n'arrivait pas à évacuer parfaitement de l'ampoule. En lisant nuit et jour les journaux scientifiques, Edison apprit qu'un Anglais avait mis au point une pompe à vide perfectionnée qui attaquait au mercure les bulles d'air et les chassait à l'extérieur. On approchait du but, mais, en fin de compte, on obtint les meilleurs résultats avec du fil de coton carbonisé.

En même temps, on testait la forme du filament, et on améliora la résistance avec une forme en spirale, puis en fer à cheval, comme on le voit encore dans les ampoules.

Le 21 octobre 1879, Batchelor fit cuire un fil de coton enrobé de fibre de carbone. Il l'attacha à un fil de platine, l'inséra dans une ampoule où l'on avait fait le vide, scella et mit le courant.

« Nous nous assîmes pour regarder le fil brûler dans la lampe et émettre de la lumière, raconte un témoin. Le fil n'arrêtait pas de brûler ; plus nous le regardions éclairer la pièce, plus nous restions fascinés. Personne n'alla se coucher ; nous restions là à regarder avec un mélange d'anxiété et d'enthousiasme. Au bout de treize heures, elle finit par s'éteindre et tous ceux qui étaient présents poussèrent des hourras : treize heures ! »

Ce n'était pas la première lumière électrique, ni même la première lampe électrique à incandescence, mais, en combinant vide parfait et filament à haute résistance, l'équipe de Menlo Park avait obtenu la première lumière électrique pratique et économique. La lampe Edison coûtait encore cher, car il fallait deux hommes pendant six heures pour pomper et faire le vide dans l'ampoule, mais, après quelques mois de recherches, on était sûr d'arriver à un prix de revient acceptable.

La nuit de Noël 1879, une centaine de lampes accrochées en haut de poteaux en pin jetèrent une lumière féerique sur le parc blanc de neige autour de la maison d'Edison et du laboratoire. Le *New York Herald* titra : « La lumière d'Edison – le triomphe du grand inventeur – l'illumination électrique – un morceau de papier – cela éclaire, sans gaz ni flamme, moins cher que le pétrole – le succès tient à un fil de coton. »

À Menlo Park, une autre équipe mettait au point la douille à vis – adaptée des bouchons de bidons de pétrole – et le compteur d'électricité, qui calculait la consommation en mesurant la quantité de zinc déplacée de l'électrode positive à l'électrode négative. Pendant ce temps, Edison travaillait dans un bureau prêté par la Banque Morgan, sur la 5ᵉ Avenue. Sur le mur, il avait épinglé un plan de New York avec plusieurs tracés possibles de réseaux. Il étudiait très sérieusement la distribution du gaz, son implantation géographique, les pointes de consommation et comparait le coût de conversion du charbon en vapeur puis en électricité avec le coût de conversion du charbon en gaz d'éclairage.

Il finit par cibler un quartier pauvre mais très peuplé, au sud de Manhattan, où il put acheter à bon compte, sur

Pearl Street, un grand bâtiment désaffecté, pour y établir sa première centrale. Ses hommes menèrent alors sur le terrain une enquête auprès des abonnés au gaz, afin de déterminer le prix auquel l'éclairage électrique serait compétitif.

Jusqu'alors, l'électricité, pour le télégraphe ou l'alarme incendie, utilisait des fils aériens courant d'un poteau à l'autre, d'un toit à l'autre ; le bas de Manhattan était traversé par une jungle de fils aériens qui crachaient des étincelles et risquaient de prendre feu au-dessus des becs de gaz ; un jour, un monteur fut brûlé vif sous les yeux des badauds. Edison jugea plus prudent de distribuer en basse tension et en réseaux enterrés ; les câbles de cuivre gainés de chanvre étaient glissés dans des tuyaux de fonte et isolés dans une mixture d'asphalte, de lin et de cire d'abeille. Il en fit poser dix kilomètres. Certains monteurs craignaient que ces lignes ne renferment le diable, aussi, pour les rassurer et les stimuler, il venait souvent sur le chantier. On le voyait tomber la veste, retrousser ses manches et descendre avec eux dans la tranchée dérouler le câble ou faire les jonctions.

Le 4 septembre 1882, le chef électricien de l'*Edison Electric Lighting Company* enclencha la commande à la centrale électrique de Pearl Street pour alimenter les lampes des cent premiers clients du quartier. Ce fut une inauguration sans fanfare. Quelques jours plus tard, la fuite d'une boîte de jonction électrifia la surface humide de la chaussée, faisant sauter en l'air et détaler un cheval. Il y eut un bel attroupement et, afin de rétablir le calme, Edison vint réparer lui-même accompagné d'un ouvrier.

Les municipalités ne furent pas aussi promptes que l'on aurait pu s'y attendre à réclamer l'installation d'un réseau d'éclairage par lampes à incandescence. Sans doute les puissantes compagnies d'éclairage au gaz faisaient-elles jouer leur influence. La demande vint malgré tout de clients isolés : hôtels, magasins et usines. Edison fut alors submergé de commandes et dut organiser en grand la fabrication des dynamos, des câbles, des lampes et des accessoires (interrupteurs, fusibles, compteurs).

Pour ses associés banquiers, contents de toucher des royalties sur les brevets dont ils avaient financé l'expérimentation, pas question de se lancer dans les ennuis de la fabrication, surtout d'une fabrication nouvelle.

« S'il n'y a pas d'usine pour fabriquer le produit de mes inventions, je les construirai moi-même, répliqua alors Edison. Puisque la banque est timide, je lèverai du capital et je deviendrai mon propre fournisseur. Les usines ou la mort, voilà la question. »

On scinda l'affaire en deux sociétés distinctes, l'une contrôlée par Morgan et Vanderbilt, pour vendre des licences ; l'autre, *Edison Machine Works*, par Edison, pour les centrales, les équipements et les réseaux. L'inventeur n'avait plus le temps d'inventer, occupé à plein temps à négocier avec les clients, à embaucher et former du personnel et à résoudre les problèmes de production. Il créa deux usines, l'une à Menlo Park, pour les lampes, l'autre à New York, pour les câbles, les dynamos et le petit matériel ; lorsque les ouvriers de New York se mirent en grève, il ferma l'usine et la transféra à Schenectady.

Au problème de personnel ne tardèrent pas à s'ajouter des difficultés de trésorerie ; il fallut recapitaliser en augmentant le capital et en fusionnant société manufacturière et société de brevets, si bien qu'Edison se retrouva avec seulement 10 % de la nouvelle *Edison General Electric Company.*

Les dynamos employées jusqu'alors pour les lampes à arc débitaient une intensité constante mais la tension pouvait atteindre 2 000 volts, ce qui avait provoqué des accidents mortels. Edison, par souci de sécurité, avait choisi au contraire de distribuer l'électricité en courant continu, avec une intensité variable mais une tension constante volontairement limitée à 110 volts, ce qui coûtait une fortune en câbles et limitait donc la portée du réseau à quelques kilomètres.

L'un de ses jeunes ingénieurs, Nikola Tesla, lui proposa de transporter le courant sur de longues distances en courant alternatif haute tension que des transformateurs abaisseraient au point de livraison. Edison s'y refusa, par crainte exagérée qu'un point de la ligne haute tension ne soit accidentellement mis en contact avec le sol et qu'un usager ne se fasse électrocuter en manœuvrant l'interrupteur.

Nikola Tesla partit vendre ses idées à deux concurrents, *Westinghouse* et *Thomson-Houston*, qui entreprirent à grande échelle et sans incident notoire la construction de centrales hydroélectriques et le transport du courant alternatif haute tension.

Avec entêtement, Edison se lança dans une campagne alarmiste contre les dangers de la haute tension. Des journalistes furent conviés à assister à Menlo Park à l'électrocution de chats et de chiens par du courant à 1 000 volts. Brown, un soi-disant professeur, fut chargé d'orchestrer une propagande pour l'exécution des condamnés à mort par décharges de courant alternatif dit « courant Westinghouse » ; ainsi fut instituée la chaise électrique.

C'était un combat d'arrière-garde. En 1891, les banquiers qui tenaient les cordons de la bourse décidèrent de marier la lampe à incandescence avec le courant alternatif, *Edison General Electric* avec *Thomson-Houston*, pour former un « géant », la *General Electric*. Le grand homme reçut un pactole d'actions et se sentit libéré de ses soucis industriels, mais vit avec dépit disparaître son nom.

Mary était morte de typhoïde, laissant Edison avec trois enfants. Des amis lui firent rencontrer une brune aux grands yeux, Mina Miller. Son père était un grand constructeur de moissonneuses et de batteuses ; il avait onze enfants, était passionné d'éducation populaire et vénéré comme un patriarche. Edison avait un front large, une grande bouche et certes des manières un peu familières, mais surtout des yeux étincelants d'intelligence. Il enseigna le morse à la jeune fille et, un jour où ils se promenaient en calèche, il lui tapota sur la main sa demande en mariage :

« Voyez comme la surdité m'a aidé à faire la cour à ma femme : le mot "oui" est très facile à exprimer en morse et elle le transmit immédiatement ; peut-être aurait-elle été plus gênée si elle avait dû le prononcer. »

Mina aimait la vie mondaine. Sitôt mariés, ils achetèrent une superbe maison à West Orange, à une heure de New York. À proximité, Edison fit construire un laboratoire beaucoup plus grand que Menlo Park. Pour se remettre d'une pleurésie, il emmena Mina en Floride où, là encore, il fit édifier une vaste villa, assortie inévitablement d'un petit laboratoire.

« Je crois comprendre que vous êtes obligé de prendre du repos et d'interrompre quelque temps vos recherches électriques, lui demanda un reporter.

– Du repos ! C'est pour travailler que je suis venu ici. Je vais vous dire comment je me repose. Je travaille au moins sur six ou sept idées différentes. Quand je suis fatigué d'un sujet, je passe à un autre. Je change, de façon à varier les efforts, c'est-à-dire les plaisirs.

– Mais comment vous y retrouvez-vous ?

– Ça va très bien. Au contraire, en approfondissant une idée, on débouche souvent sur une autre ; vous savez, elles concourent toutes deux à un résultat d'une tout autre portée. »

Depuis qu'il avait inventé le phonographe, il se demandait si un appareil ne pouvait pas faire pour la vue ce que le phonographe faisait pour l'ouïe. La sensation produite par la lumière persiste dans notre cerveau 1/15e de seconde après la disparition de la lumière, ce qui avait incité à créer des jouets donnant au spectateur l'illusion d'images animées.

Du dessin animé, Muybridge et Marey venaient de passer à la photo animée. Le long d'une piste d'hippodrome, Muybridge avait installé une rangée d'appareils photo et commandé leur déclenchement, l'un après l'autre, au moment précis où le cheval rompait une ficelle tendue en travers de la piste, perpendiculairement à chaque appareil. En 1886, Muybridge, en tournée de conférences avec projections, rendit visite à Edison et lui montra ses photos animées. Cela le conforta dans l'idée d'associer reproduction du son et du mouvement ; avec les deux, il reconstituerait la vie.

Mais on ne pouvait utiliser autant de caméras qu'il y avait de vues à prendre, il fallait faire toutes les expositions avec la même caméra. L'imagination d'Edison procédait par association d'idées : la membrane du téléphone l'avait mis sur la voie du phonographe, le cylindre tournant du phonographe le mit sur la voie du cinéma : il allait jumeler deux cylindres tournants. Celui du phonographe enregistrerait en continu, celui sur lequel il enroulerait les prises de vues tournerait par intermittence ; un mécanisme le ferait avancer d'un cran, s'arrêter pour prendre une photo d'un objet en mouvement, repartir à nouveau puis s'arrêter, toujours à intervalles réguliers. Restait à étalonner la vitesse de ces temps de marche et d'arrêt, afin de créer l'illusion d'une seule image en continu.

Après plusieurs essais infructueux avec des plaques photographiques en verre, Edison, apprenant que George

Eastman travaillait à un film sur une feuille de Celluloïd sensibilisée, enroula ce film sur un tambour en fixant les coins dans des fentes.

Le 8 août 1889, Edison s'embarqua avec Mina pour la France. Au Havre comme à Paris, ils furent accueillis triomphalement. Avec la tour Eiffel, le stand d'Edison, sur plus d'un hectare, était la grande attraction de l'Exposition universelle. Des lampes Edison de couleur représentaient les drapeaux français et américain. Tout le monde s'extasiait devant le phonographe. Avec Buffalo Bill, Edison était l'Américain le plus célèbre en Europe. Le président Sadi Carnot lui remit la Légion d'honneur, Gustave Eiffel l'invita à déjeuner en haut de la tour Eiffel et Louis Pasteur le reçut à son Institut.

Paris commémorait non seulement le centenaire de la Révolution française, mais aussi le cinquantième anniversaire du daguerréotype ; à un dîner de circonstance, Edison rencontra Marey, qui lui fit visiter le lendemain son « bazar des sciences », boulevard Delessert. Marey lui montra toutes sortes d'équipements propres à analyser le galop du cheval, le vol des oiseaux, les rides sur l'eau…, en somme, la vie. En voyant pour la première fois un film projeté en continu, Edison, très impressionné, décida de pratiquer des perforations dans la marge de ses films et de les faire avancer par saccades grâce à un mécanisme à roues dentées.

Lors de son retour à West Orange, le couple Edison fut accueilli par la première démonstration de cinéma parlant ; Dickson tournait la manivelle d'un phonographe où on l'entendait dire : « Bonjour, Mr Edison, heureux de vous revoir, j'espère que vous êtes content », tandis qu'à travers l'oculaire du Kinétoscope, on le voyait sourire et saluer en soulevant son canotier.

Le Kinétoscope et les premiers films remportèrent un vif succès à l'Exposition de Chicago en 1893. L'année suivante, ils conquirent New York. Des millions de New Yorkais firent la queue nuit et jour devant le « Kinetoscope Parlor », pour défiler d'un oculaire à l'autre, le temps de jeter un œil sur quelques films d'une minute et demi : un match de boxe s'achevant par un knock-out, une danse écossaise, un joueur d'orgue de Barbarie, des ours savants et surtout Strongman Sandow, une sorte de M. Muscle, que l'on voyait soulever des charges invraisemblables.

Cependant, Edison oublia de faire breveter son invention à l'étranger. Le problème de luminosité et d'agrandissement de l'image pour la projection en salle devant un écran n'était toujours pas résolu. Il ne croyait qu'au cinéma éducatif, auquel les professeurs ne semblaient pas s'intéresser. Par ailleurs, une fois encore, un nouveau sujet l'absorbait : l'enrichissement des minerais.

Dès 1882, Edison, de retour d'une partie de pêche avec toute son équipe, avait remarqué sur la plage une concentration anormale de grains de sable noirs. Avec un aimant, il avait observé que ces grains s'agglutinaient comme des fourmis. L'esprit toujours en éveil, il préleva des échantillons pour les faire analyser au laboratoire. Menlo Park était parfaitement équipé ; pour le filament de la lampe à incandescence, on y avait testé une infinité de métaux et la fabrication des dynamos exigeait du fer de haute qualité. On constata que ces grains de sable avaient une teneur en fer de 20 % ; c'était de la magnétite, pulvérisée par la mer et déposée par les vagues.

Edison, surtout depuis que l'on avait recapitalisé l'*Edison Electric Company*, vivait dans l'aisance, il était même riche ; il aurait pu marquer une pause, prendre un repos bien mérité et accorder un peu d'attention à sa femme et à ses enfants.

Mais son démon, son génie de l'invention veillait, toujours aux aguets. Songeant que l'Amérique aurait de plus en plus besoin de fer, alors que le gisement des Appalaches s'appauvrissait chaque jour davantage, il eut bientôt l'idée d'enrichir le minerai à faible teneur en fer en faisant couler le sable à magnétite sur un séparateur composé de puissants aimants bobinés avec du fil de cuivre reliés à l'une de ses dynamos.

La sagesse aurait voulu qu'il se borne à vanter son procédé aux exploitants de mines, mais cela lui parut une perte de temps :

« J'achèterai moi-même une demi-douzaine de gisements et j'y installerai des séparateurs. Tout le monde viendra voir et voudra s'associer avec moi, sans que j'aie besoin de négocier. »

Edison qui, dans son euphorie, voulait acheter toutes les mines de fer de Pennsylvanie, finit par jeter son dévolu sur quinze cents hectares de roche magnétique près d'Ogden, à cinquante kilomètres de West Orange, un site morne et désert où, pour loger son équipe de terrassiers, il dut construire un village entier de maisons ouvrières. Des charges explosives placées dans des puits de sept mètres de profondeur cassaient le roc en bloc de cinq tonnes. Une pelleteuse géante les chargeait dans des wagons. De là, un pont roulant les jetait entre les cylindres d'une série de laminoirs actionnés par des moteurs électriques à grande vitesse. Les blocs, de plus en plus dégrossis, étaient réduits en poudre, que l'on faisait défiler devant quatre cent quatre-vingts aimants pour séparer le minerai de sa gangue et augmenter la teneur en métal. Le produit final était alors moulé et cuit en briquettes, afin qu'il ne s'envole pas en poussière pendant le transport jusqu'à l'aciérie.

L'exploitation ne fut jamais rentable. Cependant, le grand homme s'entêta à gaspiller plusieurs années de sa vie, passant cinq jours par semaine en ce lieu désolé à réparer et perfectionner ses machines, ne rentrant à West Orange que le temps de faire le point au laboratoire et d'embrasser sa famille.

La découverte en 1899 de gisements de fer à haute teneur dans le Minnesota fit chuter le prix du minerai et signa l'arrêt de mort de cette ruineuse aventure. Beau joueur, Edison déclara :

« Eh bien, c'est fini, mais on s'est bien amusé à dépenser tout cet argent. »

Heureusement, pendant ce temps, l'usine de West Orange était submergée de commandes de phonographes et Dickson faisait progresser à pas de géant le Kinétoscope, où les films, compte tenu des arrêts sur image, défilaient maintenant à 80 km/h.

La fermeture de la mine d'Ogden fut un soulagement pour Mina. Son mari allait enfin profiter un peu de la vie familiale et s'occuper des enfants ; du moins des trois derniers, issus de son second mariage. Edison, cet étranger, devint enfin le roi ; il apprit à ses enfants à herboriser, leur fabriqua des feux d'artifice dont il inventait les figures, il démonta et remonta devant eux des pendules ou des poupées parlantes pour tenter de les intéresser à la mécanique.

Cette pause ne dura guère. Déjà Edison imaginait de récupérer les laminoirs et les broyeurs de la mine d'Ogden. Il passa un week-end à rédiger un projet en cinquante pages pour les réutiliser à la fabrication du ciment. Son procédé ne rencontra pas tout de suite le succès escompté auprès des professionnels ; qu'à cela ne tienne, il se ferait cimentier. Près de Stewartsville, en Pennsylvanie, il acheta une vaste roche calcaire et y installa sa propre cimenterie.

Sur sa lancée, il entreprit à grande échelle la construction de maisons individuelles préfabriquées, livrables clés en main dans un délai de onze jours, moitié moins cher que le prix habituel. On moulait en fonte le mur, le toit, les escaliers et même les cheminées et les baignoires. Par une trémie pratiquée dans le toit, on versait un mélange de ciment, de colle, de sable, de pierre concassée et d'eau. Ce béton coulait dans le moule à travers un réseau de trappes et de tuyauteries. Quatre jours après le coulage, on retirait le moule ; on laissait encore durcir six jours, puis il n'y avait plus qu'à ajouter portes et fenêtres.

Vint ensuite l'aventure des batteries. Un accident avait dégoûté Edison des chevaux. Un matin de 1900, en traversant les encombrements d'omnibus et de voitures à cheval, il eut l'idée de camions électriques : « Plus besoin de foin et d'avoine, le camion électrique, c'est l'avenir ! » Depuis l'enfance, il s'intéressait aux batteries, que Planté, un Français, avait inventées en 1859. En présence d'acide sulfurique, le déplacement de l'oxygène entre deux plaques de métal chargées l'une négativement et l'autre positivement produit un courant électrique.

Les batteries au plomb alors disponibles étaient lourdes et l'acide corrodait le métal. Edison rechercha une combinaison d'éléments plus légers et moins encombrants, ainsi qu'un électrolyte moins corrosif et que l'on puisse compléter avec de l'eau.

L'été, il alla camper près de Sudbury, en Ontario, une région connue pour ses gisements de nickel, et il se mit à collectionner les échantillons de minerai. Après des milliers d'essais, ses laboratoires mirent au point une électrode positive en nickel et graphite, une électrode négative en oxyde de fer et, en guise d'électrolyte, de la potasse.

Afin de tester cette batterie, Edison fit équiper cinq cents voitures d'un petit moteur électrique et d'une transmission par chaîne. Des inspecteurs assuraient la maintenance et lui rendaient compte des défauts. Depuis qu'il était rentré dans un arbre, lui-même ne prenait jamais le volant, mais il aimait se faire conduire à toute vitesse, 15 km/h, par l'un de ses fils.

Cela commença par un fiasco. Les batteries étaient légères, certes, d'où une meilleure autonomie, mais l'électrolyte fuyait et les circuits électriques n'étaient pas fiables. Il fallut rembourser les acheteurs mécontents. Gagnant de l'argent avec le cinéma, Edison gardait son calme et sa bonne humeur. Inlassablement, pendant dix ans, il perfectionna empiriquement ses batteries. Il finit par les faire adopter non seulement pour l'automobile, mais aussi pour la signalisation ferroviaire, les sous-marins et les torpilles.

Edison incarnait parfaitement les valeurs américaines : esprit d'entreprise, optimisme et égalité des chances, mais surtout le goût des réalisations pratiques, la capacité de transformer les idées en réalités concrètes. Réciproquement, il avait une foi patriotique dans ces valeurs. Il veillait personnellement à ce que les films de fiction produits par ses collaborateurs – *La Vie d'un policier américain, Hold-up à bord d'un train, La Vie d'un pompier américain* – soient des films propres.

Lorsque éclata la Première Guerre mondiale, Edison, comme Henry Ford et la grande majorité des Américains, afficha des sentiments isolationnistes. Avec la guerre sous-marine, son opinion ne tarda pas à se nuancer :

« S'il ne faut pas provoquer la guerre, disait-il, du moins faut-il soit la rendre impossible, soit s'y préparer. Les gens s'assurent bien contre les accidents, pourquoi pas les nations ? »

Ses productions de disques et de batteries étaient menacées par la pénurie de benzol et d'acide carbonique, jusqu'alors importés d'Allemagne. Dans ces conditions, il se lança dans la chimie de base et il créa à Silverlake, New Jersey, une usine de 3 000 ouvriers. Du même coup, il alimenta en phénol et en aniline l'industrie américaine des explosifs et des teintures.

L'année suivante, le secrétaire d'État à la Marine, Joseph Daniels, inquiet de l'insuffisance, voire de l'absence d'ingénierie d'armement aux États-Unis, créa un comité consultatif des armements de la Marine – Navy Consulting Board – avec Maxim, l'inventeur de la mitrailleuse, Sprague, celui du tramway électrique, et Lee de Forest, l'un des pères de la radio. Il s'agissait d'examiner les inventions que civils et militaires pouvaient proposer, en triant entre les projets fantaisistes et ceux qui méritaient d'être approfondis. Daniels confia la présidence du comité à Edison et attira son attention sur la menace des sous-marins allemands, les *U-Boats*.

Lorsque les États-Unis entrèrent en guerre, Edison confia à l'un de ses fils la responsabilité de ses entreprises, de ses usines et du laboratoire, pour se consacrer pleinement aux moyens de défense anti-sous-marine.

Pour commencer, il fit dresser, ce à quoi personne n'avait songé, la carte des emplacements où des navires alliés ou neutres avaient été torpillés, afin de connaître et d'étudier les bases, le rayon d'action et les méthodes de l'adversaire. Il préconisa des routes en zigzag pour tromper ses habitudes. Puis il développa quarante-huit inventions, entre autres un filet antitorpille, un émetteur d'écran de fumée, un camouflage de cheminée et une plate-forme antiroulis pour tourelle de tir. La plus élaborée, alliant détecteur acoustique et dispositif de virage automatique à 90°, permettait au navire visé d'éviter une torpille.

Edison passait son temps en mer afin d'expérimenter chacune de ses innovations. Mina, craignant pour la vie de son mari, l'accompagnait malgré son mal de mer. Il aimait l'air marin et la camaraderie des navigants, mais il méprisait la lenteur des bureaucrates, car aucun de ses projets ne dépassa le stade du prototype.

À force d'insister, de tempêter, il finit par obtenir la création d'un laboratoire de recherches navales, qui allait largement contribuer à préparer la marine américaine à affronter la Deuxième Guerre mondiale. « Les officiers de marine ne devraient pas se mêler de ce laboratoire, écrivit-il au ministre. Les écoles d'Annapolis et de West Point forment les cadets à entrer pour la vie dans un système qui détruit toutes les motivations susceptibles d'aider les esprits supérieurs à avancer. »

Le même souci de sécurité d'approvisionnement qui avait conduit Edison à créer une industrie chimique le lança en 1927, à quatre-vingts ans, dans une nouvelle aventure : la croisade du caoutchouc.

Trente ans plus tôt, Edison avait fait la connaissance d'un grand jeune homme mince aux yeux bleus, Henry Ford, alors ingénieur en chef à la centrale électrique de la *Detroit Edison Company*. On le lui avait présenté : « Voici un gars qui fait une voiture à essence. » Pendant le dîner, ils avaient sympathisé ; Edison, bien qu'alors un tenant de la voiture électrique, lui dit : « Jeune homme, vous êtes sur la bonne voie, tenez bon. »

Depuis ce jour, Henry Ford vouait un véritable culte à Edison ; il lui avait passé une importante commande pour remplacer la manivelle de la fameuse Ford T par un ensemble batterie-dynamo-démarreur ; plus tard, il lui avait consenti un prêt sans intérêt pour reconstruire l'usine de films détruite par un incendie.

Henry Ford et Thomas Edison faisaient ensemble du camping chaque été en compagnie de deux autres « mousquetaires », Burroughs, un romancier naturaliste à la superbe barbe blanche, et le magnat du pneu, Harvey Firestone. Ford et Firestone ne se considéraient pas comme des inventeurs, aussi Edison ne voyait pas en eux des concurrents comme Bell ou Gray. Burroughs décrivait les espèces de fleurs et d'oiseaux, Firestone s'occupait de l'intendance, Ford coupait le bois, allumait le feu et réparait les voitures ; quant à Edison, boussole et carte en mains, il était le guide de l'équipe.

Firestone avait alerté Edison sur la menace, en cas de guerre, de coupure de la route du caoutchouc en provenance de Malaisie. Toujours infatigable, Edison créa alors avec ses trois amis l'*Edison Botanic Research Company*, afin de recenser sur le territoire des États-Unis toutes les plantes susceptibles de produire du caoutchouc ou un équivalent. Sans négliger aucune piste, il rassembla quatorze mille échantillons de plus de mille espèces de végétaux pouvant produire un fluide laiteux. Il en sélectionna six cents et, après plusieurs années de croisements, il réussit à faire rendre deux cents kilos de latex à un hectare de Floride planté en verge d'or. « À notre villa de Fort Myers, disait Mina, on parlait caoutchouc, on pensait caoutchouc, on rêvait caoutchouc. » Malheureusement, le latex de verge d'or de Floride n'avait pas la qualité du caoutchouc de Malaisie. L'invention du caoutchouc synthétique par I. G. Farben, à partir de dérivés du charbon et du pétrole, lui porta un coup fatal.

Le 21 octobre 1929, trois jours avant le krach de Wall Street, Henry Ford offrit une fête à son vieil ami Thomas Edison. Ford, un sentimental caché sous des dehors rigides, était attaché au passé et aux valeurs traditionnelles. Il venait d'édifier à Dearborn, sa ville natale, un immense musée des *Americana*, pour lequel il avait rassemblé des spécimens de toutes les inventions américaines. Il avait transplanté ou reconstitué plusieurs bâtiments historiques.

De tous les inventeurs, son ami Edison était celui que Ford vénérait le plus. Il était le père de l'électricité, comme

Watt, un siècle plus tôt, le père de la vapeur. « Edison, disait-il, a fait davantage pour abolir la pauvreté que toutes les réformes des hommes politiques ; ses inventions ont créé des millions d'emplois. » Aussi avait-il choisi de faire coïncider l'inauguration de son musée avec le cinquantième anniversaire de la lampe à incandescence.

La veille du grand jour, il fit à Edison et Mina les honneurs de cette monumentale restauration, leur montra le village américain du siècle dernier, les coches bâchés tirés par des chevaux, le cabinet du jeune avocat Abraham Lincoln, la maison d'enfance d'Edgar Poe, l'atelier de réparation de vélos des frères Wright et, pour finir, le laboratoire d'Edison à Menlo Park. Rien n'y manquait. Il avait même complété par une grande maquette de la centrale électrique de Pearl Street et la réplique d'une gare du *Grand Trunk Railroad* avec le fourgon laboratoire du petit Tom.

Ford demanda à son ami ce qu'il en pensait :

« C'est à 99 % parfait, répondit Edison.

– Et quel est le 1 % qui ne va pas ?

– Ce n'était jamais si propre que cela. »

Le lendemain, cinq cents personnalités, conduites par le président Hoover et son épouse, arrivaient par train spécial. Les Ford, accompagnés des Edison, allèrent les accueillir à la gare de Dearborn. Ils les firent monter dans un train de l'époque héroïque, tiré par une antique locomotive à vapeur. Au cours du bref trajet, un gamin apparut avec un panier plein de journaux et de victuailles. Edison, qui avait maintenant quatre-vingt-deux ans, le lui prit des mains et alla de l'un à l'autre en criant, comme jadis :

« Bonbons, pommes, sandwiches, journaux !

– Je prends une pomme », dit le président, et il donna une pièce de monnaie.

On rejouait le rêve américain.

À la tombée de la nuit, les invités de marque entourèrent le laboratoire, pour voir « le sorcier de Menlo Park » recréer la lampe à incandescence. Ses compagnons de la première heure, Batchelor, Kruesi, Upton, avaient tous disparu ; Ford n'avait retrouvé la trace que d'un seul, Francis Jehl, qu'il fit venir d'Autriche pour aider Edison à pomper le gaz dans l'ampoule.

Edison apparut au balcon et montra comment il avait carbonisé un fil et fait le vide dans un globe.

Aux millions d'Américains à l'écoute devant leur poste de radio, un présentateur annonça :

« Maintenant, la lampe est prête, exactement comme il y a un demi-siècle. Va-t-elle éclairer ? Va-t-elle brûler ? »

Suivit un silence religieux, le temps pour Edison de dire à Jehl :

« Francis ! Mets le jus ! »

La lampe rougeoya, commença à briller et devint éclatante. Alors, la radio reprit :

« Mesdames et Messieurs, Mr Edison a dit : "Que la lumière soit !" et la lampe éclaire ! »

En cet instant magique, à travers l'Amérique entière, les gens qui avaient presque partout baissé leurs lumières, les rallumèrent tous ensemble, en hommage au génie de leur concitoyen.

Deux ans plus tard, le 18 octobre 1931, Thomas Alva Edison s'éteignit doucement à West Orange. La bouche plaquée contre l'oreille de son mari, Mina lui demanda :

« Est-ce que tu souffres ? »

– Non, j'attends. »

Puis il jeta par la fenêtre un long regard sur la pelouse et ajouta ces derniers mots :

« Comme c'est beau, ici ! »

ALEXANDER GRAHAM-BELL (1847-1922)
Un téléphone pour une sourde-muette

À sourd, sourd et demi : si Edison, l'inventeur du phonographe, était sourd, Bell, l'inventeur du téléphone, avait, lui, une mère sourde et une épouse sourde-muette. Circonstances déterminantes pour sa vocation, son apostolat, sa règle de vie. « Cela me fait mal au cœur de voir les souffrances des petits sourds-muets, disait-il. Je vois tant à faire pour eux et si peu de gens qualifiés pour leur venir en aide ! Jamais je n'abandonnerai ce travail. »

Sans doute nombreux étaient alors les malentendants, à la suite notamment de maladies infantiles mal soignées. Et la majorité des enfants sourds ne recevait aucune instruction, faute de place dans les établissements spécialisés.

Le plus ancien souvenir de Bell était lié aux voix du silence. Au cours d'une promenade à la campagne, il avait voulu écouter le murmure des blés qui ondulaient. Il était entré dans un grand champ et s'y était perdu. Affolé, il allait et venait en tous sens. La nuit commençait à tomber. Où étaient ses parents ? Ils le cherchaient sans doute, bien inquiets. En larmes il se coucha, l'oreille contre terre. Le silence succédait au léger bruit du vent. Il sanglotait et allait s'assoupir lorsque, miracle ! il entendit au loin : « Alec ! Alec ! », la voix étouffée de son père, que la terre lui apportait. Je vous passe la joie des retrouvailles.

Bell se souviendrait aussi longtemps d'un jour de fièvre où, à demi délirant, il avait cru apercevoir, au pied de son lit, une femme debout, encapuchonnée, le regard braqué sur lui en silence ; il se demandait avec effroi qui cela pouvait bien être. Prenant son courage à deux mains, il avait rampé jusqu'à la toucher, en retenant son souffle. Ouf ! Ce n'était que le manteau et la coiffe de sa mère.

Alexander Graham Bell naquit le 3 mars 1847. Trois semaines après Edison. Édimbourg, sa ville natale, n'était alors pas encore reliée par le télégraphe électrique au reste de la Grande-Bretagne. Son père, Melville Bell, était un maître de la parole. Entre autres talents, il savait reconnaître dans le ton de chacun les moindres nuances de l'émotion et lorsqu'il racontait une histoire, il captivait son public par ses inflexions de voix. Professeur de diction, il eut pour élèves des instituteurs, des pasteurs, voire des comédiens. Ironie de la vie, sa femme, Eliza Symonds, peintre de ravissantes miniatures et pianiste avertie, était sourde et ne communiquait qu'à l'aide d'un cornet.

Comme sa mère, Alec était religieux et respectait le repos dominical plus que ne le faisaient ses frères et son père. Celui-ci, photographe amateur – chose rare à l'époque – voulut un dimanche le prendre en photo. L'enfant refusa, car c'était jour de méditation. Son père éclata de rire et le renvoya à ses pensées. Sur quoi méditait-il alors ? Bell ne s'en souvint jamais.

La famille Bell passait les fins de semaine dans un cottage où les chats cousinaient avec les chiens, les souris blanches avec les cochons d'Inde, les grenouilles avec les crapauds. Dans la chambre noire où leur père préparait ses photos, les enfants apprenaient à enduire de collodion les plaques de verre, à les tremper dans du nitrate d'argent et à les développer. Toute la famille était musicienne ; le père d'Alec jouait de la flûte, ses frères chantaient et lui-même relayait sa mère au piano pour les accompagner. Tous excellaient dans le mime et rivalisaient dans un numéro de zigzag et de bourdonnement d'abeille digne de Jacques Tati.

Alec n'avait, en revanche, aucun goût pour les études, sauf pour les sciences naturelles et la récitation. Il aimait se coucher dans la lande au milieu des bruyères pour rêver, observer les nuages et le vol des oiseaux. Ou écouter vibrer les fils des clôtures.

Supportant mal le caractère autoritaire de son père, il préféra quitter Édimbourg à quinze ans et aller habiter à Londres chez son grand père paternel, un homme à la présence imposante et à la voix superbe. Ancien cordonnier, il était monté sur les planches avant de redescendre au rang de souffleur – l'indispensable et honorable métier de souffleur, disait-il –, après un éphémère succès de théâtre. Ce petit rôle lui avait donné l'idée d'enseigner la diction aux gosses de riches et, de fil en aiguille, il était devenu excellent orthophoniste capable même de guérir le bégaiement. L'aïeul, qui était tolérant, ne demandait à son petit-fils aucun compte de ses actes. Le soir, le vieillard et l'adolescent lisaient ensemble Shakespeare et s'exerçaient à déclamer. Cette année de vie commune en fit de vrais complices. Alec devint un jeune homme digne et réfléchi, toujours vêtu en gentleman, jaquette, gants de chevreau, canne et haut-deforme. À l'occasion, il faisait bonne figure à la table de célébrités.

En 1865, à la mort de ce grand-père exemplaire, Alec retourna en Écosse. Son esprit indépendant se heurta à nouveau à son père. Melville ne comprenait pas que ses fils étaient devenus de vrais jeunes gens, il s'offusquait de les voir se cabrer devant ses manières directives. Au retour d'une visite chez un savant qui leur avait montré un automate imitant bien la voix humaine, il leur lança :

« Essayez donc de construire vous-mêmes un automate parleur ; ça, au moins, ce serait utile ! »

Alec et son frère aîné Melly relevèrent le défi. Ils cherchèrent dans tous les manuels comment était constitué et de quelle manière fonctionnait chacun des organes de la parole. Faute de détails sur le larynx, ils sacrifièrent d'abord leur chat, puis achetèrent à un boucher un larynx de veau afin d'en étudier l'anatomie. Alec modela un crâne en gutta-percha, des joues et des lèvres en caoutchouc, une langue avec un puzzle de morceaux de bois rembourrés de coton. Pour les poumons, les garçons pensaient se servir de soufflets d'orgue, mais ils durent se contenter de souffler dans un entonnoir et un tuyau de fer-blanc. Pour le larynx, deux lamelles de caoutchouc actionnées par un levier firent l'affaire. Pris au jeu, leur père les stimulait par ses éloges, ses questions, ses suggestions et la promesse d'une récompense.

À force de manœuvrer les lèvres, le palais et les petites sections de langue, les deux frères réussirent à produire un « a » et un « o », puis tout un charabia. Un jour, leur machine finit par crier « Maman ! » et, à leur grande fierté, un voisin de palier ouvrit sa porte pour demander :

« Qu'est-ce qui arrive au bébé ? »

La légende veut qu'Alec et Melly aient récupéré un chien abandonné, aussitôt baptisé Found (Trouvé) et qu'à force de lui manipuler la langue et de le dresser, ils soient arrivés à lui faire prononcer « o » et « a » et même « Comment allez-vous, grand-mama ? »

Alec rêvait d'indépendance. Il pensa un moment s'engager comme mousse sur un bateau en partance pour le tour du monde, mais il accepta enfin un poste de professeur de musique et d'élocution dans un pensionnat de jeunes gens, à Elgin, sur la côte nord de l'Écosse. Grand, un air sérieux encore souligné par ses yeux et ses cheveux noirs, équilibré, il paraissait beaucoup plus que ses dix-huit ans et se garda bien d'avouer à ses élèves qu'il était plus jeune qu'eux. Sa voix grave, claire, persuasive, faisait impression et il n'avait pas son pareil pour montrer où mettre l'accent, l'intonation.

Après Elgin, Alec fut nommé professeur à Bath, la ville d'eau la plus chic d'Angleterre, puis à Londres, où il fut chargé d'instruire les enfants sourds.

Tout en enseignant, il compléta sa formation en suivant des cours d'anatomie et en assistant à des opérations chirurgicales de la face. Il se mit aussi à l'électricité, apprit à se servir de batteries, d'électroaimants et installa un télégraphe entre sa maison et celle d'un ami.

Un événement familial allait décider de sa vocation : l'invention par son père d'une méthode révolutionnaire d'éducation de sourds-muets, la méthode orale. Les sourds de naissance et ceux touchés dès la petite enfance, faute d'avoir jamais entendu une voix humaine, couinent et ne parviennent à se faire comprendre qu'en mimant les choses et les mots avec les doigts, c'est le langage des signes. Melville Bell avait longtemps étudié la position des lèvres, de la gorge et de la langue en regardant attentivement parler les « bien-entendants ». En 1867, son livre *Visible Speech* (*Le Langage visible*), une sorte d'alphabet phonétique universel avec trente-quatre caractères, fit sensation.

Chaque caractère indiquait comment prononcer un son. Les consonnes étaient représentées par un fer à cheval ouvert soit vers le haut ou le bas, soit vers la droite ou la gauche ; les voyelles, par des combinaisons de bâtons ; d'autres signes indiquaient l'action de sucer ou de nasiller. Méthode, certes plus difficile que de mimer simplement avec les doigts, mais permettant un vocabulaire plus étendu et l'expression d'idées abstraites.

Enthousiasmé, Alec prit quatre élèves de six à huit ans, Lotty, Mina, Kate et Nelly. Il dessina au tableau noir un visage de profil et l'intérieur de la bouche, puis en effaça les contours, ne laissant que les lèvres, la glotte, l'avant et l'arrière de la langue ; en regard, il inscrivit les caractères correspondants de l'alphabet du *Visible Speech*. Les fillettes surent tout de suite indiquer la partie de leur bouche représentée par chaque caractère. Dès la fin de la leçon, elles avaient appris une douzaine de sons ; à la fin de la sixième leçon, Kate savait prononcer : « Maman, je t'aime ».

En 1870, Alec et Melly tombèrent malades ; dans un moment de ferveur, ils se promirent que celui des deux qui mourrait le premier essaierait de communiquer depuis l'au-delà avec l'autre. Melly mourut en effet, emporté par la tuberculose – maladie presque toujours mortelle à l'époque. La famille décida alors d'émigrer au Canada pour profiter de l'espace et de l'air vivifiant du Nouveau Monde ; là au moins, Alec se referait une santé.

Au cours de la traversée, toutes les conversations roulaient sur la guerre que la France venait de déclarer à la Prusse. Chacun soupesait les chances des adversaires, on ouvrait des paris. Fuyant ces bavardages, Alec se réfugia dans la lecture des *Sensations du son*, où Helmholtz expliquait comment, au moyen d'électroaimants, il entretenait la vibration des diapasons et en réglait la hauteur. Ce livre donna à Bell l'idée de transmettre la musique sur fil électrique ; il n'avait alors que vingt-trois ans.

En août 1870, la famille s'installa à Brantford, Ontario, dans une jolie maison avec une serre, une étable et un atelier. Au bout du jardin, une falaise dominait un méandre du Saint-Laurent

Quelques mois plus tard, Bell prit un poste de professeur à la Clarke School, une école pour sourds-muets des environs de Boston. Un homme d'affaires entreprenant, Gardiner Greene Hubbard, avocat en propriété industrielle et promoteur de services publics – écoles, tramways, réseaux d'eau et d'éclairage au gaz –, parrainait l'institution. Hubbard avait une fille de quinze ans, Mabel, devenue sourde à l'âge de cinq ans des suites d'une scarlatine. Elle avait appris le langage des signes. Comme l'adolescente était intelligente et persévérante, son père chargea Bell de lui enseigner la méthode orale. Le jeune maître s'intéressa tant à son élève qu'il en tomba amoureux.

À la Clarke School, Bell avait une trentaine d'élèves, garçons et filles, auxquels il donnait cours collectifs et leçons particulières. Il leur racontait de courtes histoires que les enfants déchiffraient en l'observant remuer les lèvres. Bell avait un élève préféré, Georgie Sanders ; pour le faire progresser, il l'habituait à répéter les légendes inscrites sous les images de ces histoires. Le jeune professeur obtint avec son élève des résultats si étonnants que l'université créa pour lui une chaire de physiologie de la voix. Déjà il rêvait de former d'autres moniteurs. Et d'ouvrir dans toutes les grandes villes des États-Unis des écoles qui dispenseraient aux sourds-muets la méthode orale.

Boston était alors le berceau de l'industrie américaine. Nulle part ailleurs, Bell n'aurait pu rencontrer environnement plus favorable à la recherche et à la pratique des techniques. Il pouvait suivre à l'université des cours sur la propagation ondulatoire des sons et de la lumière. Ou bricoler dans l'atelier d'un électricien de Boston, Charles Williams, qui fabriquait pour des chercheurs des équipements sur commande. Un jour, Bell, qui auscultait une oreille de cadavre, eut l'idée de la graisser à la glycérine et d'attacher aux osselets des tiges de foin et une plaque de verre enduite de noir de fumée. En parlant avec un tuyau dans le creux de cette oreille macabre, il parvint à observer des traces d'ondulations sur le verre.

Pour améliorer la rentabilité de son réseau de télégraphe, la *Western Union Telegraph* cherchait à expédier simultanément plusieurs dépêches sur la même ligne. Un Américain, Stearns, proposait de faire passer sur un seul conducteur deux messages en sens inverse.

Bell préféra s'inspirer du télégraphe harmonique de l'Allemand Reis, qui transmettait à distance le ton d'une mélodie. Une fine membrane fixée à une lame de platine recevait des bruits amplifiés par un porte-voix et provoquait des micro-interruptions de courant électrique. L'extrémité de la ligne, enroulée sur une aiguille en acier pour former électroaimant, transmettait à une caisse de résonance les vibrations dues à ces interruptions. La hauteur de ton n'étant qu'une des composantes de la voix, il restait à en reproduire le timbre et l'intensité.

Pour l'heure, le problème n'était pas de transmettre la voix, mais de perfectionner le télégraphe. Deux sujets plus liés qu'il ne paraissait à première vue. Un piano, par exemple, pouvait faire écho à la voix ou à un autre piano, comme Bell avait pu en faire l'expérience : en libérant la pédale et en chantant devant le clavier, il arrivait à sélectionner la corde accordée au timbre de sa voix et à rendre les autres silencieuses. Se fondant sur ces observations, Bell se relia par fil électrique à l'appartement voisin. Puis il connecta une batterie de diapasons de fréquences différentes à chaque extrémité de la ligne. Un électroaimant transmettait la vibration sonore à la ligne sous forme d'impulsions électriques. À l'autre bout, un autre électroaimant exécutait l'opération inverse et reconstituait le son à partir de l'impulsion.

Bell continuait de chercher à améliorer l'expérience, modifiant ceci ou cela. Il remplaça les diapasons par des trompettes, puis par des cornets porte-voix montés à l'envers, de façon à concentrer sur une membrane les vibrations sonores. En se débattant avec les piles, les diapasons, les électroaimants, il était moins habile qu'au piano. Les nuits d'insomnie, il entendait des bruits imaginaires. Peu à peu il eut une intuition : au lieu de créer une succession de contacts ouverts ou fermés, tout ou rien, faire varier graduellement le flux magnétique. Moduler l'intensité du courant électrique en faisant vibrer la membrane. Du coup, on reconstituerait non seulement la hauteur, mais aussi l'intensité et le timbre de la voix.

Craignant de passer pour fou, le jeune chercheur n'osait parler de son idée. Finalement, il se confia à Thomas Sanders et à Gardiner Hubbard, les pères de deux de ses élèves sourds-muets :

« Si je réussis à faire varier l'intensité du courant comme les oscillations d'un pendule font varier la densité de l'air, je pourrai télégraphier n'importe quel son. Même la voix. J'enverrai simultanément sur le même fil différentes hauteurs de son. Je les déchiffrerai avec des récepteurs accordés. Sur un seul fil, ce n'est pas deux messages, ni quatre, que nous acheminerons à la fois, mais six ou huit. Mon télégraphe musical enverra sur un fil autant de messages qu'il y a de notes sur un piano. »

Bell avait l'enthousiasme communicatif. Il savait faire partager ses convictions. D'autant qu'Hubbard avait des comptes à régler avec Orton, le président de la *Western Union*. Six ans plus tôt, il avait tenté de briser son quasi-monopole et de lui faire concurrence en s'alliant avec le Service fédéral des Postes. Son projet à l'époque ? Rien moins qu'une Compagnie des télégraphes postaux. Orton avait réussi à tout faire capoter. Entre Hubbard et la *Western Union*, c'était la guerre ouverte. Croyant tenir sa revanche, Hubbard consentit à Bell des avances, mais il y mit deux conditions :

« Ne vous dispersez pas et prenez un assistant, un bon

technicien : Thomas Watson, par exemple, vous savez, le meilleur ouvrier de Charles Williams. »

Marché conclu : Hubbard, Sanders et Bell créèrent l'*Association des brevets Bell* ; Bell et Watson purent installer un petit laboratoire chez la mère de Sanders.

Quelques mois plus tard, le 2 juin 1875 très exactement, un des ressorts que Watson surveillait se colla par hasard contre un des pôles de son électroaimant. Le courant se mit à circuler continuellement sur la ligne. En le dégageant d'une pichenette, Watson provoqua une variation d'intensité du courant. Du coup, le ressort du récepteur que Bell observait à l'autre extrémité de la ligne, deux pièces plus loin, agit comme un diaphragme et produisit un bruit curieux. Bell accourut se rendre compte de la position du ressort de l'émetteur. Le lendemain il réussit à transmettre des sons, peu intelligibles certes, mais ressemblant à la voix. L'expérience prouvait que toutes les composantes du son – hauteur, intensité, timbre – pouvaient être reproduites par une simple ondulation électrique.

Tout en poursuivant ses recherches avec Watson, Bell se battait sur plusieurs fronts. L'argent, d'abord : il fallut céder à Hubbard et Sanders une bonne partie de ses droits sur ses futurs brevets américains. Les lignes télégraphiques ensuite, pour expérimenter ce nouveau télégraphe harmonique : Orton lui avait promis de lui prêter une de celles de la *Western Union*, mais en apprenant ses liens avec Hubbard, il rompit les ponts.

En outre, contrairement aux recommandations de ses associés, Bell semblait se disperser : il se sentait obligé de donner encore des leçons à ses jeunes sourds et surtout, il faisait une cour assidue à Mabel Hubbard. Le jour des dix-huit ans de la jeune fille, ils annoncèrent leurs fiançailles.

Après neuf mois de recherches et d'essais, Bell et Watson allaient établir la première communication téléphonique de l'histoire. Le 10 mars 1876, Watson entendit grésiller le récepteur posé sur la table. Le plaquant à son oreille, il reconnut, stupéfait, la voix de son ami articuler quelque chose comme :

« Mr Watson, venez dans mon bureau, je veux vous voir. »

C'était bien Bell. Il avait renversé un peu d'acide sur ses vêtements et appelait à l'aide.

En voyant entrer Watson, Bell explosa de joie :

« Mr Watson, qu'avez-vous entendu ?

– Vous avez dit « Mr Watson, venez, je veux vous voir. » »

Bell comprit aussitôt. Ils venaient de faire une découverte, une grande découverte, capable d'arracher l'homme à la solitude. Simple pressentiment ? Pour en avoir le cœur net, il courut jusqu'à la pièce d'où venait Watson, mais prit soin de refermer chacune des trois portes sur son passage. Puis il prit le récepteur et, à son tour, il entendit Watson :

« Mr Bell, comprenez-vous ce que je vous dis ? »

C'était le bonheur.

« C'est pour moi un grand jour, écrivit-il aussitôt à sa bien-aimée. J'ai l'impression d'avoir enfin trouvé la solution à un vaste problème. Un jour, on posera sur les maisons des fils télégraphiques exactement comme des tuyaux d'eau ou de gaz et l'on pourra parler au loin tout en restant chez soi. Devant l'immensité de l'horizon ouvert devant moi, je suis comme le marin qui s'aventure le premier sur une mer inconnue. Je ne sais de quel côté me diriger. »

Bell s'était toujours gardé de dévoiler son invention, de peur de mettre la puce à l'oreille d'éventuels concurrents. Depuis le commencement de ses travaux, il fabriquait lui-même ses équipements et verrouillait soigneusement le coffret de son établi quand il n'y travaillait pas. Néanmoins, pour se réserver, en cas de malheur, un moyen de prouver son antériorité, il envoyait régulièrement à Hubbard et Sanders des rapports d'essais qu'il prenait soin de dater. Le projet étant désormais suffisamment avancé, Hubbard déposa au nom de son futur gendre un brevet intitulé *Perfectionnements du télégraphe*, mais qui portait en réalité sur le courant ondulatoire et son application au téléphone. C'était à Washington, le 14 mars 1876 au matin. Il était grand temps : deux heures plus tard, par une extraordinaire coïncidence, un certain Elisha Gray venait demander à ce même bureau un *caveat* – une mesure préliminaire de protection – pour une invention presque identique. Ce Gray, un électricien réputé de Chicago, n'était pas plus au courant des travaux de Bell que Bell au courant des siens.

Le tout premier téléphone de Bell se composait de deux petits appareils identiques. Reliés par un fil électrique, ils servaient indifféremment de récepteur ou d'émetteur, selon qu'on plaçait le cornet à l'oreille ou devant la bouche. Pour se faire entendre, on criait – plutôt qu'on ne parlait – à travers un tronc de cône qui concentrait la voix et faisait vibrer une membrane vissée à une mince lamelle de ferblanc. Une extrémité de la lamelle, laissée libre, était reliée à un fil de platine. Celui-ci ouvrait ou fermait un contact à l'aide d'un barreau de cuivre recouvert de soie et bobiné avec de nombreuses spirales. Les vibrations sonores modifiaient la charge magnétique de la bobine. Elles induisaient un courant qui se propageait jusqu'à la bobine de l'autre appareil, lequel faisait alors office de récepteur. Le courant, en modifiant le champ magnétique de ce deuxième électroaimant, faisait vibrer la lamelle associée, alternativement attirée et repoussée.

Ainsi, les vibrations du récepteur reproduisaient dans le même ordre, avec la même vitesse et des intensités correspondantes, celles de l'émetteur. Et réciproquement. Cependant, le courant d'induction produit par la voix était trop faible pour communiquer au-delà de quelques centaines de mètres. Une transmission plus éloignée nécessitait le branchement d'une batterie entre un appareil et la terre.

L'invention protégée, il restait à la faire connaître. Bell, matériel en main, fit le tour des sociétés savantes, l'Académie américaine des arts et des sciences, le Massachusetts Institute of Technology. Chaque fois, même démarche : il installait deux téléphones dans des bâtiments voisins et les faisait communiquer. Les voyelles « passaient » plutôt bien, mais pour les consonnes, c'était une autre histoire ! Enfin, de temps à autre, on parvenait à saisir une phrase complète.

La révélation, ce fut l'exposition organisée à Philadelphie pour le centenaire de la Déclaration d'Indépendance des États-Unis. Locomotives, machines agricoles et freins pneumatiques pour trains voisinaient avec les télégraphes automatiques et multiplex d'Edison. Le dimanche 25 juin 1876, jour de fermeture hebdomadaire en ce pays puritain, convenait bien pour examiner en petit comité les tout derniers équipements acoustiques loin du brouhaha des jours d'ouverture au public. On choisit donc cette date pour inviter Dom Pedro II du Brésil. L'empereur arriva escorté d'une cinquantaine de dames d'honneur, d'officiers d'ordonnance et de savants, parmi lesquels sir William Thomson, le futur lord Kelvin. Le cortège resta une bonne heure sur le stand d'Elisha Gray, qui exposait un télégraphe musical. Il régnait une chaleur étouffante. Chacun n'avait qu'une hâte : quitter l'exposition. Désespérant de voir Dom Pedro s'approcher de son stand, Bell rejoignit tout le monde sur celui de Gray.

Le hasard fit bien les choses. Le souverain, un grand barbu sympathique, avait déjà eu l'occasion de rencontrer

Bell lors d'une visite à une école de sourds-muets ; impressionné par sa méthode, il lui avait demandé un exemplaire du *Visible Speech*. Dans la foule qui se pressait autour de lui, il reconnut l'abondante chevelure noire de Bell, son front bombé, ses yeux lumineux, magnétiques. Il s'avança aussitôt pour lui serrer la main. Bell sauta sur l'occasion. De sa voix charmeuse, pleine d'émotion, il invita l'empereur à venir voir son télégraphe harmonique. Infatigable malgré la canicule, Dom Pedro le suivit. Chacun leur emboîta le pas. Chemin faisant, Bell expliquait sa théorie ondulatoire et le principe de son invention. Sur place, Willie Hubbard, un cousin de Mabel, passa un téléphone à sir William, tandis que Bell se hâtait vers le fond de la galerie, où il en avait disposé un second. Au signal, sir William prit le récepteur. Soudain, il sursauta : après un air de musique, il venait d'entendre distinctement ces mots :

« Comprenez-vous ce que je vous dis ? »

C'était magique. Il colla à nouveau le petit cylindre à l'oreille et cria :

« Oui. Et vous, me comprenez-vous ? Où est Mr Bell ? Je veux voir Mr Bell ! »

Le savant reposa l'appareil et courut, plutôt qu'il ne marcha, à la rencontre de Bell au bout de l'allée. Il lui demanda de réciter quelque chose. Puis il se dépêcha de retourner écouter au poste sur le stand.

Bell commença alors à déclamer *Hamlet*. Voyant sir William pétrifié, Dom Pedro lui prit des mains le petit téléphone et reconnut lui aussi la voix de Bell qui récitait « Être ou ne pas être… ». L'empereur n'en revenait pas. Il répéta à la cantonade :

« Ça parle ! Ça parle ! »

Ce fut alors à qui prendrait l'écouteur. Chacun piaffait en attendant son tour, Elisha Gray comme les autres. Ils furent une bonne douzaine à entendre stupéfaits les vers de Shakespeare.

Nullement grisé par ce triomphe, Bell reprit le soir même le train pour Boston, où il devait examiner le lendemain plusieurs candidats à l'enseignement des sourds-muets. Puis il partit en vacances en Ontario, où il s'empressa de relier par téléphone Brantford et Mount Pleasant, distant de huit kilomètres. Tous les habitants de Mount Pleasant envahirent le bureau du télégraphe, follement amusés de reconnaître la voix de tel ou tel habitant de Brantford.

Après l'été, Bell reprit à Boston ses expériences avec Watson, qu'il rémunéra en lui offrant 10 % des parts de l'*Association des brevets Bell*. Ils remplacèrent un à un les principaux composants du téléphone, l'électroaimant, la bobine, les résistances, le diaphragme, le porte-voix, afin de les optimiser. Pour tester les interférences, ils montèrent une dérivation sur le réseau télégraphique municipal de Boston. À l'automne de 1876, ils réussirent à échanger quelques mots sur une ligne privée de trois kilomètres, reliant Boston à Cambridge, puis sur les vingt-deux kilomètres séparant Boston de Salem.

En avril 1877, Charles Williams, l'électricien de Boston chez qui Edison et Bell avaient beaucoup bricolé, ouvrit la première ligne téléphonique de l'histoire, entre son atelier et son domicile. Le mois suivant, cinq banques et magasins de New York se relièrent par téléphone à une société de surveillance. Le premier central de commutation téléphonique fut installé en 1878 à Newhaven, Connecticut, pour desservir vingt et un abonnés privés. C'était bien sûr une commutation manuelle, il fallait une opératrice pour connecter la ligne du demandeur avec celle de l'appelé. Autre difficulté : au-delà d'une certaine distance, compte tenu de la résistance des lignes et faute de répéteurs, il restait impossible de communiquer.

Bien peu de gens pressentaient alors l'avenir du téléphone. « Le téléphone parlant de Bell, écrivait Gray le

1ᵉʳ novembre 1876, est un beau jouet pour scientifiques, mais il n'a aucun intérêt commercial, il n'apporte rien de plus que le télégraphe. »

Bell lui-même s'inquiétait. Comment le public allait-il accueillir son invention ? Où trouver des actionnaires ? Hubbard et Sanders ne risquaient-ils pas de se décourager ? En désespoir de cause, n'allaient-ils pas brader sa belle invention à la *Western Union* ?

Survint alors un sauveur, un certain John Ponton, journaliste à Titusville, une toute petite ville où l'on venait de trouver du pétrole. Cet audacieux proposa à Bell d'introduire le téléphone en Pennsylvanie et d'acheminer les appels à travers un central de commutation, plutôt qu'en reliant les abonnés deux à deux. « Si l'*Association des brevets Bell*, lui dit-il, loue ses téléphones au lieu de les vendre, il lui sera plus facile de lutter contre les contrefaçons. »

Hubbard approuva. La *McKay Shoe Machinery Company*, dont il était l'avocat, avait fait d'excellentes affaires en louant ses machines moyennant une redevance sur chaque paire de souliers fabriqués. L'*Association des brevets Bell* louerait à des concessionnaires régionaux, et à John Ponton pour commencer, des téléphones dont elle soustraiterait la fabrication à Charles Williams, à Boston.

Le 9 juillet 1877, lorsque l'*Association des brevets Bell* se transforma en *Bell Telephone Company*, le monde ne comptait encore que deux cents téléphones en service. Ce jour-là, on transféra le petit laboratoire de Boston dans des locaux plus vastes ; en le démontant, Watson prit soin de conserver pieusement un fil électrique qu'il munit d'une étiquette portant cette inscription : *Ce fil connectait les chambres 13 et 15 de l'immeuble 5, Exeter Place, à Boston. Il a été utilisé pour toutes les expérimentations qui*

*ont permis de développer le téléphone, de l'automne 1875
à l'été 1877, date d'achèvement du téléphone prototype.*

Deux jours plus tard, Alexander Graham Bell épousait
Mabel Hubbard et partait en voyage de noces en Angleterre.
Pendant la traversée, le jeune marié trouva le temps d'installer le téléphone à bord, pour la plus grande joie des passagers, d'animer au piano les soirées dansantes, d'emprunter
le livre de navigation du commandant et d'y dessiner les
plans d'un nouveau gouvernail. Alexander avait hâte de
montrer à sa femme les lieux de son enfance, Édimbourg,
Elgin où ils passèrent une semaine dans une maison de
pêcheur, Bath et Londres. Le couple resta un an en Grande-
Bretagne ; Bell gagnait sa vie en donnant des conférences
sur le téléphone et sur le langage des sourds-muets.

Le jeune inventeur avait horreur des affaires. À sa
femme, il fit cadeau, le jour de son mariage, de ses actions
de la *Bell Telephone*. À sa famille, il distribua ses droits à
l'étranger comme Napoléon partageait les royaumes entre
ses frères et sœurs : à son père, Bell offrit ses droits sur le
Canada, à sa belle-mère, ceux sur la Scandinavie et à sa
belle-sœur, ceux sur l'Italie.
Par chance, il disposait en Sanders, Hubbard et Watson
d'associés compétents et loyaux. Il leur confia ses intérêts et
ce furent eux qui assurèrent le lancement de la *Bell Telephone Company*.
Gardiner Hubbard, son beau-père, était un optimiste, résolument tourné vers l'avenir. Son projet de téléphones postaux
lui avait permis de conserver le titre d'inspecteur général du
Service des Postes, qui lui permettait d'effectuer de nombreux déplacements à travers les États-Unis. Il en profita
pour créer un peu partout des compagnies de téléphone. Au
besoin, il débauchait les meilleurs éléments du Service des
Postes pour les placer à leur tête. Dès qu'il traitait avec un

nouveau concessionnaire, Hubbard donnait en location le matériel contre une redevance indexée sur les factures de communications. À Sanders de se débrouiller pour payer Williams, le constructeur des équipements. Pour soutenir la trésorerie de la *Bell Telephone Company*, le malheureux Sanders consentait avance sur avance, mais à ce train d'enfer sa fortune personnelle ne résistait pas. Bientôt, il ne vit plus qu'une seule solution : rechercher de nouveaux actionnaires, ouvrir le capital au public par une émission d'actions. Cela ne se fit pas sans mal et la *Bell Telephone Company*, avant de devenir un géant de l'industrie américaine, échappa de justesse à la faillite.

Watson, resté à Boston, formait les concessionnaires et surveillait la production du matériel. Il étudiait aussi les améliorations. À l'époque des tout premiers téléphones, on criait dans le porte-voix, puis on se dépêchait de le retourner pour entendre la réponse. Watson sépara l'écouteur de l'émetteur et les relia par un cordon. Lorsqu'on attendait un appel, on devait garder l'écouteur à l'oreille jusqu'à sa réception ; alors Watson imagina de signaler les appels par une sonnerie. Et, comme les usagers oubliaient de débrancher à la fin de la conversation, il ajouta un crochet pour suspendre l'écouteur au mur.

Pas plus que son état-major de la *Western Union*, Orton ne croyait au téléphone ; mais il vouait à Hubbard une rancune tenace et cherchait à le ruiner pour l'empêcher de revenir en force sur le marché du télégraphe. Tous les moyens lui paraissaient bons : mettre en difficulté les concessionnaires de la *Bell Telephone Company* en cassant le prix des communications, racheter les brevets des inventeurs, tels Gray ou Edison, et les payer pour l'aider à tourner les brevets Bell. C'était compter sans l'opiniâtreté d'Alexander Graham Bell. Devant la nuée de détracteurs qui l'accusaient de plagiat, il eut d'abord la nausée, mais ne tarda pas à se ressaisir. Libéré par ses associés de ses tâches opération-nelles, il rédigea un historique de quatre cent quarante-cinq pages pour défendre l'antériorité de son invention et gagna plus de six cents procès. Finalement, il obligea Orton à accepter une transaction avantageuse pour la *Bell*. La *Western Union* se retirait du marché du téléphone et, pour la forme, la *Bell Telephone* s'interdisait de s'occuper du télégraphe. La *Western Union* cédait à la *Bell Telephone* tous ses perfectionnements en téléphonie, ses centraux et ses abonnés ; en échange, la *Bell Telephone* s'engageait à lui verser pendant dix-sept ans 20 % de ses recettes de location de téléphone.

Cependant, après un premier engouement, comme si Orton avait eu raison, le téléphone sembla passer de mode. Déjà Bell avait l'esprit ailleurs. « J'ai un mari incroyable, écrivait Mabel. Sa tête est pleine d'un nombre ahurissant de projets… En regardant voler les mouettes, il imagine des machines volantes équipées de téléphones et de torpilles. Tous les quarts d'heure, il change la forme de sa machine volante. Puis il grimpe sur les rochers et échafaude des théories sur l'origine des falaises et des grottes. En rentrant à la maison, il jette à l'eau des morceaux de sucre pour regarder se former les bulles. »

Sa belle-mère renchérissait, non sans agacement :

« Vous avez l'esprit si fertile que vous êtes toujours dis-trait par la dernière idée venue. Vous n'arriverez jamais à rien comme cela. Quand vous serez riche, vous ferez ce que vous voudrez. Jusque-là, tâchez de vous concentrer. »

Riche, Bell allait le devenir lorsque la *Bell Telephone* et sa filiale industrielle, la *Western Electric*, créèrent la puis-sante *American Telegraph and Telephone* contrôlant vingt et une compagnies régionales. Pas aussi fortuné que

Rockefeller, Gould ou Carnegie, mais tout de même riche à millions de dollars. Cependant, l'ascension ne se fit pas en un seul jour et, et en 1879, la *Bell Telephone*, en mal de trésorerie, dut même fusionner avec un de ses concessionnaires, la *New England Telephone Company*. On nomma un nouveau président, un financier, et Bell demanda à quitter le comité exécutif. « Je me suis tellement détaché du téléphone, disait-il, que j'en arrive à me demander si je l'ai réellement inventé ou si c'est quelqu'un d'autre dont j'ai entendu parler. »

En réalité, la vraie passion de Bell, c'étaient les enfants sourds. À les voir enfermés à vie dans la solitude comme dans une prison, incapables d'exprimer ni de recevoir amour ou amitié, leur sort lui paraissait terriblement injuste. Les enfants d'une école qu'il avait coutume de visiter le prirent un jour pour le père Noël. Alors, il leur raconta comment il marchait sur les toits. Devant leur étonnement qu'un aussi gros bonhomme puisse passer par une cheminée, il leur apprit le verbe « se serrer ». Un mot dont ils devaient se souvenir longtemps.

Pour qu'ils ne soient plus coupés de leur famille, il créa des externats mixtes où ils étaient mêlés aux autres enfants et jouaient avec eux à l'heure de la récréation. Dans les salles de classe, il remplaça les rangées de pupitres par des tables basses autour desquelles tous pouvaient s'asseoir et communiquer. Aux murs, il fit accrocher des objets usuels accompagnés d'une légende à la fois en clair et en phonétique. Un type d'école que Bell, pendant trente ans, allait inlassablement promouvoir par des tournées de conférences dans toute l'Amérique.

La réussite de son propre couple, le spectacle de Mabel qui savait si bien lire sur les lèvres et articuler, l'encourageait à en faire toujours davantage. Aussi se rendait-il toujours disponible aux enfants sourds et à leurs parents. Helen

Keller, la petite prodige aveugle et sourde-muette, le considérait comme son propre père. Il lui fit découvrir l'odeur des pins et de l'océan, il lui écrivit en braille, l'initia aux sciences et l'aida à satisfaire son rêve le plus cher : aller à l'école avec des enfants sans problèmes. Helen Keller dédia à Bell l'histoire de sa vie : « Vous m'avez tenu par la main dans l'obscurité. Quand tout le monde désespérait, vous m'avez encouragée. Vous avez toujours montré une joie paternelle devant mes réussites. Et une tendresse paternelle quand ça allait mal. »

Bell multipliait les enquêtes sur les sourds, sur leur propension à se marier entre eux et les risques de transmission héréditaire. Pour ses recherches statistiques, il exploita méthodiquement les archives d'un siècle et demi de recensements. Passionné de génétique, il étudia les phénomènes de surdité chez les chats blancs à yeux bleus et la reproduction sélective des moutons. Constatant que les brebis qui avaient davantage de mamelles avaient tendance à faire des agneaux jumeaux, il construisit une bergerie géante, Moutonville ; il la dota d'instruments de mesure de son invention, et y multiplia les expériences pendant vingt-quatre ans.

Une découverte en amenait une autre. Mais jamais il ne perdait de vue son objectif essentiel, sa vocation : l'aide aux malentendants. Bell voulait seulement les avertir, chiffres en main, des menaces pour leur descendance, et, grâce à la fréquentation d'écoles mixtes, les orienter vers des mariages avec des « bien-entendants ».

Cherchant à déceler des défauts d'audition chez des enfants pris parfois à tort pour des sots ou des élèves inattentifs, Bell mit au point un test d'acuité auditive, l'audiomètre ; et le monde entier donna son nom à l'unité de mesure d'intensité sonore, le décibel.

« Je suis plus utile comme professeur de sourds que je ne le serai jamais comme électricien », répétait-il avec une incroyable modestie. Et il ajoutait : « L'invention, c'est dur, ça demande du travail, mais c'est aussi mon plaisir. Tandis que professeur de sourds, c'est mon métier. »

Éducateur et musicien, Bell n'était pas homme à se laisser dévorer comme Edison par la frénésie de la recherche. La vie de famille, la nature, la culture générale comptaient beaucoup pour lui. À trente-trois ans, au sommet de sa renommée, il prit une semi-retraite et se plongea dans la lecture de l'*Encyclopaedia Britannica*, de A à Z. Des rivaux profitèrent de ce répit pour perfectionner à sa place son téléphone.

Les choses changèrent lorsque le gouvernement français décerna à Bell le prix Volta, une récompense très rare, instituée par Napoléon Ier pour une découverte en électricité et dotée de 50 000 francs-or. Il créa alors, comme Edison, un laboratoire privé de recherches, le Volta Laboratory, un modèle réduit de Menlo Park.

Il fit venir d'Angleterre un de ses cousins, Chichester Bell, qui était professeur de chimie, et embaucha un jeune technicien, Charles Tainter. Dès lors, il se mit à jouer à saute-mouton avec Edison : son rival l'avait rattrapé et dépassé dans la course au téléphone, Bell allait le rattraper puis le dépasser dans la course au phonographe.

Bell n'avait pas vu que l'ondulation électrique du téléphone pouvait être remplacée par un tracé mécanique sur un support plastique animé d'un mouvement de translation. L'idée de transformer le téléphone en machine parlante ne lui était pas venue. « Je suis atterré, disait – il à son beau-père, d'avoir laissé cette invention du phonographe me glisser entre les doigts. Depuis plusieurs années que je travaillais sur un sujet si proche ! J'aurais dû y penser. »

Cependant, le phonographe d'Edison ne pouvait enregistrer que pendant une ou deux minutes et la qualité du son se dégradait au bout de deux ou trois lectures. Bell demanda à son équipe de l'améliorer. Tainter eut l'idée de remplacer la feuille d'étain d'Edison et de Batchelor par une couche de cire et de paraffine coulée sur un cylindre de carton. Dans cette couche, le stylet enregistreur, comme le soc d'une charrue, creusait et rejetait la cire hors du sillon. À l'écriture, cela résistait bien, mais pas à la lecture. Comment lire un tracé si malléable ? Le passage d'un stylet de lecture le détruirait à coup sûr. Alors, il essaya divers moyens de lire sans contact métallique direct, par exemple un jet d'air comprimé ou un champ magnétique. Finalement, il fit breveter une pointe qui maintenait sur le cylindre une pression légère et régulière, indépendamment des irrégularités de surface.

Edison avait perfectionné le téléphone en utilisant le principe de la résistance variable. Bell crut tenir sa revanche avec le sélénium, un corps dont la résistance électrique varie selon l'intensité de la lumière reçue. Tainter l'aida à mettre au point un photophone, qui devait permettre la transmission à distance d'une conversation en modulant un rayon lumineux. L'appareil intégrait une cellule de sélénium dans un circuit téléphonique. Un miroir réfléchissait le rayon de soleil qui tombait sur la cellule par un système de lentilles. La voix, en faisant vibrer la surface du miroir et l'intensité du rayon lumineux, créait le courant ondulatoire nécessaire pour transmettre la parole. Ce photophone ne fut jamais qu'un appareil de laboratoire.

En 1881, Bell fit à nouveau sensation. Un forcené avait tiré une balle dans le dos de James Garfield, le président des États-Unis ; plusieurs médecins avaient vainement tenté de la localiser en plongeant les doigts dans la blessure. Sans se laver les mains. L'état de santé de la victime, stationnaire plus d'une semaine, s'aggrava brusquement. Bell bricola alors un détecteur magnétique avec une balance d'induction et un écouteur de téléphone. En laboratoire, ce système détectait les objets métalliques ; malheureusement, sur le corps du Président, l'appareil ne produisit que des sons diffus. Personne n'avait pensé que la victime était étendue sur un matelas à ressorts. Garfield succomba bientôt à l'infection. Ce type de détecteur allait néanmoins être utilisé avec succès pendant la guerre des Boers, et ce, jusqu'à l'invention de la radiographie. Idée plus farfelue, Bell bobina un jour sa tête et celle de son cousin avec du fil électrique, afin de voir si cela facilitait la transmission de pensée !

Bell avait sans cesse l'esprit en éveil. En mer, il réfléchissait aux moyens de sonder la profondeur de l'eau. Tantôt il provoquait des explosions, tantôt il immergeait une corne de brume pour mesurer le temps de remontée de l'écho. Ou bien, songeant aux naufragés assoiffés, il imaginait pour les canots de sauvetage des soufflets actionnés par les vagues, afin de pomper les gouttelettes de brouillard et de récolter de l'eau douce.

Pendant les dîners en famille, Bell aimait raconter des histoires et envoyer un enfant chercher un renseignement dans une encyclopédie. En sortant de table, la fantaisie reprenant le dessus, il se mettait au piano ou chantait une ballade écossaise. Ses petits-enfants s'endormaient la porte ouverte en rêvant à sa musique. Puis il se retirait dans son bureau pour réfléchir et écrire jusqu'à trois ou quatre heures du matin, dans le silence de la nuit, ce même silence où sa femme vivait nuit et jour.

Au fil des ans, il semblait avoir renoncé aux inventions. Depuis la cinquantaine, il était devenu un gros monsieur à favoris et grande barbe grise, fumant la pipe ou le cigare. Il faisait si bien figure de patriarche qu'on le prenait parfois pour le frère de son père.

Bell passait la moitié de l'année à Washington, occupé à collaborer à *Science* et au *National Geographic*, deux périodiques qu'il avait lancés avec l'aide de son beau-père et d'un de ses gendres. C'était la vogue de Jules Verne, des voyages aux pôles, au fond des mers, en ballon, dans la jungle. Les mercredis soirs, Bell recevait chez lui des scientifiques pour parler volcans, botanique, zoologie, peuples primitifs… En maître de maison accompli, il faisait briller tour à tour chacun de ses hôtes. Pour aider sa femme à suivre la conversation, au salon comme au théâtre, il répétait les paroles des invités ou des acteurs en remuant fortement les lèvres. Mabel, toujours blessée de sa propre infirmité, tolérait mal le dévouement de son mari envers les autres sourds ; alors, pour éviter la discussion, Bell se mettait au piano, parfois accompagné d'un violoniste et d'un violoncelliste.

Cependant, à Washington, il était désormais une figure trop connue ; dès qu'il entrait dans une pièce, on ne voyait plus que lui, les conversations s'arrêtaient. Un jour, le contrôleur du train lui demanda :
« Monsieur, êtes-vous l'inventeur du téléphone ?
– Oui », répondit-il. Alors, le contrôleur :
« – Auriez-vous un téléphone sur vous ? La locomotive vient de tomber en panne et la gare la plus proche se trouve à vingt kilomètres. »

Dès les premiers beaux jours, Bell avait hâte de fuir les grosses chaleurs et les mondanités de la capitale pour se réfugier à Baddeck, dans l'île de Cap-Breton, sur la côte est du Canada. C'est là qu'il passa les plus beaux moments de sa vie. Ses petits-enfants l'entouraient. Il cherchait toujours à leur éveiller l'esprit, à stimuler leur curiosité. Il aimait aussi se promener seul dans les bois ou s'allonger dans une barque, sans autre bruit que le clapotis de l'eau et le vent dans les arbres. Moments choisis pour écrire des contes pour enfants sourds. Ou pour concocter de nouvelles idées, entrevoir le poumon d'acier, le sonar, imaginer des expériences.

Ses carnets se remplissaient sans cesse de réflexions, de projets. Si les essais échouaient, une marche dans la lande, parmi les genêts et les bruyères, suffisait à faire oublier sa déception.

Le vol des oiseaux l'intriguait depuis sa plus tendre enfance. Qu'est-ce donc qui les empêchait de tomber ? Comment pouvaient-ils monter et descendre sans remuer les ailes ? Pourquoi réussissait-on à faire voler des jouets en modèle réduit et pas des aéronefs à échelle humaine ? Un jour, il en était sûr, l'homme s'envolerait. Sujet favori de discussion lorsqu'il recevait à Cap-Breton son ami Samuel Langley, qui avait réussi à faire tourbillonner une hélice actionnée par des jets de vapeur. Ensemble, les deux amis construisirent et catapultèrent à l'aide d'une fusée un engin de cinq mètres d'envergure. Il monta en spirale jusqu'à trente mètres de hauteur, plana sur un kilomètre, puis, à court de vapeur, redescendit doucement comme un gros oiseau blessé et se posa tranquillement sur l'eau.

Après l'éducation des malentendants et des « malparlants », après le téléphone, l'aviation devint la nouvelle passion de Bell. En 1893, deux ans à peine après le premier saut de puce de Clément Ader, il déclarait à un journaliste :

« Le problème de la navigation aérienne sera résolu d'ici dix ans. Ce sera une révolution mondiale dans les moyens de transport et dans l'art de la guerre. »

Paroles prophétiques, dix ans avant le premier vol des frères Wright !

Comme Bell lui expliquait qu'il ne croyait pas aux ballons, mais plutôt à des engins plus lourds que l'air, le journaliste pensa :

« C'est vrai qu'il a inventé le téléphone, c'est sûr qu'il est un visionnaire ; mais il n'est plus tout jeune... Peut-être prend-il ses désirs pour des réalités. Au fond, tout ce qu'il nous dit là n'a aucun sens »

On prenait ses lubies d'aviation pour des histoires à dormir debout, ou plutôt, comme on disait en Amérique, « des histoires de deux Irlandais ».

Bell se mit à fabriquer des paires d'hélices tournant en sens inverse, à remorquer des planeurs, à attacher en chapelets des files de cerfs-volants disparates. Il les photographiait en vol pour voir quelle forme assurait la meilleure stabilité. Avec Helen Keller, il courait dans les prés et s'amusait comme un enfant. Tous deux brûlaient d'enthousiasme, tirés par la ficelle qui les reliait à leurs songes volants. Un matin où on le réveillait pour lui annoncer la naissance d'un petit-fils, il demanda, d'une voix encore endormie :
« Peut-il voler ? »
Sans doute rêvait-il encore à l'un de ses cerfs-volants de soie rouge.

Cependant, traumatisé par la fin tragique de Lilienthal, écrasé dans un trou d'air après deux mille vols en planeur, Bell répétait qu'il ne voulait sacrifier aucune vie humaine à la science. Il ne risquerait pas la vie d'un seul pilote avant d'avoir convenablement maîtrisé la question de la stabilité en vol. La propulsion du plus lourd que l'air, l'élan pour décoller, lui paraissaient des problèmes de second ordre. Au fond, il n'était pas un mécanicien, mais un amoureux de la nature. Il aurait aimé une machine volante suspendue à quelques mètres au-dessus du sol, y monter par une échelle de corde et descendre en douceur en cas de panne moteur.

En 1903, Bell arrêta son choix sur une structure en prismes triangulaires. Il construisit un grand cerf-volant en forme de H, les cinq jambages formés d'une multitude de triangles équilatéraux vides, comme des alvéoles, entourés de minces tubes d'aluminium. C'était léger et cela paraissait aussi stable que possible. Une dérive actionnée par un mécanisme pendulaire corrigeait automatiquement l'angle de vol. Il allait enfin pouvoir embarquer un moteur et faire monter à bord Langley, son intrépide ami.

Encore fallait-il assez de vent pour soulever l'ensemble. Ils attendirent patiemment. L'occasion se présenta le 8 décembre 1903 ; hélas, le cerf-volant tomba à l'eau au bout de quelques centaines de mètres. Langley, aux commandes, sombra dans le ridicule et le désespoir. Le *Boston Herald* lui conseilla de se reconvertir dans les sous-marins, ses « aérodromes », comme il les appelait d'ailleurs à tort, semblant avoir plus d'affinités avec l'eau qu'avec le ciel.

Neuf jours plus tard, les frères Wright réussirent à Kitty Hawk, en Caroline du Nord, le premier vol piloté d'un plus lourd que l'air. Bell fut l'un des rares à prêter attention à cet événement capital de l'histoire de l'aéronautique. Beau joueur, il leur télégraphia ses félicitations. Il ne s'avouait pas battu pour autant, persuadé de se trouver sur la bonne voie, au moins pour ce qui concernait la stabilité.

Pour perfectionner ses idées, les mettre en pratique, il lui manquait un assistant, un excellent technicien, un nouveau Thomas Watson. Il recruta non pas un mais trois jeunes de valeur, Casey Baldwin, expert en calcul des efforts et en résistance des matériaux, Douglas McCurdy et Thomas Selfridge, qui s'y connaissait en navigation. Baldwin connaissait un constructeur de moteurs légers, Glenn Curtiss, un ancien fabricant de vélos et ancien champion de moto ; il réussit à les convaincre de se joindre à eux, et tous les cinq fondèrent l'*Association d'expérimentations aériennes, AEA*.

On décida de perfectionner d'abord le cerf-volant à tétraèdres imaginé par Bell, puis de donner à chaque associé, l'un après l'autre, la chance de construire avec l'aide de toute l'équipe une machine volante de sa propre conception.

En fait, ils firent voler trois « dromes », comme les appelait Bell en souvenir des « aérodromes » de son cher Langley ; il y eut d'abord Drome n° 1 (*Aile rouge*), puis Drome n° 2 (*Aile blanche*), enfin Drome n° 3 (*June bug*).

Le patriarche et ses quatre jeunes associés avaient l'air d'une bande de copains embarqués dans une grande aventure. Tel le capitaine d'une section sportive, Bell analysait les défauts, cherchait les remèdes, suscitait l'enthousiasme. Il photographiait chaque essai en vol : en cas de litige sur un brevet, cela pourrait se révéler utile. Le financement, bien sûr, restait son affaire, il supportait seul tous les frais ; les dividendes du téléphone payaient pour l'aviation.

Selfridge fut le premier à s'élancer à bord du cerf-volant ; il prit place dans un trou ménagé au centre d'un assemblage de trois mille quatre cents cellules drapées de soie rouge. Pendant sept minutes, il plana à cinquante mètres d'altitude puis, comme Langley, il s'écrasa sur l'eau lorsque le vent faiblit. Quand ce fut son tour de faire valoir ses idées, Selfridge préféra construire un biplan. Pour l'aider à rétablir l'équilibre en vol, Bell imagina un dispositif télécommandé depuis l'épaule, qui orientait de petits volets articulés à l'extrémité des ailes ; sans le savoir, il avait réinventé l'aileron.

Curtiss fut le plus chanceux de la bande ; il réussit le 4 juillet 1908 un vol triomphal devant un cinéaste et un parterre de journalistes à Hammondsport, New York. La journée avait commencé avec du vent et de la pluie, il hésitait à se lancer ; mais à six heures du soir, il se décida à sortir le *June bug* et l'ancien pilote de Langley l'aida à démarrer le moteur. À sept heures, il fit un essai et vola quelques minutes ; à sept heures et demie, il recommença, les ailes jaunes vacillèrent, le moteur fuma et Curtiss se maintint sur deux kilomètres à sept mètres au-dessus du sol. Pour la première fois, un avion était filmé en vol par un reporter professionnel.

Sur ces entrefaites, Selfridge se tua au cours d'un nouvel essai. Bell, impressionné par la mort de celui qu'il considérait comme un ami, se retira de l'aéronautique. Curtiss racheta alors les brevets de ses camarades, fonda la *Curtiss Mfg Company* et devint un grand constructeur d'avions.

Cependant, Bell revenait sans cesse à son idée première de se déplacer suspendu à quelques mètres au-dessus du sol. Alors, de la terre il passa à l'eau et de l'avion à l'hydroglisseur, où il se révéla le meilleur. Son HD4, qui battit en 1919 à 115 km/h le record de vitesse sur l'eau, devait rester longtemps l'embarcation la plus rapide du monde. Mais les bureaucrates de la Marine, aussi timorés avec lui qu'avec Edison, refusèrent de commander son appareil, réputé trop léger pour le combat.

Alexander Graham Bell mourut à Cap-Breton en 1922, au terme d'une vie bien remplie. Il avait inventé le moyen d'arracher les hommes à la solitude, de vaincre la distance, de se faire entendre au loin. Pourtant sa femme, à laquelle il resta toujours étroitement uni, ne put jamais entendre sa voix au téléphone.

Le jour de sa mort, Mabel était auprès de lui et lui tenait la main ; de temps à autre, il ouvrait les yeux pour lui sourire. Le sentant partir, elle le supplia :

« Ne me quitte pas. »

Alors, il joignit les doigts pour faire le signe « non » dans le langage des sourds.

GEORGES MÉLIÈS (1861-1938)
Le magicien du cinéma spectacle

La prestigieuse salle Pleyel était archicomble. Deux mille cinq cents fauteuils occupés et on avait refusé du monde. La soirée du « Gala Méliès » s'annonçait comme un événement.

À vingt et une heures, les lumières s'éteignirent. Sur l'écran, en première partie, *Forfaiture* de Cecil B. De Mille, un film-culte de 1915, avec le ténébreux acteur Sessue Hayakawa. Puis arriva l'entracte, pendant lequel on rappelait les origines de cet hommage à Méliès : comment ce dernier avait été repéré au premier étage dans la cour intérieure de la gare Montparnasse où il tenait là boutique de bimbeloterie. C'était grâce à Léon Druhot, le directeur de *Ciné-Journal* que l'idée d'un gala avait germé. Druhot qui avait également alerté des confrères. Et aussi grâce à l'enthousiasme de Jean Mauclaire. Au Studio 28, il projetait des films d'avant-garde comme *Un chien andalou*, du très déroutant Luis Buñuel. Jean Mauclaire avait eu la main assez heureuse pour retrouver des boîtes d'anciens films de Méliès, abandonnées dans la laiterie d'un château normand. Huit films qui allaient être programmés à cette soirée. Une résurrection du vieux magicien cinéaste, que la nouvelle génération tenait dédaigneusement pour mort, sinon physiquement, du moins artistiquement. Au nom de « Georges Méliès », cette nouvelle génération répondait

« Un "primitif", pareil à tous les cinéastes d'avant 1914 ! » ou « Connais pas ! ».

Pour arriver à organiser cette soirée, il avait fallu le remue-ménage d'Abel Gance, René Clair, Léon Gaumont, Mauclaire, Druhot et quelques autres, le soutien de *L'Ami du peuple* et du *Figaro*, propriétés du parfumeur Coty, ainsi que l'appui d'articles rendant justice à l'art et à l'œuvre de Méliès, pour tisonner le passé et reconnaître son indéniable contribution à la naissance du cinéma. Il avait, bien sûr, fallu cette initiative du 16 décembre 1929 et surtout la seconde partie du programme, quand une deuxième fois la salle fut plongée dans le noir. Alors, le festival Méliès commença.

On projeta les huit films redécouverts, dont cinq originaux. Coloriés à la main, frais, naïfs, poétiques, inimitables, le public les revivait comme les avait vus celui de l'ancien temps. *Les Illusions fantaisistes, Le Papillon fantastique, Le Juif errant, Le Locataire diabolique, Les Hallucinations du Baron de Münchhausen, Les Quatre cents farces du diable, Le Voyage dans la lune, À la conquête du pôle.* Tout l'univers inventif d'un Méliès qui se souvenait avoir donné des séances éblouissantes au *théâtre des Soirées Fantastiques* de Robert-Houdin, son maître.

Enchantés par ces petites merveilles féeriques, les spectateurs ont souri, ri, applaudi. Dommage que l'enchanteur ne fût pas là. Mais si, le voilà ! Sur l'écran, dans un court-métrage, son crâne dénudé, ses yeux malicieux, sa moustache et sa barbichette blanches, on l'aperçoit, égaré dans Paris, cherchant la salle Pleyel. Des morceaux de pellicule sortent de ses poches. Il en sort ! Il en sort ! Comme des serpentins qui le submergeraient, si à l'instant il n'apercevait enfin sur un mur l'affiche du « Gala Méliès ». Et au centre, sa tête dessinée par Barrère. Alors, n'hésitant pas,

Méliès se précipite sur l'affiche, il la traverse et la lumière se ralluma. Et au même moment apparut Georges Méliès, en chair et en os, sous les applaudissements des deux mille cinq cents spectateurs.

Méliès était debout devant eux dans ses soixante-huit ans juvéniles. Il parla, volubile, charmant, énonçant néanmoins ses vérités entre deux traits d'un humour gamin :

« Je suis le premier à reconnaître les immenses progrès réalisés depuis la création de la cinématographie. Donc, n'établissons aucune comparaison. Surtout lorsque vous venez de voir un genre très spécial de films des plus cocasses, genre dans lequel je n'ai pas de successeur... Les jeunes alors s'en amusaient, les grands étaient intrigués... Les spectateurs de ce soir ont pris le même plaisir que ceux d'il y a vingt ans et j'en ai été très heureux... »

Heureux, il le fut plus encore, quand Abel Gance lui dit : « Votre technique est purement extraordinaire et je ne vois pas qu'on ait fait mieux. » Du cinéaste technicien qu'était Abel Gance cet éloge valait la Légion d'honneur qu'on avait sollicitée pour lui et qu'il n'avait toujours pas. Il n'était pas davantage titulaire des palmes académiques. Sans doute un oubli, une distraction des Bureaux, envers celui qui était né pour distraire ses contemporains.

Georges Méliès vint au monde le 8 décembre 1861 à Paris, dans le milieu aisé de la chaussure de luxe. Il était le troisième garçon de l'Ariégeois Louis Méliès, millionnaire, industriel de la bottine, et d'une Hollandaise fille d'un bottier de la Cour royale.

Élève à Louis-le-Grand, bachelier à dix-neuf ans, fantassin à vingt. Il quittait l'armée, un an plus tard, avec le grade de caporal et le désir d'être artiste peintre. Maniant fort habilement le crayon, il voulait faire l'École des beaux-arts. Son père s'y opposa : il entrerait à l'usine de chaussures.

Le jeune homme fut donc affecté à l'atelier des coupes de cuir et il s'occupa des machines. Ingénieux, adroit, il les perfectionnait. Un séjour à Londres lui permit de développer son adresse manuelle et de se familiariser avec la langue anglaise. En même temps, il tâtait en à-côté de la baguette magique, un goût inexplicable lui étant venu pour les automates et les spectacles de prestidigitation. À force de les fréquenter, il finit par se produire lui-même en amateur. Puis il dut regagner la France.

Il avait alors vingt-quatre ans, l'âge de convoler. Ses deux frères l'avaient précédé dans cette voie en épousant deux sœurs. Elles en avaient une troisième, comme faite tout exprès pour lui. Ce mariage allait donc de soi. Mais Georges négligea cette belle-sœur car il avait trouvé pointure à son pied : Eugénie, une pensionnaire de couvent, fille d'un important fabricant de chaussures hollandais. Il l'épousa à Choisy-le-Roi, ce qui suscita la colère familiale contre le vilain petit canard, qui récoltait pourtant une dot de 50 000 francs-or. La brouille finit par s'estomper, et comme ses deux frères Henri et Gaston, Georges reçut sa part de la florissante affaire Méliès.

Ayant les moyens de ses envies, le nouveau marié installa un atelier personnel près d'une des fabriques paternelles, rue Taylor, non loin de l'actuelle place de la République. Aidé d'un mécanicien du nom de Calmels, il y reconstruisait les célèbres automates de Robert-Houdin : « Auriol et Debureau », le « garde-française », la « chauve-souris révélatrice »… Ces extraordinaires machines, qui avaient fait longtemps les beaux soirs du *théâtre Robert-Houdin*, encore en activité au deuxième étage du 8 boulevard des Italiens.

Georges Méliès aurait pu se cantonner dans les automates. Ses précédents essais londoniens lui ayant donné des ailes, il exerça d'abord ses dons dans les salons parisiens, ensuite, n'y tenant plus, lui, le fils de famille, il se présenta sur scène et exécuta ses tours au Cabinet fantastique du musée Grévin, au théâtre de la galerie Vivienne et même à celui de Robert-Houdin. Ce long visage, cheveux noirs, moustache et début de barbe, savait déjà que son destin s'inscrivait entre l'escamotage et l'illusionnisme.

La naissance de son premier enfant ne modifia pas ses projets. Au contraire, son père retiré des affaires, les deux aînés en assumèrent la direction et Georges leur céda ses parts. Il en recueillit une fortune assez coquette pour s'offrir la salle de ses vœux, le *théâtre Robert-Houdin.*

En 1888, il appartenait à la veuve d'Émile Robert-Houdin, fils de l'illustre fondateur. Il était à vendre. Georges Méliès s'en porta acquéreur. Cette bonbonnière de cent soixante places, il la rénova, la transforma, décidé à en faire un « Lilliput Châtelet ». Bien que « David » d'une toute petite scène, il se voulait concurrent du Châtelet, un « Goliath » contenant trois mille cinq cents spectateurs, aux spectacles énormes, somptueux, aux mécanismes saisissants qu'imposaient le triomphal *Michel Strogoff, Le Tour du monde en 80 jours* ou *Les Mille et Une Nuits.* Pour une telle course au succès, Méliès sixième propriétaire du *théâtre Robert-Houdin* prépara activement son envol.

Il ranima l'établissement. Très vite, il le hissa au niveau de sa splendeur première. Comme jadis, lorsque le public risquait l'émeute pour pénétrer dans la salle toujours pleine.

Sous le titre générique *Scénario, trucs et décors de Géo Méliès*, il ne cessa de présenter des innovations. Un mélange attractif de féeries, de mystères, d'épouvante et de mythologie, de dépaysement oriental ou lunaire – déjà. Du *Décapité récalcitrant* les spectateurs passaient à la *Stroubaïka persane*, des *Farces de la lune* à *L'Énigme mongole.* Et Méliès en rajoutait.

Afin de satisfaire des spectateurs toujours avides de nouveautés, il multiplia les tours et les créations. Et les automates, réglés par Calmels, et les miracles de la lanterne magique : projections de photos coloriées, de verres mécanisés, de séries qu'il dessinait et commentait. Autour de lui gravitait une équipe d'illusionnistes hommes et femmes et une pianiste d'atmosphère pour transfigurer le programme.

Pendant huit ans, l'inspiration fut au rendez-vous, les recettes également. Les créations de Méliès étaient aussi vendues et exploitées dans les music-halls et les foires. Le théâtre prospérait. Tout laissait augurer qu'il puisse reprendre à son compte le bilan poétisé naguère par Robert-Houdin

Car j'ai ma salle pleine et ma bourse garnie.
Deux choses douces à voir en leur belle harmonie.
Et ce double plaisir pouvant être goûté,
D'enchanteur que j'étais, je deviens enchanté.

Mais un enchantement de nature différente venait de naître et le divertissement allait en être révolutionné.

En 1895, un spectacle nouveau conquit rapidement une vogue éclatante. On n'avait qu'un mot à la bouche : le cinématographe. Ce dernier avait des devanciers aux appellations « à écorcher les oreilles ». Le phénakisticope de Plateau, devenu un jeu d'enfant et raccourci en zootrope, puis le praxinoscope de Raynaud, le chronophotographe de Janssen, d'où sortit le dispositif de Marey ; enfin il y avait eu le Kinétoscope d'Edison que les frères Lumière avaient perfectionné en combinant plusieurs techniques préexistantes au profit de toute une salle, agrandissant les images et les projetant sur un écran, sous le nom enthousiasmant de cinématographe.

Il avait fallu près d'un siècle de tâtonnements et de recherches obstinées pour aboutir à cette illusion du réel.

Les frères Lumière – si bien nommés – donnaient à voir, faisant avancer un film photographique image par image : la fumée montait, la bière moussait, les vagues déferlaient, la locomotive petite et ensuite immense allait broyer la salle. Treize mètres de pellicule allaient bientôt procurer d'extraordinaires sensations.

La foule se bouscula en masse pour obtenir ces émotions fugitives et fortes. Bien qu'attentif au progrès, lui-même à l'avant-garde, Méliès s'en tenait encore à l'image plus qu'au mouvement. Le hasard en disposa autrement.

Fortuitement, il rencontra dans l'escalier de son théâtre le père de Louis et Auguste Lumière, qui montait au-dessus chez le photographe. Les deux hommes se connaissaient de vue.

« Dites donc, M. Méliès, vous qui avez l'habitude dans vos trucs d'étonner quelque peu votre public, je serais bien heureux de vous faire venir ce soir au *Grand Café*. Vous allez voir quelque chose qui peut-être vous épatera. »

Méliès y alla. C'était le 28 décembre 1895, dans une cave dite salon Indien du *Grand Café* boulevard des Capucines. Au début, il fut plutôt déçu. L'appareil projetait une photographie immobile. Ce que lui-même faisait depuis des années à la fin de son spectacle. M. Lumière père savait tendre l'hameçon. Il avait volontairement laissé son image immobile quelque temps. Mais aussitôt après, Méliès vit dans *La Sortie des usines Lumière* les personnages se mettre en mouvement, aller vers lui, ensuite un train s'élancer prêt à crever la toile. Tout le monde était absolument stupéfait. Dans l'esprit de Méliès il y avait là « un truc formidable ». En directeur de théâtre il pensa : voilà mon affaire ! Immédiatement il demanda à M. Lumière de lui céder son invention.

« Ceci est un appareil scientifique destiné aux médecins, par exemple pour étudier le mouvement des muscles. Ce n'est pas un appareil pour des représentations publiques. Il n'y a rien à faire. »

C'était là répondre en homme qui n'appartenait pas au théâtre. Si Méliès ignorait à quel usage il destinerait l'appareil, néanmoins il y tenait. Il le « sentait ». Il en proposa la somme rondelette de dix mille francs. Le directeur du musée Grévin en offrit vingt mille. Le directeur des Folies-Bergères enchérit jusqu'à cinquante mille. M. Lumière resta intraitable :

« C'est un grand secret que cet appareil et je ne veux pas le vendre. Mes fils entendent se réserver d'exploiter eux-mêmes leur invention. »

L'énorme curiosité populaire pour le cinématographe aiguisa tous les appétits. Puisqu'il n'avait pu acquérir l'appareil à Paris, Méliès se tourna vers Londres. L'inventeur Robert William Paul y vendait ses projecteurs. Méliès fit acheter un exemplaire du *Theatrograph* ainsi que les bandes du kinétoscope d'Edison. Et il les projeta dans son *théâtre Robert-Houdin*. Et s'ensuivit une déconvenue totale, à cause de la médiocrité des bandes d'Edison.

Méliès ne se tint pas pour battu. Habilement, aidé d'un mécanicien du nom de Korsten, il modifia l'appareil de Robert William Paul et le rebaptisa Kinetograph. Puis il partit à Londres se fournir en grande quantité de pellicules vierges Eastman. N'étant pas perforées, il les coupa en bandes, que perfora le mécanicien Lapipe. Après quoi, inversant le mécanisme de son projecteur, il le transforma en caméra dans une boîte en bois. Si rudimentaire qu'il fût, il déposa un brevet de l'appareil sous les noms de Korsten, Méliès et Reulos, lequel, comme associé, était chargé de le commercialiser. Méliès se réservait de tourner les films.

Méliès venait d'investir une grosse somme d'argent, mais il n'en manquait pas : il possédait un bel appartement, avait des chevaux, deux voitures et un chauffeur. À Montreuil-sous-Bois, il y avait la vaste maison familiale de campagne qu'environnait un parc de huit mille mètres.

Dans le jardin potager, il fit construire, d'après ses plans, par un charpentier de Montreuil, un atelier de prises de vues. Dix-sept mètres sur sept, les façades et le toit en verre transparent, afin de capter la lumière. Un système de cordages et de poulies manœuvrait des volets mobiles, quand les rayons gênaient. Il avait prévu une scène et une petite loge pour quelques artistes.

L'atelier comporta bientôt toute une machinerie. Homme manuel, Méliès le truffa d'un arsenal d'accessoires compatibles avec un studio – dont le nom n'existait pas encore. Méliès avait alors trente-quatre ans et la passion hasardeuse du cinéma le saisit.

Durant l'été 1896, l'engouement pour le cinéma continuait, les gens se ruaient toujours aux séances des frères Lumière. Leurs films donnaient le ton et Méliès, pourtant pas à court d'idées, ne sut d'abord que les imiter. Les Lumière proposaient *Une partie de cartes*. Il filma aussi sa partie. Autour de la table il se réserva la place au centre, deux partenaires de part et d'autre. La journée était lumineuse et on tourna dans le jardin, Reulos à la manivelle. Vingt mètres de films furent utilisés, vingt mètres du premier des cinq cent vingt films de la production Méliès.

La machinerie était lancée. Méliès tournait film sur film. Rapidement il aborda plusieurs genres. Beaucoup de scènes d'extérieur : *Arrivée d'un train gare de Vincennes, Place de l'Opéra, Bois de Boulogne*. Il transporta son appareil en Normandie : *Plage de Villers par gros temps, Jour de marché à Trouville, Panorama du Havre*. Par grand vent, les prises de vues s'étaient montrées difficiles.

Il réalisa également quelques morceaux comiques : *L'Arroseur* (toujours l'influence des Lumière), *Défense d'afficher*, *Une nuit terrible*, où un jeune homme attaqué de nuit mettait ses agresseurs en fuite en les boxant. Il tourna ensuite *Dix chapeaux en soixante secondes* utilisant l'accéléré comme un truquage. L'illusionniste perçait encore, mais l'homme du vrai cinéma n'était plus loin.

Toutes les occasions servaient de prétexte à filmer. La visite officielle en France du tsar en offrait une. Méliès ne s'en priva pas. Les grandes manœuvres d'automne permirent le tournage de sept films, alors même qu'il se produisait ou montrait ses bandes dans son *Théâtre Robert-Houdin*.

Il déploya une énergie colossale. Dans la seule année 1896, il réalisa soixante-dix-huit films – plutôt des bandes – représentant mille six cents mètres. Levé tôt, il était toujours à l'affût d'une opportunité. Installait l'appareil, que manœuvrait Reulos pour les actualités et le plein air, ou Leclerc son principal opérateur. Méliès interprétait souvent les scènes et il dirigeait les représentations au théâtre, parfois deux : matinée et soirée. À la fois auteur, acteur, costumier, décorateur, une toile peinte tendue sur un mur du jardin de Montreuil, fabricant de matériel et d'accessoires. Il manquait cependant une corde à la harpe de ce touche-à-tout. Il trouva celle-là dans une phrase anodine, tombée et ramassée au bon moment.

Le kinetograph Méliès et Reulos était confronté au succès phénoménal du cinématographe. Les directeurs de divertissements, surtout les forains, appâtaient leur clientèle par l'annonce de cette nouveauté que les frères Lumière s'étaient décidés à mettre sur le marché. À l'appareil, ils ajoutaient leurs films. Les badauds en raffolaient. Un tel enthousiasme n'avait pas échappé à Charles Pathé.

Cet ancien commis charcutier s'était reconverti dans la vente des phonographes Edison, qui l'avait enrichi. Il avait également été tenté par le cinématographe. Le départ de son associé ayant arrêté net cet essai, il s'était timidement tourné vers le kinetograph. Son hésitation à s'engager s'expliquait par son prix : quarante-neuf francs une bande de vingt mètres. Et il en fallait beaucoup par représentation ! À la mise de fonds s'ajoutait sa crainte d'une possible lassitude du public. Parce que pour Charles Pathé : « Le cinématographe c'est bien joli, mais c'est toujours la même chose ! »

Méliès reçut ces mots à la fois comme une sentence et une illumination. Savait-il que Louis Lumière avait déjà prévu que « La vogue de nos films durera un an, dix-huit mois peut-être. Et il faudra trouver un autre métier que celui d'opérateur du cinématographe. Ce n'est pas une situation d'avenir. »

Certainement, le public allait exiger davantage que des vues de la mer sur les rochers, un retour au cantonnement, la voiture du potier ou la batteuse à vapeur. Il demanderait quelque chose qui porte à l'imagination. Un spectacle. Méliès en était pleinement convaincu et, une fois encore, le hasard fut au rendez-vous. Il venait de filmer *Place Saint-Augustin* : un plein air, comme il avait fait *Place de la Concorde*. Il eut l'esprit d'expérimenter un truc scénique en imitant *Escamotage d'une dame chez Robert-Houdin*. Il le tournait, lorsque brusquement l'appareil se bloqua. Par l'arrêt soudain de la prise de vue, la dame quitta le champ de la caméra. Elle disparut. Il pensa à utiliser et à garder cet imprévu comme une improvisation. Il avait innové. Ce fut ainsi le premier film réalisé d'après un scénario.

Il lui fallut peu de jours pour franchir l'étape suivante. Après quelques autres bandes, pour lesquelles il avait employé comme danseuse la fille d'un marchand d'articles de prestidigitation et son jardinier de Montreuil comme fakir. *Le Manoir du diable*, en octobre 1896, impliqua le diable, Méliès lui-même, deux diablotins et deux princesses. Apparitions, substitutions, et on serait tenté de dire, comme sur une scène : passez muscade ! Or il ne s'agissait pas de théâtre. Mais de soixante-quinze mètres (au lieu d'une bande de vingt mètres) d'épisodes s'enchaînant, conçus, interprétés, tournés, d'un film voulu fantastique. Le premier, dans l'histoire du cinéma, comportant une véritable mise en scène.

Ce n'était pas sans obstacles de toutes sortes. Méliès tournait à la lumière du jour, et en octobre, celle-ci baisse vite. Le vent parfois s'en mêlait. La différence de clarté influait sur la qualité du tirage des films lors des passages dans les bains révélateurs installés dans son laboratoire. Toutefois, le jeune personnel manquait quelque peu de technique. Méliès la lui enseignait, au fur et à mesure qu'il résolvait chaque difficulté nouvelle. Il mit en couleurs *Le Manoir du diable* qui laborieusement fut colorié à la main, image par image. Ce fut la toute première initiative du genre.

Et rien n'arrêtait sa fringale de tourner. Les titres, les sujets, les genres se succédaient à un rythme forcené. Méliès œuvrait dans toutes les directions, défrichant en explorateur les terres vierges du cinéma. Avec le chanteur Paulus, il utilisa le premier un éclairage artificiel. Premier encore, il reconstitua des actualités : *Défense de Bazeilles*, *Massacres en Crète*, *Combat naval en Grèce* pour lequel il réalisa des maquettes. La révolte en Inde contre les Anglais et l'intervention américaine aux Philippines furent le prétexte à d'autres vues – reconstituées – *Attaque d'un poste anglais*, *Combat naval devant Manille*. Sans délaisser pour autant l'aspect comique, fantastique, artistique avec des effets. Il s'aventura même à effleurer un léger érotisme dans deux petits films : *Après le bal* et *Le Tub* où la jeune artiste prenait un bain sommaire – en maillot collant.

Son habitude des trucs l'incita à tourner *Le Cabinet de Méphistophélès*, une prise de vue de soixante-quinze mètres, un long métrage. En « magicien de l'écran » – l'un de ses surnoms – il usa pour la première fois de la surimpression en montrant un spectre traversant meubles et cloisons et qui se transformant en diable, disparaissait en « passe-muraille ». Un exercice sans précédent. Puis il inventa encore : un film déjà utilisé était enroulé à nouveau en chambre noire et replacé dans l'appareil. Et l'on filmait ainsi en superposition de nouvelles vues. Cette trouvaille connut un énorme succès.

Le cinéma n'en finissait pas de conquérir le public. Cinq salles parisiennes proposaient le cinématographe Lumière. D'autres appareils, d'autres films arrivaient sur le marché. Méliès figurait en tête par sa production originale et variée, ses bénéfices en témoignaient. En dépit de cette manne, l'associé Reulos quitta le cinéma pour une nouvelle aventure, celle naissante de l'automobile. Seul maître à bord, Méliès fonda sa propre compagnie, la *Star Film*. Au moment où Charles Pathé créait son industrie de cinématographes, phonographes et pellicules Pathé. Deux mondes différents : l'indépendance du pionnier et la stratégie d'un homme d'affaires redoutable.

Cette liberté n'était toutefois pas exempte d'obligations. Sans cesse, propriétaires de salles et forains sollicitaient Méliès et réclamaient toujours plus de films. À quoi bon avoir des appareils s'ils ne pouvaient en montrer toujours de nouveaux ? Aussi Méliès fournissait, ardent, heureux, plein d'idées, de projets, libéré de tout et libre-penseur. Sa bonne humeur native l'engageait à œuvrer passionnément, comme à surmonter chaque difficulté. Sa devise aurait pu être : « J'ai trouvé ! » Il lui préféra : « Le monde à la portée de la main », comme l'attestait l'en-tête ambitieux de son papier à lettres.

À nouveau, le hasard fixa rendez-vous à Méliès. En février 1898, entre trois films « à transformation », il tournait place de l'Opéra. Un omnibus à chevaux passait, ses voyageurs sur l'impériale. Tout d'un coup, la caméra s'enraya. Ce genre d'incident n'était pas rare. Il fallut une minute pour débloquer la pellicule. L'appareil toujours au même endroit, le tournage reprit. Les vingt mètres terminés, le film fut développé, on coupa la partie endommagée des images, puis on recolla le film, et on le projeta. Stupeur et éclats de rires. Après la coupure, l'omnibus s'était changé en corbillard et les hommes de l'impériale en cortège de femmes. Méliès venait de trouver de façon fortuite le mécanisme de la substitution par arrêt de la prise de vue. Tout de suite il comprit le parti qu'on pouvait en tirer. Il adapta ainsi le procédé à plusieurs films, métamorphosant objets, hommes et femmes. Le public allait en réclamer.

D'une découverte germait une autre. Comme en se jouant, il combinait tout, déployant une ingéniosité d'où était exclu le mot « impossible ».

Filmant l'actualité, il n'était pas indifférent à celle du bout du monde. Dans le port de La Havane, le *Maine*, un cuirassé américain, avait explosé. Ce qui fournit prétexte aux États-Unis pour entrer en guerre contre l'Espagne, alors en lutte avec Cuba. Méliès tourna la *Visite sous-marine du Maine*. Il installa au studio de Montreuil une immense toile peinte représentant l'océan. Au premier plan, en carton, l'épave du *Maine*. Devant, un acteur en tenue de scaphandrier, un rideau de gaze dont les algues peintes essaimaient la transparence. Et devant la caméra, un aquarium où des poissons nageaient. L'armature de cet aquarium n'étant pas dans le champ, derrière la caméra on voyait en gros plan les poissons au fond de la mer. Puis en surimpression on filma le scaphandrier. Résultat saisissant du scaphandrier évoluant vers le *Maine* au milieu de poissons apparemment géants.

Méliès était coutumier de ces tours de force. Il présenta son film dans son *Théâtre Robert-Houdin* et fit sensation. Ce nouveau succès attira l'attention des Américains qui s'en inspirèrent. Le nom de Méliès intéressait l'Amérique, lui que tout intéressait, jusqu'à la publicité cinématographique.

Dans la rue, des gens entreprenants offraient à voir des films publicitaires sur écran. Méliès installa le sien face au passage de l'Opéra, où il avait son bureau de vente et un petit laboratoire. Et il tourna pour les grandes marques : la phosphatine Falières, le chocolat Menier, la farine Nestlé dans lequel joua son fils, ou la moutarde Bornibus. Les passants regardaient ébahis. Il y accumulait son répertoire de trucs et d'astuces. Il en avait désormais la maîtrise. Tout un dispositif : superpositions, dédoublements, fondus enchaînés, et truquages photographiques, pyrotechniques ou chimiques. Le surnaturel lui était devenu naturel. Comme le *Christ marchant sur les eaux*. Qu'il avait tourné. Ou la multiplication... des têtes. La sienne, qui se métamorphosait en deux, trois, quatre têtes de Méliès, discutant, chantant, posées sur une table ou sautant en l'air. Illusions, tout n'était qu'illusions successives ! Défrichant sans répit, il traçait la voie royale menant au cinéma spectacle.

Précisément, il avait tout dans sa tête : l'idée, le scénario, les dessins, ses maquettes, le matériel sur les praticables, la figuration composée du personnel, d'amis, de parents ou de voisins. Travaillant très vite, il faisait beaucoup de ses mains et envisageait de créer encore plus.

En 1899, il tourna trente-trois films. Parmi lesquels *L'Affaire Dreyfus*, onze tableaux, deux cent quarante mètres, un film de conviction. Méliès était dreyfusard et antiboulangiste. De plus en plus, la mise en scène prenait le pas sur les vues de plein air. Les longs métrages – il avait filmé une *Cendrillon* d'importance – allaient devenir monnaie courante. Une monnaie que par ailleurs, il recueillait en abondance, vendant ses bandes avec succès en France et en Angleterre. Il savait d'ailleurs s'adapter : les inscriptions des films étaient en français et en anglais. En 1900, la langue française prima, redorée par l'Exposition universelle.

En quatorze courts métrages, Méliès évoqua les hauts lieux de la capitale. *Les Champs-Élysées*, *Le Trocadéro*, *Le Champ-de-Mars*, *Les Invalides*... Et *Le Vieux Paris reconstitué du XIVe siècle*, *La Porte monumentale*, *Le Trottoir roulant*... Une suite de documentaires, qu'il réalisa en vues panoramiques ou prises d'un bateau sur la Seine.

Mais son inspiration ne se limita pas à l'Exposition. À peine en avait-il terminé, il se lança dans son domaine de prédilection : le merveilleux. Il tourna *L'Homme-Orchestre* où, réalisateur acteur truqueur impressionnant, il interpréta jusqu'à sept musiciens en se dédoublant. Puis il entreprit une grande production de quinze minutes, une *Jeanne d'Arc* de douze tableaux utilisant douze décors et plus de cinquante figurants. Inassouvi, il s'engagea ensuite dans une vingtaine de bandes qui montraient sa palette dans les genres les plus divers : *Le rêve du radjah*, *Le Fou Assassin*, *Les Sept Péchés capitaux*, *Ne bougeons plus*. Autant d'occasions de passer de l'invisible au flou, de l'accélération au ralenti, du truc du cache au dédoublement.

La rentabilité suivait. La *Star Film* vendait très bien et les commandes s'enchaînaient. « Nous allions mourir de faim avec des vues trop répétitives. Grâce à vous, le public est ravi. Vos films nous ont nourris », disaient les forains et les directeurs de salle en demandant toujours davantage.

Cette année 1900, Méliès sentit la nécessité de moyens supplémentaires. Il fit agrandir et moderniser son studio, élargir la scène, creuser une fosse pour les trappes à disparition et, au-dessus, installer un cintre en fer. Une chambre noire, une machinerie, un hangar à décors, de nouvelles loges d'artistes, un entrepôt pour dix mille costumes, des machinistes, des costumiers, des décorateurs, tout conférait au studio de Montreuil une apparence quasi hollywoodienne avant la lettre.

Pourtant, sous certains aspects, Méliès conservait des habitudes artisanales très personnelles. « Halte ! » signifiait : « Coupez ! » Le « moulin à café » était la caméra, les acteurs, des « poseurs ». Comme il avait son langage, il avait aussi sa méthode : un scénario dessiné, des croquis, les « poseurs » présents dès neuf heures sur le plateau, texte appris, su et répété la veille du tournage. Ils ne savaient jamais à l'avance quelle séquence ils allaient tourner. Lui se préparait, se maquillait, réglait la technique et les détails de sa dernière idée. Et l'on tournait. Le plus souvent dans une bonne humeur très active. Quelquefois sous les cris de colère de Méliès, qui ne comprenait pas qu'on ne le comprenne pas. Lui, il avait son film entier dans la tête. Une tête déjà chauve, à grandes moustaches, à barbe en pointe, une tête célèbre dans tous les cinémas !

En janvier 1901, il rayonnait car il était père pour la seconde fois, d'un petit garçon. Afin de lui offrir un cadre digne, il eut envie d'une maison neuve, moderne, confortable. On la construisit selon ses plans dans le vaste parc de Montreuil, à l'autre extrémité de l'ancienne demeure familiale. Style gothique, belles pierres, gargouilles, perron, elle avait l'allure d'un château. Et Méliès continuait de fournir dans son style si particulier des vues comiques, fantastiques ou dramatiques. Sans oublier la désormais traditionnelle féerie, avec tableaux spectaculaires.

En 1902, il produisit un grand Méliès. Il avait lu *De la terre à la lune* où Jules Verne, en utilisant canon et fusée, envoyait sur la lune des humains qui, ne pouvant s'y poser, tournaient autour et revenaient. Méliès imagina le même procédé. Seulement, ses voyageurs atteignaient la lune, de façon à montrer les habitants, les femmes étoiles, les

comètes, des effets stellaires. Ce fut *Le Voyage dans la lune.*
Ce film coûta trois mois de travail, trente tableaux, plus de
dix mille francs. Somme très élevée du fait des décors, des
machines, des costumes conçus et confectionnés spécialement. Quant aux acteurs, Méliès jouant les principaux rôles,
ils provenaient du music-hall ou du théâtre et il employait
aussi des acrobates des Folies-Bergères. Très tôt, le film
connut un immense succès en France et en Angleterre. Mais
des États-Unis, aucune commande. Edison lui avait fermé le
marché américain !

Homme d'affaires autant qu'inventeur génial, Edison
avait à Londres un agent chargé d'acheter les bons films.
Le Voyage dans la lune était excellent. Toutefois, il fallait
passer par le distributeur attitré de Méliès. La vieille
Europe avait certes ses principes, mais l'Amérique, elle,
avait ses astuces. Edison obtint de son agent une copie
frauduleuse, dont il tira au seul bénéfice de l'Edison
Company un très grand nombre d'exemplaires. Voilà pourquoi la voix de l'Amérique était muette à l'égard de
Méliès. En guise de copyright, l'Amérique ne reconnaissait
que le dépôt de l'œuvre intellectuelle à la Library of
Congress de Washington, qui le protégeait des contrefaçons. Toutefois, il fallait aller aux États-Unis. Quelques
mois après cette mésaventure, qui lui laissait un goût amer
et un trou financier, Méliès se résolut à faire représenter sur
place la *Star Film*. Il délégua son frère Gaston comme
general manager d'une succursale à New York. Méliès
s'engagea alors dans un engrenage hasardeux.

Une commande de son représentant à Londres ranima
toutes ses ardeurs. Édouard VII allait être couronné roi. Il
s'agissait de filmer l'événement en un tableau n'excédant
pas huit minutes. Méliès partit pour Londres. Il en rapporta
des gravures sur le couronnement. Consciencieux, il prit

pour conseiller technique le maître des cérémonies de Westminster. L'ample décor de la cathédrale fut brossé et dressé dans le jardin et un garçon de Montreuil qui lui ressemblait prêta ses traits à Édouard VII. Méliès suivit rigoureusement les rites du couronnement. Lequel en réalité, avait été retardé et abrégé eu égard à la fatigue du roi. Une fois encore, gros succès commercial et de curiosité. Édouard VII n'y échappa point et désira lui aussi voir ce film triomphal. Méliès le lui présenta à Windsor. Après l'avoir félicité, le roi dit finement : « Quel merveilleux appareil que le cinématographe. Il réussit même à montrer des scènes qui n'ont pas eu lieu ! » C'étaient celles que les organisateurs avaient supprimées, pour tenir compte de la lassitude du souverain et que Méliès avait initialement prévues et conservées.

La parenthèse royale à peine refermée, il reprit ses tournages et continua d'inventer. Dans *L'Homme-Mouche*, il évolua au plafond – en réalité sur le plancher – en inversant le décor. *Les Voyages de Gulliver* où il jouait Gulliver, lui offrirent l'occasion d'utiliser truquages sur fond noir et double exposition, donnant l'illusion de nains ou de géants. Les films se succédaient vertigineusement, empruntant beaucoup à ce qu'on pouvait considérer comme du théâtre photographié. Sans répit, le catalogue s'enrichissait. De *La Corbeille enchantée*, *La Guirlande merveilleuse*, *Le Puits fantastique*. Des titres que n'aurait pas reniés cet autre enchanteur Robert-Houdin. Méliès y ajoutait du pur Méliès, comme on dit du métal pur. Ainsi d'un *Robinson Crusoé* de deux cent quatre-vingts mètres, quinze minutes, où des éclairs électriques simulaient l'orage.

Apparemment, l'orage américain semblait se dissiper. Désormais, grâce à Gaston, les productions de la *Star Film* étaient déposées, et donc protégées. Lui-même s'américanisait, jusqu'à débuter dans la réalisation, en plus de la distribution aux États-Unis des films de son frère. Par sa succursale new-yorkaise, la *Star Film* avait « pignon sur street », précisément la 38th, 204 East !

Méliès était à son zénith. Il entreprenait toujours plus de longs métrages – que lui reprochaient ses coloristes surchargées de travail. Mais les succès plaidaient pour lui. La faveur du public l'incitait à poursuivre dans sa voie de l'enchantement. Tel *Le Royaume des Fées* : trente-deux épisodes, grosse figuration, exécution grandiose. Tout cela n'évitait pas une cascade d'incidents de tournage, qui engendraient de terribles colères chez Méliès. Au demeurant, patron bon payeur.

C'est qu'il avait une très haute idée de son art. L'esprit en perpétuelle recherche, ce loufoque à l'écran était un organisateur méticuleux. Homme de scène, ses tours réclamaient de sa part réflexion, sang-froid, persévérance. Il possédait le sens du rythme et le transposait dans ses films, où il tenait le rôle principal dans les circonstances les plus imprévisibles. Artiste multiple, il pouvait tout jouer. Et au vu des résultats, en se jouant de tout.

Ses films – et lui présent dans chacun d'eux – avaient conquis une immense popularité. Ils continuaient de divertir et d'éblouir un vaste public bon enfant. Aussi Méliès poursuivait-il dans cette veine cocasse. Il tournait des bandes aux titres parlant d'eux-mêmes : *L'Omnibus des toqués*, *Un peu de feu S.V.P.*, *Les Mésaventures de M. Boit-sans-soif*. Entremêlant les petits films avec les longs-métrages à machinerie, telle que *La Damnation du docteur Faust* d'après l'opéra de Gounod, en vingt tableaux.

Depuis 1900, il occupait le fauteuil de président fondateur de la Chambre syndicale des éditeurs de films qu'il conserva jusqu'en 1912. Parallèlement, il avait pris en mains les destinées de la Chambre syndicale de prestidigitation et en était également le président fondateur. C'est dire qu'il savait mener sérieusement ce qui devait l'être. Et enhardi par ses succès répétés, il ouvrait à Barcelone et à Berlin deux agences de la *Star Film*.

Chaque année, de mois en mois, il multipliait les films : production intense, incorporant tous les genres pour lesquels il inventait encore le gros plan fixe, le tournage en extérieur et un foisonnement de trucs. À eux seuls, les truquages assuraient parfois le clou du spectacle. Comme l'époustouflante odyssée du cheval apocalyptique et de la voiture astrale, dans *Les Quatre Cents Farces du diable* : trois cents mètres, trente-cinq tableaux, un triomphe.

L'actualité continuait de l'inspirer. En 1907, il s'agissait du tunnel sous la Manche ; le projet semblait décidé, les premiers travaux commençaient. Méliès saisit l'occasion et tourna SON *Tunnel sous la Manche ou le cauchemar franco-anglais*. En 1908, il s'attela à ce qu'il considéra, au terme de sa carrière, comme l'œuvre dont il était le plus fier : *La Civilisation à travers les âges*. Tour à tour dramatique, pathétique, comique, satirique, très achevé, le film était, du début à la fin, porteur d'un grand sentiment humanitaire. D'autant plus prémonitoire que montaient des Balkans les relents de violence et de guerre.

Dans tous les sens du mot, l'année 1908 avait été fructueuse : cinquante-cinq films, neuf mille mètres tournés, une créativité acharnée, dans le seul but de répandre du rêve. Cette masse de travail l'absorbait, il ne voyait pas le monde et les gens changer autour de lui. Avait-il besoin des autres ? Ses bénéfices permettaient-ils de créer sans emprunter, de rester indépendant, désintéressé, artiste ? D'ailleurs il se plaisait à dire : « J'étais né artiste dans l'âme. » Jeune, il aspirait à être artiste peintre. Il avait toujours croqué, dessiné. Sur ce plan, le cinéma l'avait comblé.

En 1909, Charles Pathé commandita quelques films dont Méliès restait seul maître. Mais les œuvres livrées, Pathé en retira plusieurs de son circuit commercial. Il prétendait que le public voulait « autre chose ». Avec Léon Gaumont, il misait sur un cinéma nouveau, industriel, rentable, et il le fit savoir. Au Congrès international des éditeurs de films, il déclara à Méliès :

« Votre erreur, monsieur Méliès, c'est de tout voir en artiste. Vous ne serez jamais qu'un artiste, et non un commerçant. »

« Monsieur, répondit Méliès, vous ne pouvez pas me décerner de plus bel éloge. Car sans l'artiste qui crée et exécute, je crois que le commerçant pourrait fermer boutique. » On colporta la boutade. Néanmoins le coup était rude pour le faiseur de films artistiques.

À son insu, il était entré dans l'âge ingrat des empires cinématographiques. Les sociétés Pathé Frères et Léon Gaumont, qui versaient pour une journée de travail cinq francs aux acteurs quand Méliès en donnait vingt, étaient soutenues par les banques. Méliès ne s'était jamais mis en société et il le paya cher.

Une brutale crise économique avait surgi. Les commandes se faisaient moins nombreuses. Les forains n'achetaient plus les films, préférant se fournir auprès des agences de location suscitées par les grandes firmes. Donc, de moins en moins chez Méliès, dont les bandes drôles ou féeriques ne faisaient plus autant recette. Dans ses lettres, Gaston annonçait qu'en Amérique les films de Méliès avaient également cessé de plaire. Pire, qu'il lui était devenu impossible d'importer aucun film de France, Edison ayant le monopole du marché américain. Les conséquences ne tardèrent pas à se faire sentir : Méliès dut licencier son personnel, après avoir réduit considérablement sa production, faute de pouvoir la distribuer. Et l'année 1909 sonna le glas de « l'usine à merveilles » de Montreuil, où s'entassaient les films invendus.

Tout déclina très vite. Au Congrès international des éditeurs de films, Méliès, qui présidait, élégant, courtois, causeur, avait reçu l'hommage des congressistes français et de ceux venus d'Italie, du Danemark, de Russie. Même le milliardaire Georges Eastman, fondateur de Kodak, s'était déplacé depuis les États-Unis. De fait, le grand industriel Charles Pathé accaparait le premier rôle. L'importance commerciale des décisions votées échappait à Méliès. Ses principes résumés dans cette phrase : « Une profession artistique qui permette de vivre et de faire le bien », avaient été battus en brèche par le sens des intérêts bien compris. Méliès ne comprit pas la décision de louer les films qu'on vendait jusqu'alors, selon un prix de location égal à l'ancien prix de vente. Les acheteurs forains se sentirent gravement lésés. À Montreuil, où l'on stocka les films qui ne trouvaient plus preneur, il y eut surproduction. Méliès mit en sommeil ses deux studios, le second datait de deux ans à peine.

Sensible aux difficultés financières et aux protestations des forains qui le traitaient d'exploiteur, Méliès voulut se justifier : « Je n'ai jamais exploité quiconque. Je ne suis pas en société, je suis un indépendant. » Puis il examina la situation. Étrangement, l'argent rentrait grâce aux productions américaines de son frère Gaston. Méliès se résigna à lui voir tourner à la va-vite des histoires idiotes. Là-bas, on appelait cela des westerns. Un jeune homme aimait une jeune fille, un méchant l'enlevait, il était poursuivi par le jeune homme qui le tuait et épousait la jeune fille. Ces films au kilomètre, *Le Secret du nuage rouge* ou *Joé l'innocent*, se vendaient comme des petits pains. Ils assuraient l'indépendance de la *Star Film* aux États-Unis. Pour la conserver en France, Méliès devait trouver un distributeur. Par hasard, il rencontra Charles Pathé son ennemi et néanmoins confrère. Pathé lui proposa de distribuer la production de la *Star Film* par son réseau mondial. Mais en exclusivité. Et de surcroît, il le commanditerait, moyennant une hypothèque sur la maison, le jardin, les studios de

Montreuil et le laboratoire. Méliès accepta. Il aurait vendu son âme pour continuer de tourner des films.

Il en réalisa deux, édités par Pathé. *À la conquête du pôle*, un six cent cinquante mètres avec automate géant et une grande féerie de six cent quinze mètres : *Cendrillon ou la pantoufle mystérieuse*. Avec amertume, il s'aperçut que chez Pathé on les supervisait. Une censure qui mutilait ses plus belles scènes. Il s'en plaignit en vain. Cependant il poursuivit. Sans enthousiasme, il tourna un *Chevalier des neiges*, avant d'entreprendre *Le Voyage de la famille Bourrichon*, adapté librement de la célèbre pièce de Labiche. Puis, dégoûté du sort réservé à ses œuvres, après quelques scènes il abandonna le tournage en 1912. Ce *Voyage* interrompu fut son dernier film.

Aux États-Unis, Gaston filmait et engrangeait des bénéfices. Malgré les exploitants américains qui s'accordaient à dire que ses Indiens et ses cow-boys étaient les pires au monde. À force de le dire, le public le crut. Alors, en juillet 1912, délaissant ses westerns et son studio dans la grande banlieue de Los Angeles, Gaston entama un périple de six mois. De Tahiti à Bora Bora, de la Nouvelle-Zélande à l'Australie, à Java, en Indochine, au Japon, il tourna des films d'un genre exotique. Mais au total fort coûteux et d'un style qui ne rencontra aucun succès aux États-Unis. La manière artistique ou documentaire n'intéressait pas les Américains. Mortifié, malade, Gaston liquida sa firme, ses droits, son studio et regagna la France. La manne financière était tarie.

Pourtant, Méliès en avait le plus pressant besoin. Prétextant la mévente de ses derniers films, Charles Pathé lui réclamait le remboursement des sommes avancées pour leur tournage. Il y eut procès. Méliès perdit. Comme il avait donné en garantie villa et studio, par décision de justice il dut s'en séparer. Terriblement démuni, il tenta de vendre à un Anglais dix de ses précieux automates. La transaction n'aboutit pas. C'était en mars 1914. En août, la France entrait en guerre. Paradoxalement, Méliès en tira avantage. Il obtint un sursis d'exécution, son procès était suspendu. Il pouvait encore conserver sa maison et les studios de Montreuil, le gouvernement ayant établi un moratoire pour toutes les créances en cours.

Le déclenchement des hostilités priva Paris de sa gaieté. En conséquence, cafés et théâtres fermés, boulevards désertés, le *Théâtre Robert-Houdin* portes closes. Or il fallait vivre. Optimiste né, Méliès eut l'idée de transformer son second studio en *Théâtre des Variétés artistiques*. Il mobilisa ses enfants et engagea une troupe d'acteurs parisiens. À cinquante-trois ans, il recommençait une carrière de théâtre. Pendant sept années d'un labeur de tous les instants, il fut acteur de premier rôle, metteur en scène, décorateur, affichiste, tenant lui-même près de cent rôles des plus divers. Le répertoire était lui aussi étonnamment varié : opéra, opéra-comique, opérette, drame, vaudeville, comédie. Quant au public, essentiellement de banlieue, il rapportait peu, malgré des succès incontestables. On parvenait à payer les frais généraux, guère davantage. La salle était trop petite pour permettre de bonnes recettes. La sous-location du *Théâtre Robert-Houdin*, dès la réouverture autorisée des théâtres, procura un appoint.

Cette accalmie financière ne dura pas. Le « *Théâtre-Français de l'illusionnisme* » comme on le désignait, reprit difficilement ses activités. Après une longue vogue étourdissante, son interruption par la guerre, une convalescence avec alternativement tours de magie, cinéma, chansonnettes, on y donna la dernière séance le 13 juin 1920. Jour anniversaire de la mort du maître fondateur Robert-Houdin.

En 1923, la justice reprit le cours du procès d'avant-guerre. Il fallait payer ou partir. Dans l'impossibilité d'obtenir de nouveaux délais, Méliès à soixante-deux ans se résigna à quitter son domaine de Montreuil. Tout y fut vendu à vil prix, propriété, matériel gigantesque, accessoires, machineries, meubles, décors, costumes… Un quart de siècle d'un inestimable cinéma spectacle. Juste de quoi indemniser les créanciers et ravir les marchands et brocanteurs qui passèrent un mois à tout enlever.

La même année noire, on acheva le percement du boulevard Haussmann. Cela condamnait le *Théâtre Robert-Houdin*, qui fut démoli. Méliès l'ayant loué à bail, il perdit de ce fait tout droit à indemnité. Décidément le sort s'acharnait contre lui. Obligé de déménager rapidement le matériel et ne disposant plus du moindre local, dans un moment de fureur il ordonna de détruire le contenu des caisses. Ainsi finirent des centaines de négatifs, joyaux de toute une époque.

Après une année à Sarrebruck où à l'appel de la Société française des Mincs on le chargea d'aménager un théâtre, Méliès vint habiter Paris, rue Lafayette. Inconnu de la nouvelle génération, c'est pourtant là qu'un M. Coissac vint lui demander de raviver ses souvenirs. Il préparait une *Histoire du cinématographe*. La Chambre syndicale de la Prestidigitation ne l'avait pas oublié. À l'unanimité, elle reconduisit Méliès comme président. Cette satisfaction se prolongea en 1925, pour ce jeune homme de soixante-quatre ans qui restait preste et enjoué. En mars, il fut invité à un banquet en l'honneur de Louis Lumière. En septembre, Michel Coissac lui offrit son Histoire du Cinématographe, avec cette dédicace qui l'émut profondément : « À l'un des premiers et des meilleurs artisans du cinéma, M. Georges Méliès, roi des trucs, prince de la féerie et des transformations. » Peu après, le directeur de *Ciné Journal* le sollicita pour une série d'articles.

Pour couronner cette année, veuf depuis douze ans Méliès se remaria. La nouvelle épouse portait le nom de scène de Jehanne d'Alcy. Veuve, elle avait appartenu à la troupe du *Théâtre Robert-Houdin*. Elle était concessionnaire d'une minuscule boutique de confiserie et jouets, au premier étage dans la cour intérieure de la gare Montparnasse.

Le nom de Méliès conservait encore un écho parmi les professionnels. Par acclamation, la Chambre syndicale de la cinématographie le nomma son premier membre d'honneur en 1926. L'année suivante, le président le proposa pour la Légion d'honneur. Il fut écarté de la liste. Méliès ne s'en formalisa pas. Il partageait son temps entre une fringale de dessins et de caricatures et le petit commerce de bimbeloterie où il assistait sa femme. Sans besoins excessifs, il vivait modestement, s'octroyant de temps à autre un rôle de théâtre, quand son fils et sa fille se produisaient en tournée aux environs de Paris. Car il ne fallait plus songer au cinéma.

Ce fut pourtant le cinéma qui se rappela à lui. En octobre 1929 des articles lui étaient consacrés. Quelques mois auparavant, Jean Mauclaire, un fouineur, avait retrouvé un stock entier de films de Méliès. Devant le vieil homme ému, il en avait projeté quatre. Puis il en récupéra trois autres auprès du dernier forain ambulant, dont *Le Voyage dans la lune*. Et en décembre, l'apothéose, à la grande salle Pleyel, avec le « Gala Méliès » et la reconnaissance publique.

Il était facile à l'époque des nouveaux films – surtout américains – de sourire au cinéma des « primitifs ». On n'y manqua pas. Une campagne de presse se développa. Elle opposa les créations avant-gardistes des années 1930 au début du cinématographe « entre les mains de nullités non qualifiées pour entreprendre un métier éminemment artistique ». Les surréalistes avaient la dent dure contre le fabricant des féeries 1900.

Méliès en était blessé. Ces jeunes messieurs oubliaient, avec d'autres, qu'il avait fait du cinéma un art, par une succession de perfectionnements. Lui-même avait beaucoup inventé. Il n'était pas un « primitif », mais le premier dans ces genres naissants. On lui rendit cette justice.

Abel Gance dit de lui : « Sa technique est purement extraordinaire et je ne vois pas qu'on ait fait mieux. » Griffith, le grand cinéaste d'*Intolérance* et de *Naissance d'une nation* avait déclaré : « Je dois tout à Méliès. » En 1931, à l'occasion d'un banquet présidé par le ministre de l'Instruction publique, Louis Lumière remettait à Méliès la Légion d'honneur et confirma cette consécration : « Je salue en vous le créateur du spectacle cinématographique. » Les éloges les plus flatteurs n'améliorèrent pas son existence d'homme ruiné. Il continua « à soixante et onze ans, tenu prisonnier quinze heures par jour, même dimanches et fêtes, à tenir une boutique ouverte à tous vents. » On finit par s'en apercevoir et par s'émouvoir. La Mutuelle du cinéma venait d'acquérir le château d'Orly. On lui offrit d'y résider dans un des appartements, avec sa femme et sa petite-fille de neuf ans (la mère – sa propre fille – était morte en 1930).

Résolument actif, il crayonnait. Mieux, il eut la joie de tourner dans deux courts métrages publicitaires commandés par la Régie des tabacs. Il écrivit des scénarios, toujours pour la publicité, et participa aux activités de la toute récente Cinémathèque et du Cercle du cinéma. L'esprit toujours vif, l'allure alerte, il entrait dans sa soixante-seizième année. « On lui en aurait donné moitié moins », quatre mois auparavant, lorsqu'il fit une conférence à la radio pour l'Exposition de 1937. Il mourut le 21 janvier 1938, à l'hôpital Léopold-Bellan. Laissant à la postérité la vision de celui qui avait « réalisé tout, même ce qui semble impossible, et donné l'apparence de la réalité aux rêves les plus chimériques. » Tel restera ingénu, ingénieux, génial, Georges Méliès, premier auteur du cinéma.

ROLAND MORENO, né en 1945
et BILL GATES, né en 1955
À la carte ou au menu

Qu'y a-t-il de commun entre Roland Moreno, le désopilant auteur de *La Théorie du bordel ambiant* et Bill Gates, le P-DG de Microsoft ? Entre le Français aux multiples brevets d'invention et le plus jeune milliardaire américain ? Entre le tendre poète amateur de canulars et l'implacable professionnel de la compétition, à l'insatiable appétit de victoires ? Entre le bricoleur de postes de radio et le fort en maths ? Entre « Le temps des cerises » et une Porsche ?

Les deux hommes ont pourtant de multiples points communs, le génie inventif, la capacité à sentir l'air du temps, à sortir des sentiers battus pour innover. Mais ils partagent aussi un même enthousiasme communicatif, une même excitation fébrile et une même activité débridée. Ils ont su aussi faire preuve d'une persévérance sans laquelle – partis de rien –, ils n'auraient pu surmonter les obstacles et faire aboutir leurs projets. Enfin, ils témoignent tous deux d'une grande simplicité : malgré le succès, Bill Gates évolue en T-shirt et jeans au milieu de ses employés sur des *rollers*, au son du rock and roll ; Roland Moreno est fidèle à ses copains de toujours et plus Coluche ou Jean Yanne que nature.

Tous deux, au même moment, en voyant Jack Kilby et Robert Noyce inventer la puce, le microprocesseur, ont compris qu'elle permettrait de changer la vie de centaines de millions d'hommes. À condition d'en trouver des applications pratiques. Roland Moreno, avec la carte à puce, a simplifié et sécurisé nos actes quotidiens de paiement. Bill Gates, quant à lui, a réalisé et imposé un outil standard pour communiquer avec notre ordinateur personnel. L'une et l'autre inventions comptent sans doute parmi les plus importantes de la fin du XXe siècle.

Dès son plus jeune âge, Moreno avait besoin de tout connaître. « Ce n'était pas toujours facile de répondre à ses questions, raconte sa mère, il voulait toujours démonter les appareils ménagers pour voir comment ils marchaient. » À la fin de la quatrième, pour avoir introduit au lycée des boules puantes, il fut rétrogradé en classe technique. Sa vocation pour le bricolage en sortit renforcée. Un jour, comme il tombait en arrêt devant la vitrine d'un magasin de radio, ses parents lui offrirent un poste à galène en kit avec un petit livre d'initiation à l'électricité : *Jean-François électricien*. Cela lui donna l'idée de s'amuser à « faire de la radio ». « Je passais des heures à câbler, à câbler sans cesse. Ah, quel plaisir de manipuler les composants colorés, flexibles, de voir fondre la soudure au bout du fer, la petite boule d'argent, la goutte de mercure. De construire de mystérieux échafaudages qui ne révèlent leur signification qu'une fois mis sous tension ! »

Après le baccalauréat, curieusement et peut-être par ce goût de la provocation qui lui est cher, au lieu de se tourner vers les sciences, Moreno s'inscrit à la faculté des lettres. Mais il est réfractaire à l'enseignement conventionnel : une dissertation, qu'est-ce que c'est ? En fin d'année, il remet une copie blanche, ou plutôt copie noire, couverte d'encre pour laisser croire qu'il a rempli huit pages.

Il fait alors tous les métiers, commis de charcutier, balayeur, distributeur de prospectus. Après un petit emploi à la Mutuelle des étudiants, où il se fait des copains, il entre au ministère du Travail, « qui m'éloigna à tout jamais des tentations du service public et de l'emploi garanti ».

À lire avec assiduité *Le Canard enchaîné* et *L'Express* – alors dirigé par Jean-Jacques Servan-Schreiber et Françoise Giroud – il se croit une vocation de journaliste. Faute d'attaches dans le milieu de la presse, il entre à *L'Express* par la petite porte : garçon de courses. Le soir, de retour dans sa chambre, il bricole à nouveau, et fait de l'électronique. « Histoire de m'occuper les mains pendant que j'écoutais de la musique, plutôt que de me gratter le nez ou de me ronger les ongles. »

Il s'amuse à créer une machine à simuler le chant d'un oiseau : « On peut le faire très gai, cela devient un bruit familier. Et puis, ça n'est pas sale, on n'a pas à le nourrir et il ne risque pas de s'envoler. »

C'est alors qu'il réalise sa première invention : une machine à tirer à pile ou face sans avoir besoin lancer une pièce de monnaie : « On appuyait sur un bouton noir, la machine réfléchissait et les lampes clignotaient à toute vitesse. Lorsqu'on relâchait le bouton, elle répondait soit vert soit rouge. En ralentissant le rythme du clignotement, on pouvait prédire la couleur gagnante. » Cette machine permet à ces messieurs de *L'Express* de jouer les intéressants dans les dîners en ville. Elle vaut à Moreno une petite célébrité au sein du journal. Le rédacteur en chef lui en commande un exemplaire… et lui fait faire ses premières piges.

Après quelques tribulations à *Détective*, puis à *L'Écho de la presse et de la publicité*, Moreno passe trois années à

Chimie Actualités. Son poste consistait à trouver les illustrations, les cadrer et réaliser la maquette du journal, corriger également les articles et leur donner un titre.

Cependant, passionné d'électronique, il passe son temps à inventer et à s'émerveiller. Et à lire les hebdomadaires spécialisés. À autopsier des matériels et essayer des montages. En 1970, il câble une machine électronique pour lui faire exécuter les quatre opérations arithmétiques. « Elle avait deux défauts, reconnaît-il honnêtement, elle consommait autant d'électricité qu'un sèche-linge et les résultats des divisions étaient aléatoires. Il fallait faire une dizaine d'essais pour être sûr de disposer d'un résultat exact, celui qui revenait plusieurs fois. »

Moreno propose sa calculette à un industriel américain, *Texas Instruments.* Grosse déception, *Texas* en sort justement une, la semaine suivante… et moitié moins cher. « De cette expérience, je tirai deux leçons. *Primo*, un inventeur isolé peut mener un projet concurremment avec une grande société. *Secundo* : deux années au moins séparent une idée de sa commercialisation. »

Au hasard d'un séminaire organisé par un cabinet de psychologie appliquée, Moreno découvre sa seconde vocation, la créativité. Pour faire réagir les participants, l'animateur jette des idées pêle-mêle. Cela va du coq à l'âne mais ouvre des pistes inattendues. Moreno est conquis par la dynamique de groupe, ferment d'idées novatrices. Au diable les habitudes de pensée qui inhibent l'imagination. Décidément, les idées le passionnent plus encore que les choses.

Cependant, pour s'installer comme consultant, il faut de l'argent. Et il n'en a pas le premier sou. Le moyen consisterait à obtenir une jolie indemnité de licenciement ! *Chimie Actualités* fait justement partie d'un groupe de presse comportant une trentaine de journaux et une imprimerie, donc une affaire assez importante. La tactique de Moreno consiste à titiller la direction générale. En la bombardant de lettres de plus en plus directives. Il dénonce des défauts de fonctionnement. Puis il propose un nouvel organigramme. Mutations, licenciements, embauches. Allant encore plus loin, il recommande des fusions, des acquisitions. Ses missives dérangent, indisposent, agacent. Tant et si bien qu'on lui offre un pont d'or pour se débarrasser de lui au plus vite.

Ravi d'être parvenu à ses fins et pourvu d'un petit pactole, Moreno crée la société *Innovatron*, dont il est toujours le président. Dès lors, il se partage entre le bricolage électronique et l'organisation de stages de créativité.

C'est l'époque où apparaissent les premiers fax. Moreno se demande comment en accélérer la transmission. D'abord, il analyse le texte : une multitude de points noirs disposés sur une feuille blanche. La machine émettrice envoie successivement des millions d'ordres, un pour chaque point, pour indiquer s'il est noir ou blanc, afin de définir le bon endroit où imprimer les points noirs sur la feuille du récepteur. Se plaçant, comme souvent dans ses séminaires, d'un point de vue résolument étranger à la technique, Moreno observe que dans n'importe quel texte les points noirs sont infiniment moins nombreux que les blancs.

Vient alors la seconde phase de créativité, la plus délicate : celle du retour au réel, à la technique. Après le diagnostic, l'ordonnance : pour aller plus vite, il faut remplacer l'interrogation ponctuelle (point par point) par la mesure du temps où l'instruction « blanc » doit être maintenue. Cette accélération du processus de télécopie constitue sa deuxième invention.

Mais Moreno n'a guère le loisir de la mener à bien. Déjà, il a en tête une autre idée, un autre projet, bien plus prometteur. Depuis deux ans, les banques mettent en circulation des cartes de crédit. Au recto, des empreintes en relief que les commerçants utilisent pour établir leurs « facturettes » avec un petit appareil surnommé « fer à repasser ». Au verso, une ou deux bandes sombres, les pistes magnétiques, contiennent d'autres données qui servent au retrait des billets dans les distributeurs automatiques.

Ces cartes bancaires font faire aux banques l'économie du coût de la manipulation des chèques et évitent aux commerçants le risque de chèques impayés. Cependant les clients se plaignent qu'elles se démagnétisent à la chaleur ou au contact d'objets métalliques, un trousseau de clefs par exemple. Et les commerçants rechignent devant le coût téléphonique des demandes d'accord de paiement. Plus grave encore : Moreno, bricoleur dans l'âme, s'aperçoit qu'il est aisé de dupliquer ces cartes magnétiques à l'aide d'outils disponibles dans le commerce, une fraude bien moins difficile que de fabriquer de faux billets ou de fausses pièces de monnaie. Moreno n'a pas une âme de faussaire ou de faux-monnayeur, mais de créateur. Aussi, plutôt que d'exploiter la faille, il cherche la parade. Comment munir les cartes bancaires d'une combinaison de sûreté, comme celle d'un coffre-fort ?

Les ordinateurs sont équipés de mémoires composées de milliers de 0 et de 1, que l'on peut lire ou écrire en manipulant deux fils. À tout moment, un mot enregistré, composé d'une suite de 0 et de 1, peut être modifié par simple inversion d'un chiffre. Moreno se demande alors s'il y aurait moyen de rendre certains mots intouchables et certains seulement, sans changer le statut des autres. En d'autres termes, comment mettre un chien de garde devant une partie de la mémoire.

En 1974, la lecture d'un journal d'électronique le met sur la bonne voie. Il apprend que les nouveaux ordinateurs utilisent désormais un composant fascinant : la mémoire PROM. Jusqu'alors, on ne connaissait que deux sortes de mémoires, bien distinctes. Les mémoires figées, ROM, immuables après la fabrication, destinées aux instructions. Et les mémoires volatiles, RAM, programmables à la demande, qui contiennent les données provisoires. Voici qu'apparaît une mémoire mixte combinant les deux, cette fameuse PROM.

Cela donne des idées à Moreno. Diviser la mémoire en plusieurs zones et placer entre elles une « serrure » interdisant de lire ou d'écrire dans certaines zones. Associer à cette mémoire un outil qui compare les données enregistrées – la gâche de la serrure – avec les données introduites manuellement – la clef, en l'occurrence le « certificateur ». Ce dernier filtre les ordres du lecteur et n'ouvre le passage qu'au détenteur du mot de passe. On pourra ainsi acheter à la banque une réserve d'argent et la porter sur soi dans une « bague à mémoire ». Et l'utiliser comme des chèques certifiés, au fur et à mesure de ses besoins.

Sur une chevalière achetée aux *Trois Quartiers*, Moreno colle à l'Araldite ses trois zones mémoires : la première servant à l'identité, la deuxième contenant le crédit et la dernière destinée au circuit de traitement. Puis il bricole un lecteur, l'équipe d'un clavier, d'un afficheur et d'un clignotant. Le porteur de la bague compose d'abord au clavier son code personnel à deux chiffres. Si la lumière rouge clignote, son code est faux. Si le clignotant est vert, le code est bon et le solde du compte s'affiche. Il compose ensuite au clavier le montant de l'achat. Si celui-là est supérieur au solde affiché, la lampe rouge s'allume, s'il est inférieur, l'unité de traitement calcule et affiche le nouveau solde. Les moyens de sécurité sont contenus dans la bague, pas dans le lecteur. C'est la bague qui est intelligente, « futée », *smart*, comme disent les Anglo-Saxons.

Jean-Claude Repolt, un des dirigeants du CIC, une banque de taille moyenne, reçoit Roland Moreno.

« Le commerçant y gagnera en sécurité et en commodité, explique Moreno : plus besoin d'appeler la banque pour demander un accord de paiement. La banque y gagnera aussi : moins de relevés de comptes à envoyer, et un joli gain de trésorerie, les clients paieront d'avance leur réserve d'argent. Comme pour les *traveller's cheques*.

– C'est bien, répond Repolt, mais pourquoi une bague et pas une carte ? Nos clients sont habitués depuis deux ans à la carte. Ne changeons pas leurs habitudes ; votre bague inviolable vaut mieux que la carte actuelle, c'est vrai, mais une carte inviolable, ce serait encore mieux.

– Va pour une carte à puce, dit Moreno.

– Pourquoi à puce ?, demande Repolt, stupéfait.

– C'est ainsi qu'on appelle les circuits intégrés. Des milliers de transistors microscopiques gravés sur une pastille de silicium avec huit connexions. Des logiques miniaturisées qui ont la forme et les pattes d'une puce et l'épaisseur d'un ongle.

– Si vous voulez. Le client introduira sa carte à puce dans la caisse électronique du commerçant. En composant son code, il déclenchera l'affichage du solde, donc de la capacité d'achat. La caisse délivrera un ticket et enregistrera la transaction sur le journal du commerçant. »

La carte à puce contient sur sa surface visible un circuit imprimé à connexions métalliques relié par des fils d'or soudés et enrobés de résine à une électronique de mémorisation et de traitement sur sa face cachée. Le tout incrusté dans une cavité ménagée dans une carte en plastique. Bien plus difficile à copier que la carte magnétique ; personne n'a encore réussi à la falsifier.

Moreno dépose alors quatre brevets. Le premier portant sur le blocage de l'accès à la zone confidentielle, de façon qu'on ne puisse pas augmenter, frauduleusement et aux dépens de la banque, la réserve d'argent constituée au départ. Le deuxième portant sur la comparaison des mots de passe, le décompte des fausses manœuvres – effectuées soit sur un même terminal soit sur des terminaux différents. Le troisième brevet, encore plus original, porte sur le suicide de la carte après trois tentatives infructueuses. Moreno empêche ainsi un fraudeur expérimenté – à la recherche du bon code – d'en générer à toute vitesse 9999. Enfin le quatrième brevet assure la cohérence des données sur la carte du client et sur le journal du commerçant.

Mais les banquiers veulent voir. En trois semaines, Moreno réalise sur une planche de bois la maquette d'un terminal pour carte à puce. Ils sont effarés : « Ça sera trop cher à faire… les gens n'en voudront pas. » Et ce jeune homme de vingt-neuf ans a du mal à persuader l'establishment bancaire. Toutefois, Moreno réussit à inspirer confiance à trois industriels : Bull, Philips et Schlumberger.

L'accouchement se révèle difficile : il ne dure pas neuf mois, mais quatorze ans. Il faut fabriquer la puce, la doter d'un système d'exploitation, mettre au point les lecteurs correspondant à chacune des applications. Mais surtout vaincre les tergiversations : que de temps perdu en commissions et en querelles de chapelle !

D'abord, on se contente d'utiliser la carte à puce pour les télécartes à prépaiement, qui remplacent les pièces de monnaie dans les cabines téléphoniques, supprimant les problèmes de monnaie à rendre et de vandalisme.

Moreno imagine une nouvelle utilisation de la carte à puce : persuader les municipalités de mettre en location des sortes de parcmètres portables, des lecteurs afficheurs à placer devant le pare-brise, comme une vignette. Il multiplie propositions et démonstrations. Peine perdue.

Les années se passent en palabres. L'encaisse des parcmètres, des distributeurs automatiques et des stations-service ouvertes la nuit demeure à la portée des malfrats !

Enfin, en 1985, les banques françaises instituent l'inter-bancarité. C'est-à-dire qu'elles se déclarent disposées à honorer dans leurs propres distributeurs automatiques les cartes émises par l'une quelconque d'entre elles : le client d'une petite banque pourra retirer de l'argent dans une grande banque et vice versa. Pour la profession, c'est une révolution.

Dès lors, la carte à puce se généralise en France et dans toute l'Europe, pour le paiement différé des achats, comme pour le retrait d'espèces. Moins de frais d'exploitation pour les commerçants ; moins de fraudes aux dépens des banques ; et quel confort pour les usagers ! Après les télécartes pour les cabines téléphoniques en 1984, les lecteurs de cartes bancaires en 1988, voici venir de nouvelles applications : le téléphone portable, la carte de santé, le télépéage sur les autoroutes ou dans les autobus, la télévision câblée, etc. Ici, la puce protège la confidentialité des communications télé-phoniques, mémorise le répertoire des numéros et les mes-sages en attente. Là, elle permet de retrouver formule san-guine, de connaître les antécédents et les contre-indications médicales, tout en facilitant le traitement des feuilles de soin. Ailleurs, c'est le porte-monnaie électronique, rechar-geable au distributeur de billets, qui achèvera de remplacer les pièces de monnaie.

Fonctionnaires, « experts », conseilleurs, étaient bien peu présents les neuf années difficiles où Moreno avait du mal à faire bouillir la marmite, souvent réduit à rouler en moby-lette. Maintenant, les mêmes volent au secours de la victoire. Leur *leitmotiv* : la carte unique, universelle, à usages mul-tiples. À la fois carte bancaire et carte de téléphone, titre de péage et de parking, pièce d'identité et permis de conduire. Pourquoi pas aussi clé d'immeuble et dossier médical ?

Moreno conserve la tête froide devant un tel succès. Avec réalisme, il regarde ce qui se passe en Amérique.

Pourquoi en Amérique ? Parce que les Européens ont une fâcheuse tendance à copier les Américains, avec quelques années de retard : le Coca, le jogging, les jeans, les Macdos et maintenant Internet. Or, que font les Américains ? Ils gonflent leur portefeuille avec une quantité de cartes spécialisées, façon comme une autre d'étaler leurs richesses, d'épater leurs voisins. On ne peut aller contre la mode et Moreno juge la carte universelle prématurée. Il préfère donc chercher de nouvelles applications à la carte à puce.

Sa grande idée : le télépaiement, le commerce électronique et les services payants sur Internet. Empêcher le vol d'un logiciel, le piratage du numéro de carte, l'usurpation d'identité. Ce qui suppose une puce signature, un protocole d'authentification, un lecteur intégré au clavier de l'ordinateur et une interface avec son modem.

Un an après que la lecture d'un journal eut mis Moreno sur la voie de la carte à puce, de l'autre côté de l'Atlantique, Bill Gates trouvait également dans un magazine son inspiration. Son idée : inventer les logiciels pour PC (*Personal Computer*). Jusqu'alors, les ordinateurs étaient des machines coûteuses, destinées à l'armée, la recherche, les administrations, les grandes entreprises. Les particuliers n'y avaient accès qu'en louant occasionnellement des heures de temps machine à des sociétés de services.

Un jour de décembre 1974, dans la cour de Harvard, Bill Gates voit arriver tout excité son ami Paul Allen. Il tient à la main le dernier numéro de Popular Electronics, qu'il vient d'acheter au kiosque.

« Bill, regarde la couverture ! : "L'Altair 8080, premier kit de micro-informatique, un micro-ordinateur à construire soi-même." »

Un inconnu, basé à Albuquerque, un coin perdu dans le désert du Nouveau-Mexique, non loin d'où a explosé la première bombe atomique, lance un produit révolutionnaire.

Des millions d'Américains vont pouvoir à domicile utiliser un ordinateur pour jouer, s'instruire et communiquer sans avoir à se déplacer.

Les deux étudiants lisent attentivement l'article. Ce kit Altair comprend un microprocesseur Intel 8080, une mémoire et une alimentation électrique. Et un panneau frontal avec seize interrupteurs et seize clignotants. Le tout pour 397 $. Extraordinaire !

Prudence, tout de même : l'acheteur doit faire lui-même le montage et assembler les pièces une à une. En relisant entre les lignes, Paul et Bill découvrent le pot aux roses : aucun logiciel n'accompagne la machine qui n'a même pas de clavier !

« Comment introduire les données ? se demandent-ils. Pour programmer, il va falloir basculer mille fois de suite les interrupteurs, entrer des suites interminables de 0 et de 1. À la moindre erreur, tout sera à recommencer. La machine éteinte, le programme patiemment introduit sera perdu, faute de mémoire suffisante. »

La conclusion jaillit comme une étincelle : « Tel qu'il est proposé, l'Altair s'adresse à un public limité. Voilà pour nous l'occasion rêvée de faire quelque chose avec le *basic*. Le train est en marche. Si nous ne l'attrapons pas, il peut ne repasser jamais. »

Ce train, c'est l'arrivée de l'ordinateur personnel, événement inconcevable un an plus tôt. À condition toutefois de convertir cette série fastidieuse de basculements en une procédure automatique, dans un langage intelligible par la machine. En *basic* justement, le langage pour les débutants en informatique, une suite d'instructions que Paul et Bill connaissent bien. Mais ce *basic* a été conçu pour des machines à mémoire de bien plus grande capacité ; il va falloir le réécrire entièrement, le réinventer, pour le comprimer et l'adapter à la mémoire minuscule de ce petit ordinateur.

Si Roland Moreno pense à la fois machine et procédure, comme Chappe ou Morse, en revanche les fondateurs de Microsoft, Paul Allen et Bill Gates, se gardent de fabriquer les matériels. Ce sont purement des éditeurs, focalisés sur les systèmes d'exploitation et les langages. Des émules de Braille.

À dix minutes du centre de Seattle, au nord-ouest des États-Unis, se trouve une vaste demeure entre les grands séquoias et le lac Washington : vous êtes chez Bill et Melinda Gates. Si le brouillard veut bien se dissiper, la cime enneigée du mont Rainier fera sa majestueuse apparition. Dans la maison, aucune télévision, mais une bibliothèque de quatorze mille volumes, dont un manuscrit de Léonard de Vinci, un *Codex*, illustré de trois cent soixante dessins d'inventions.

Avec sa frange de cheveux couleur sable et ses immenses lunettes à la Woody Allen, Bill fait figure d'étudiant attardé. En vous écoutant, il couvre son menton de ses mains et se balance inlassablement sur son fauteuil, signe que votre conversation l'intéresse. Peu à peu, il se passionne et bouillonne d'enthousiasme.

Bill Gates est né en 1955 à Seattle, dans une famille aisée. Son père, William Gates junior, avocat, est le modèle du bon père de famille, du citoyen responsable. Sa mère, Mary Gates, siège au conseil d'administration de plusieurs banques. Bill s'est pourtant fait lui-même, sans jamais rien demander à ses parents pour créer et développer son entreprise. Comme il porte le même prénom que son père et que son grand-père paternel, on le surnomme William Gates III, *Trey* pour les intimes.

Son enfance se déroule paisiblement entre ses deux sœurs, Kristi, l'aînée et Libby, de neuf ans sa benjamine. « J'ai eu la chance, dit-il, d'être élevé par des parents qui nous incitaient constamment à leur poser des questions. Par exemple sur leur travail de la journée. Petit, j'adorais l'encyclopédie *World Book*. Je l'ai lue pendant cinq ans, de la première page à la lettre P. Jusqu'au moment où j'ai découvert l'*Encyclopaedia Britannica* et la passion des ordinateurs. »

Dès le plus jeune âge, Bill manifeste son goût du défi, sa volonté d'être le meilleur. À six ou sept ans, en auto-tamponneuse, les yeux à peine au-dessus du volant, son plus grand jeu consiste à foncer sur les adultes. À onze ans, sa mémoire prodigieuse impressionne le pasteur qui le prépare à la confirmation. Quelle n'est pas sa surprise d'entendre le petit Bill réciter à l'improviste « Le sermon sur la montagne » :

« En voyant la multitude, Jésus monta sur la montagne. Quand il fut arrivé, ses disciples vinrent à lui et il s'adressa à eux en disant :

Bienheureux les pauvres... Bienheureux les humbles... Bienheureux les miséricordieux, car le royaume des cieux leur appartient. »

Et continuer jusqu'à la fin, sans omettre un seul mot, sans trébucher une seule fois, ce texte si long et difficile à mémoriser.

Bill aime les joutes intellectuelles, mais il s'amuse aussi à coder des messages. « C'était assez simple, en substituant une lettre à une autre. Si un copain m'envoyait un message commençant par « ULFW NZXX », je n'avais pas grand mal à découvrir que cela signifiait « Dear Bill ». Avec ces sept lettres, il était facile de décrypter le reste du message. »

Pour éviter d'en faire un gosse de riches ou un surdoué dans un monde à part, ses parents l'inscrivent chez les scouts. Il y apprend la camaraderie, les feux de camp, les marches d'endurance, et fait un jour sans broncher ses quinze kilomètres à pied dans des chaussures neuves.

À douze ans, on l'envoie suivre ses études secondaires à Lakeside, institution privée pour garçons de bonne famille. C'est la chance de sa vie. Il découvre sa vocation et s'y fait des amis pour toujours. Sa mère est active au sein de l'association des parents d'élèves. Un an après l'arrivée de Bill au collège, elle réunit avec d'autres mères assez d'argent pour offrir aux enfants quelques heures d'accès à un ordinateur. Histoire de les initier à l'informatique. Un télétype connecté à distance avec un PDP de *Digital Equipment* loué à temps partiel à une société de services, *Computer Center*. En 1967, Lakeside est sans doute le seul collège au monde à accéder par téléphone à une de ces machines. Fascinant !

Bill a le coup de foudre pour ce PDP. Certes, il a moins de fonctions qu'un gros ordinateur, mais on peut communiquer avec lui au moyen d'un clavier. Pas besoin de cartes perforées. À peine a-t-on tapé des questions sur le télétype qu'en quelques secondes les touches s'activent toutes seules pour éditer la solution. Bien sûr, ce PDP est programmable. Plus fort que la science-fiction ! Passionné pour ce monde binaire, où l'on communique en se servant seulement de 0 et de 1, le gamin veut apprendre de quoi sont capables les ordinateurs. Tout ce qu'il peut lire à leur sujet, il le dévore.

Bill Gates insiste sur la relation entre informatique et mathématiques :
« La majorité des grands programmeurs ont une formation mathématique. C'est un atout d'avoir étudié la rigueur des démonstrations dans les théorèmes, où l'on ne se contente pas de déclarations approximatives, mais de formulations précises. En mathématiques, on procède par définitions très complètes et l'on aboutit à des résultats au départ pas évidents. De plus, le meilleur raisonnement est celui qui arrive le plus vite au résultat. C'est par les mathématiques que j'ai abordé la programmation. »

Chercher le chemin le plus court pour aboutir à la solution, c'est bien lui !

Sa capacité de concentration et la haute idée qu'il a de lui-même auraient pu en faire un solitaire. Heureusement, ses années de scoutisme lui ont inculqué le goût de la camaraderie et du travail en équipe. Un atout majeur.

« J'ai eu alors le privilège de devenir l'ami de Paul Allen, raconte Bill. Paul avait deux ans de plus que moi. Peu après avoir fait sa connaissance, je lui ai demandé d'où venait l'essence et comment elle pouvait faire marcher une voiture. J'avais trouvé un livre sur le sujet, mais confus. L'essence, Paul connaissait très bien. Ses explications étaient claires, passionnantes. Ma curiosité à propos de l'essence a fait carburer notre amitié. Nous nous posions mutuellement des questions. Il savait répondre à toutes les miennes. »

Avec Paul Allen et deux autres camarades, Bill apprend à programmer. Tous les trois passent des journées entières en salle informatique à jouer avec la petite merveille. Pour s'amuser, s'épater mutuellement ? Sans doute, mais aussi pour créer des mondes imaginaires à l'intérieur de l'ordinateur. « C'était notre monde à nous. Nous étions presque les seuls à y comprendre quelque chose. » Bill et ses amis réalisent en *basic* un programme pour jouer au morpion. Puis ils simulent un match de baseball ou encore ils commandent à l'ordinateur des centaines de parties de monopoly, pour déterminer la meilleure stratégie *.

Toutefois, ces drogués d'informatique cessent peu à peu de rendre leurs devoirs et finissent par ne plus aller aux cours. À eux seuls, ils épuisent le crédit d'heures d'ordinateur loué

---

* Cette anecdote, tirée du livre de Daniel Ichbiah : *Bill Gates et la saga de Microsoft*, Pocket, 1995, est ici reprise et adaptée avec l'accord gracieux de l'auteur et de son éditeur.

par l'école pour l'année entière. Les quatre mousquetaires réussissent alors à décrypter le système de sécurité du PDP. Une fois trouvé l'accès au fichier qui gère le temps machine, ils en profitent pour minorer sensiblement les facturations. La supercherie est découverte. Il y aura même une enquête de police et de sérieuses réprimandes.

Les parents continuent de payer leurs études, mais désormais les enfants se chargeront des factures du loueur d'ordinateur. Heureusement, les dirigeants de *Computer Center*, épatés par le talent des quatre jeunes fraudeurs, cherchent à en tirer parti. Si le logiciel fourni par *Digital Equipment* comporte des points faibles, mieux vaut les connaître. *Computer Center* engage donc nos informaticiens en herbe à venir au centre chercher tous les moyens de dérégler l'ordinateur. À condition, bien sûr, de noter soigneusement chacun des *bugs*, des anomalies du programme susceptibles de perturber la machine. Et d'expliquer comment on peut provoquer ces pannes. En échange, ils peuvent utiliser gratuitement l'ordinateur la nuit et le week-end, aux heures où les clients sont déconnectés. Les quatre garçons s'en donnent à cœur joie.

Bientôt, Bill et ses camarades ont l'idée de tirer profit de leur passion : « Pourquoi pas essayer de vendre quelque chose, comme les adultes ? » Et ils se mettent en quête de travaux de programmation, payés partie en salaire, partie en temps machine. À cette époque, non seulement les ordinateurs, mais aussi les logiciels coûtent cher. On doit les écrire spécialement pour chaque type d'appareil. Et à chaque changement de machine, on réécrit le logiciel.

Les quatre amis fondent le Groupe des programmeurs de Lakeside et décrochent leur premier contrat. Une société de services leur commande un logiciel de feuilles de paie pour une entreprise des environs. Le projet oblige les enfants à se familiariser avec les cotisations sociales et les retenues fiscales ; désormais, ils se sentent les égaux des adultes. Plus étonnant encore : au lieu d'être rémunérés au forfait, ils négocient un paiement en royalties, sur le prix de vente au client final. Des royalties convertibles en temps machine. Stratégie commerciale et stratégie d'investissement. Bill a quatorze ans.

Quelques années ont passé lorsque la revue *Electronics* publie un scoop : une jeune entreprise, *Intel*, met en vente un microprocesseur, le 8008, une puce électronique contenant le cerveau d'un ordinateur. Parfait pour un ascenseur ou une calculatrice, mais impossible de lui adapter un logiciel complexe. Aucun de ces langages auxquels les programmeurs sont habitués ne tourne sur 8008. On est condamné à répéter à perpétuité des tâches élémentaires.

« Avec Paul, nous nous demandions pour quelle tâche programmer le 8008. Paul a appelé *Intel* pour demander son manuel d'utilisation. À notre grande surprise, ils nous l'ont envoyé. Nous nous sommes plongés dans sa lecture et avons trouvé un moyen d'utiliser la puce. »

Pour optimiser la durée des feux rouges aux carrefours, la municipalité de Seattle a placé des tubes de caoutchouc en travers de la chaussée ; les roues des voitures, en les écrasant, délivrent un signal de passage à un compteur placé au bout du tuyau. Chaque impulsion perfore une suite de 0 et de 1 sur une bande de papier, d'où l'on déduit l'heure et le nombre de véhicules. La ville paie des étudiants à compter les trous et à recopier les données sur des cartes perforées envoyées ensuite à un gros ordinateur. Un travail ingrat.

« Sur PDP, Paul simula le comportement du 8008. Il s'aperçut qu'on pouvait le programmer pour analyser les bandes perforées et en extraire des statistiques de comptage de trafic. Nous avons acheté un 8008 et l'avons connecté à un lecteur de bandes. J'ai écrit le gros du logiciel et nous avons édité de beaux graphiques présentés sur un papier à en-tête *Traf-O-Data* pour faire chic. »

Paul et Bill réussissent à traiter les données de circulation routière pour plusieurs municipalités, mais aucune ne veut acheter la machine à deux adolescents.

Troisième incursion dans le monde des affaires, dans le monde des adultes. Une grande société, *TRW*, s'est engagée à réaliser le système de régulation de l'électricité fournie au nord-ouest des États-Unis par les centrales hydrauliques sur le fleuve Columbia. Ce projet nécessite plusieurs PDP. Or, le logiciel de cet ordinateur comporte encore de nombreux *bugs*, qui mettent *TRW* en retard. Menacée de pénalités, *TRW* recherche désespérément des spécialistes du logiciel PDP. Ayant entendu parler de Paul et de Bill, elle les convoque à Vancouver. L'interview se passe bien, ils sont embauchés séance tenante. Cette fois, au lieu d'avoir à provoquer des pannes d'ordinateur comme chez *Computer Center*, on leur demande de réparer des erreurs. Ils ne seront plus payés en heures d'accès à l'ordinateur, mais en dollars. C'est leur premier argent gagné. De quoi louer un appartement à Vancouver. Et même acheter un hors-bord pour faire du ski nautique en week-end.

Bill a maintenant dix-huit ans. Mais ses parents ne souhaitent pas qu'il crée si jeune sa propre entreprise. Pour les apaiser, il promet d'aller à Harvard reprendre ses études, et de ne plus toucher aux ordinateurs pendant un an.

À vrai dire, Harvard le déçoit. À Lakeside, il était toujours premier en maths. Cette fois, il rencontre plus fort que lui. En conséquence, les études l'intéressent moins, il abandonne toute velléité de devenir mathématicien. Il cherche sa voie : « J'avais l'esprit ouvert. Pourquoi ne pas me lancer dans l'étude du cerveau ? Ou de l'intelligence artificielle ? Ce doit être amusant. Et pourquoi pas dans la théorie des ordinateurs ? Je n'écartais aucune possibilité. »

Mais Bill reste fasciné par l'informatique ; elle vient de permettre à l'Amérique d'envoyer des hommes sur la lune. Il en est sûr, elle va révolutionner le mode de vie de chacun. Comme l'automobile ou l'aviation. Ce n'est plus qu'une affaire de quelques années. Bientôt, chacun aura chez soi son propre ordinateur. Fantastique opportunité !

Paul Allen a trouvé à Boston un job de programmeur chez *Honeywell* ; il vient souvent voir Bill à Harvard. « Paul ne cessait de me répéter : fondons une société, jetons-nous à l'eau. Après, ce sera trop tard, nous aurons manqué le coche. » Bill hésite, craignant de mécontenter ses parents. Un moment, pourtant, ils envisagent de construire leur propre calculateur. Une idée de Paul. Plus porté que Bill sur le matériel, il s'est amusé, enfant, à construire des postes radio en kit. Comme Roland Moreno. Il a travaillé sur des tubes à vide, des transistors. Et même sur des circuits intégrés, pour fabriquer la machine de *Traf-O-Data*. Bill finit par l'en dissuader :

« Ce n'est pas là que nous sommes les meilleurs. Concentrons-nous sur notre point fort. Notre truc à nous, c'est le logiciel.

– Va pour le logiciel, répond Paul. »

Pourtant, cette fois, Bill cale ; il ne se sent pas prêt à franchir le pas. Il reprend ses études, mais sans cette intensité, cette rage de vaincre qu'il manifeste lorsqu'une idée lui tient à cœur. Il se fait mal voir des professeurs en leur posant des colles ou en leur prouvant, au tableau noir, qu'ils se sont trompés dans leur démonstration. Puis il se met à jouer au poker, sa nouvelle obsession ; il lui arrive de rester à la table de jeu vingt-quatre heures de suite.

Au printemps 1974, *Intel* sort son microprocesseur 8080, beaucoup plus puissant.

« Paul et moi, nous nous sommes plongés dans le manuel *Intel*. Les nouvelles puces étaient si bon marché que bientôt elles envahiraient le monde. On trouverait des ordinateurs dans tous les foyers. Comme les postes de télévision. Si les prix chutaient, les gens inventeraient toutes sortes de nouvelles applications. Mais, pour libérer la puissance des machines, il fallait des logiciels. Nous avons écrit à toutes les boîtes d'informatique en proposant de leur écrire une version du basic adaptée à la puce d'*Intel*. Nous n'avons reçu aucune réponse. »

La puce d'*Intel* n'intéresse pas les grands, ni *IBM* ni *Digital Equipment*. Mais, au fin fond de l'Amérique, elle inspire un certain Ed Roberts, un passionné d'électronique qui fabrique des kits pour amateurs. Des télécommandes pour fusées ou modèles réduits de planeurs, des calculettes en pièces détachées à assembler soi-même. L'arrivée en force de *Texas Instruments* a cassé son principal marché, comme dans le cas de Roland Moreno. L'invention des puces par Noyce et Kilby lui donne un second souffle : pourquoi ne pas fabriquer cette fois un kit d'ordinateur ? Les jeunes adorent l'interaction, jouer à cache-cache ou zapper avec une télécommande. Lorsque *Intel* met au point son 8080, Roberts se jette à l'eau. Il annonce la sortie de l'Altair, le premier PC de l'histoire, et lui donne le nom de l'astre sur lequel se rendent les héros de *Planète interdite*.

Paul et Bill, tels saint Paul sur le chemin de Damas, ont alors une révélation. Altair n'a pas de logiciel. Pour changer un caractère, il faut manœuvrer huit interrupteurs et la machine répond en faisant clignoter des lumières rouges. Rien d'étonnant : son cœur, le 8080, est destiné à des applications simples comme piloter des feux de carrefours, plutôt qu'à équiper des ordinateurs. Faute de langage pratique, cette machine à monter soi-même reste une curiosité, un jouet. Pas vraiment un outil. Personne ne peut l'utiliser pour créer un logiciel, une application professionnelle. Aucune importance, pense Roberts, encore axé, comme pour ses modèles réduits, sur le marché des amateurs, des *hobbyists*.

Gates et Allen voient infiniment plus loin. Altair intègre le 8080, donc une grande puissance de calcul. « Que se passera-t-il, se disent-ils, si cette puissance devient accessible et pratiquement gratuite ? Une fois l'information numérisée et stockée, n'importe qui, avec un ordinateur et un accès, pourra en quelques secondes la retrouver, l'évaluer, la remodeler. Il y aura des ordinateurs partout, et le meilleur logiciel raflera la donne. »

Ils décident d'être les premiers à en écrire le logiciel. Les représentants d'*Intel* ont affirmé à Roberts que la puce du 8080 ne pouvait pas intégrer un langage tel que le *basic*. Eh bien, eux, ils parient le contraire. Ils lancent un défi incroyable : comprimer le maximum de fonctions du *basic* pour tenir dans une fraction seulement de la mémoire de l'Altair. Afin de libérer le reste de cette mémoire pour lancer des applications. À quoi bon un langage, s'il ne reste plus assez de place dans la mémoire pour utiliser l'ordinateur ?

« Nous étions au bon moment, dira Paul Allen. Grâce à notre récente expérience, nous avions toutes les ressources pour profiter des circonstances. »

Ils téléphonent à Albuquerque, au siège de *Micro Instrumentation and Telemetry Systems Inc., MITS*, l'affaire de Roberts. Ils bluffent. Ils disposeraient, soi-disant, d'un *basic* pour 8080. En réalité, ils n'en ont pas écrit la première ligne de code ! Puis, sur papier à en-tête *Traf-O-Data*, ils offrent à *MITS* d'équiper ses Altair de ce fameux *basic*, moyennant versement de royalties. Bien sûr, Roberts est intéressé. Bizarre. En essayant de les joindre au numéro de téléphone indiqué sur la lettre, il tombe sur une école privée de Seattle. Personne ne sait quoi que ce soit d'un projet de *basic* pour l'Altair ; on lui demande même ce que cela signifie.

Ce prétendu *basic* adapté au 8080, il reste à le créer. Le plus vite possible. En tout cas avant d'éventuels concurrents. Les deux jeunes se mettent au travail. Jour et nuit. L'idéal, bien sûr, serait de disposer d'un Altair. Malheureusement, l'unique Altair en état de marche se trouve chez *MITS*, au Nouveau-Mexique. Qu'importe, Paul et Bill tournent la difficulté en écrivant sur le PDP de Harvard un programme simulant le fonctionnement du 8080. Et en six semaines, ils bouclent une version du *basic* qui peut tourner sur cet Altair modélisé.

Maintenant, en route pour Albuquerque ! Paul ira faire le test chez le client. Il a moins d'audace que Bill, mais paraît quand même plus âgé. Il emporte la bande perforée sur laquelle ils ont codé leur programme. À l'aéroport, il est accueilli par un gaillard d'un mètre quatre-vingt-dix, et cent cinquante kilos : Ed Roberts, plutôt sceptique devant ce jeunot.

Au garage qui sert d'usine à *MITS*, Paul a un choc : il croyait avoir affaire à une grande société. Il s'en remet bien vite, car par chance, l'Altair est connecté à un télétype ; il va charger directement sa bande perforée sans avoir à effectuer des milliers de manœuvres. Pas besoin non plus de surveiller les clignotants pour connaître la réponse.

« Allen croise les doigts, écrivent James Wallace et Jim Erickson dans *Hard Drive*. C'était la première fois qu'il touchait à un Altair. Une seule erreur en simulant le 8080 sur PDP ou en codant le *basic* et c'était l'échec. »

Le télétype imprime : « Quelle taille de mémoire ? »

Allen tape : « 7 K octets »

Le télétype : « Prêt »

Allen tape alors « 2 + 2 ».

Réponse du télétype : « 4 ».

Soupir de soulagement : l'Altair est donc prêt à recevoir un programme en *basic*. Ça marche du premier coup ! Roberts est impressionné. Le *basic* fonctionne parfaitement.

En juillet 1975, Bill Gates, dix-neuf ans, et Paul Allen, vingt et un ans, créent *Microsoft*. Depuis qu'ils sont parvenus à faire tourner le *basic* sur un micro, ils ne doutent plus de rien. Tôt ou tard, chaque bureau disposera d'un micro utilisant leur langage à eux. Avec ce système, le monde des affaires réalisera les tâches confiées jusque-là aux gros ordinateurs. Ils sont encore seuls à y croire, mais ils y croient sérieusement.

En attendant, ils ont besoin de *MITS* pour vendre leur logiciel. Nos capitalistes en herbe signent avec Roberts un contrat d'exclusivité. *MITS* distribuera l'adaptation du *basic* au *8080* ; *Microsoft* percevra 35 $ par exemplaire vendu et 50 % des ventes de licences de *basic* à d'éventuels constructeurs de micros. Malgré sa jeunesse, Bill a du flair. Il prévoit la façon dont les choses peuvent tourner. Dans la négociation, il devine les questions sous-jacentes encore cachées. Et il glisse des clauses de sauvegarde.

En apprenant que leur fils lâche Harvard pour créer une affaire à Albuquerque, au bout du monde, les parents de Bill sont ulcérés. Sa mère vient d'être nommée régente de l'université du Washington ; de quoi va-t-elle avoir l'air avec un fils qui abandonne Harvard ? S'estimant trop peu compétents en informatique pour le raisonner, Mr and Mrs Gates font appel à une de leurs relations qui possède une affaire de composants électroniques.

Bill déjeune avec ce monsieur. Il lui explique ses ambitions. Loin de le dissuader, l'ami de la famille l'encourage.

« Ma seule erreur, confiera-t-il plus tard, fut de ne pas mettre d'argent dans son affaire *. »

Tandis que *MITS* améliore le matériel, notamment les cartes mémoire, Bill et Paul corrigent les *bugs* et écrivent des programmes pour utiliser l'Altair avec un télétype, une imprimante, un lecteur de bandes perforées, bientôt une disquette. Ils appellent à la rescousse quelques camarades de Lakeside et de Harvard. Tous se prennent pour les apôtres chargés d'apporter le progrès au monde. Tous travaillent sept jours sur sept, dans une ambiance de camaraderie débridée.

Roberts, accompagné parfois de Gates, fait le tour des États-Unis en mobile home – *L'Oie bleue* – équipé pour des démonstrations de l'Altair et de son logiciel. Partout, la caravane attire ingénieurs, techniciens, *hobbyists*. On les encourage à se réunir dans des écoles, des cinémas, pour constituer des clubs d'informatique. Du plus actif de ces clubs sortiront bien des start-up. Il est situé à Menlo Park ; coïncidence : une petite ville de Californie qui porte justement le nom du fameux laboratoire d'Edison.

Le succès appelle le succès. Bill prospecte les industriels qui automatisent des procédés et les constructeurs de micro-ordinateurs qui apparaissent un peu partout. Avec son enthousiasme, son charisme, il leur parle standards, interopérabilité, réduction du temps d'apprentissage. Chaque fois, il réussit à vendre une version du *basic Microsoft*.

Tout en démarchant les pionniers de cette nouvelle industrie, Bill relit chacune des lignes de code rédigées par ses programmeurs et en corrige pratiquement une sur deux.

---

* Cette anecdote, tirée du livre de Daniel Ichbiah : *Bill Gates et la saga de Microsoft*, Pocket, 1995, est ici reprise et adaptée avec l'accord gracieux de l'auteur et de son éditeur.

Avec lui, tout est occasion de défi : écrire un programme avec le minimum d'instructions, ou partir au dernier moment pour attraper l'avion juste avant qu'on ne retire la passerelle. Une nuit, il pénètre avec un collaborateur sur un chantier de travaux publics. Tous deux s'amusent à faire une course de bulldozers. Ils ont vingt ans *.

Cela n'empêche pas Bill Gates de tenir les comptes. De s'apercevoir que les royalties ne suivent pas les ventes de matériel. À cause du piratage : beaucoup de fans affiliés à ces clubs de micro-informatique obtiennent sans bourse délier des copies de logiciels *Microsoft*. Colère de Bill. Bientôt il se calme : grâce à ces indélicatesses, le *MS basic*, le *basic* de *Microsoft*, se répand dans tous les États-Unis. Il devient un standard de fait. « Ce sont les standards de fait qui rapportent de l'argent » proclame-t-il à sa petite bande de copains. C'est vrai, car spontanément, les nouveaux utilisateurs professionnels viennent tous chez *Microsoft*.

Bill entre aussi en conflit avec Roberts. Ces deux fortes personnalités se heurtent à propos de tout et de rien. Bill critique ouvertement le laxisme avec lequel Roberts dirige *MITS*.

« Bill était un enfant gâté, rétorque Roberts, il voulait toujours avoir raison, on ne pouvait pas travailler avec lui. » Et Roberts, qui l'empêche de vendre à *Commodore* et à *Tandy* une adaptation du *basic*, finit par en revendiquer la propriété. Cela dépasse les bornes, c'est la rupture. L'arbitrage prévu au contrat d'association donne raison à Paul et à Bill. Ils reprennent leur liberté et leurs valises et quittent Albuquerque pour installer *Microsoft* à Bellevue, près de Seattle.

---

* Cette anecdote, tirée du livre de Daniel Ichbiah : *Bill Gates et la saga de Microsoft*, Pocket, 1995, est ici reprise et adaptée avec l'accord gracieux de l'auteur et de son éditeur.

En 1980, cinq ans à peine après la sortie de l'Altair, l'Amérique compte près de deux cents marques de PC. Le *basic* de *Microsoft*, avec plusieurs centaines de milliers d'utilisateurs, est devenu un standard. *IBM*, le major de l'informatique, à qui son attentisme a fait perdre une bonne part de marché, décide, dans le plus grand secret, de rattraper les nouveaux venus, en lançant également un ordinateur personnel. Pour créer la surprise, cet IBM PC, baptisé Acorn, le gland, doit être prêt en un an. Afin de gagner du temps, *IBM* cherche à sous-traiter le langage de programmation. Si possible à *Microsoft*, l'éditeur avec lequel le public ciblé est déjà familiarisé. Les acheteurs veulent les mêmes outils que ceux utilisés par les gens avec lesquels ils comptent dialoguer.

Paul et Bill se préparent à l'arrivée d'émissaires d'*IBM*, Big Blue, le géant de l'informatique aux cadres en costume bleu trois pièces. Ils se dépêchent d'acheter des chaussures de ville et une cravate. *IBM* est une grande dame. Son chiffre d'affaires est alors quatre mille fois supérieur à celui de *Microsoft*.

Dès la première réunion, le courant passe bien. D'ailleurs, ces messieurs savent que Mary Gates siège au conseil d'administration de la même œuvre caritative que leur président. *IBM* exige la signature d'un contrat de confidentialité d'apparence léonine. Bill ne s'en offusque pas. Pour réussir, pense-t-il, il est bon de commencer par travailler avec des grands, dans leur ombre.

Outre le langage, le *basic*, *IBM* cherche aussi à sous-traiter, toujours pour tenir son calendrier, le DOS (*Disk Operating System*), le système d'exploitation des disques, le programme qui indique où ranger les données à conserver. Sans DOS, pas moyen de gérer les fichiers, de traiter un texte, d'établir des comptes, de recevoir ou d'envoyer un courrier électronique.

Le principal éditeur de systèmes DOS pour PC est alors *Digital Research*. Lorsque *IBM* débarque chez cette société, à Pacific Grove, en Californie, surprise. Gary Kildall, le patron, pourtant prévenu du rendez-vous, est absent. Sa femme, faute de consignes, refuse de signer l'accord de confidentialité. Sans un mot, les hommes d'*IBM* reprennent l'avion.

Fâcheux pour Bill. Faute de système d'exploitation, Acorn risque de tourner court. Ce ne serait pas la première fois qu'*IBM* abandonne une piste. *Microsoft* perdrait alors toute chance de lui vendre une adaptation du *basic*. Bill tente un formidable coup de poker. Lui, qui n'a jamais encore édité de système d'exploitation, il offre à *IBM* d'écrire celui d'Acorn.

Mais comment *Microsoft* pourra-t-elle fournir à la fois langage et système d'exploitation dans le délai fixé par *IBM* ? Bill sait que, tout près de chez lui, sur l'autre rive du lac Washington, *Seattle Computer Products* a écrit un système d'exploitation pour micros. Rien d'extraordinaire, mais cela demande du temps. Le temps, c'est justement ce que Bill cherche à acheter, ne pouvant tout faire à la fois. Il acquiert une licence auprès de *Seattle Computer Products*, en lui cachant, bien sûr, le nom de son propre client. À toutes fins utiles, il embauche aussi l'ingénieur qui a écrit le programme. Et, un jour, il finit par acquérir l'entière propriété du système, sans avoir dévoilé son jeu.

Bill et Paul connaissent vraiment leur sujet. Impressionnant. Chez leurs partenaires, ils suscitent un tel climat de confiance que, le 6 novembre 1980, *IBM* appuie toute sa stratégie sur ces deux jeunes de vingt-cinq et vingt-sept ans. Et leur confie à la fois le langage et le système d'exploitation de son IBM-PC. Encore plus fort, les termes de l'accord autorisent *Microsoft* à revendre ailleurs le MS-DOS développé pour et avec *IBM*. Fabuleux !

Car Acorn va remporter un succès foudroyant. Du coup, son système d'exploitation devient, comme le *basic*, un standard, un point de passage obligé. Tenus d'offrir des matériels compatibles, l'un après l'autre tous les autres constructeurs d'ordinateurs personnels se fournissent chez *Microsoft*.

IBM a gagné son pari, mais elle a aidé Gates et Allen à faire de *Microsoft* un géant, à créer, comme Ford, toute une industrie à partir de ce qui n'était au départ qu'un jeu, un instrument de loisirs.

Bill Gates s'inscrit dans le droit fil de l'implacable Gutenberg ; dans Windows, même passion du traitement de texte que dans les *Lettres d'indulgences*. Roland Moreno, avec les soudures de son poste à galène et les fils d'or de sa puce encartée, rappelle aussi le maître orfèvre de Mayence ; d'ailleurs, n'est-il pas lui aussi fondeur de monnaie ?

Moreno et Gates disposent en outre du bien le plus précieux : ils ont encore l'avenir devant eux et n'ont pas fini d'inventer. Ils nous ouvrent la route du futur.

BIBLIOGRAPHIE

.Gutenberg

Gutenberg and the Master of the Playing Cards, Lehmann-Hapt, 1960.

Gutenberg et l'invention de l'imprimerie : une enquête, Guy Bechtel, Fayard, 1992.

Johann Gutenberg, the Man and his Invention, Albert Kapr, 1996.

Johannes Gutenberg, sein Leben und sein Werk, Aloys Ruppel, 1967.

L'Apparition du livre, L. Febvre et H.-J. Martin, Albin Michel, 1999.

Théophraste Renaudot

Histoire de France à travers les journaux du temps passé, A. Rossed, À l'enseigne de l'arbre verdoyant, 1982.

Histoire de l'édition française (t. I) Martin, Chartier et Vivet, Promodis.

L'Illustration, 1885 et 1893.

Mémoires apocryphes : Renaudot, Christian Bailly.

Traité des pauvres, Théophraste Renaudot.

Un oublié : Théophraste Renaudot, G. Bonnefont.

Un témoin au temps de Louis XIII et de Richelieu, Christian Bailly.

Documentation du Musée Renaudot et de l'Association des Amis de Renaudot, 86200 Loudun.

Claude Chappe

Claude Chappe, Ernest Jacquet, 1893.
Histoire de la télégraphie, Chappe l'aîné, 1840.
La Télégraphie Chappe, de Saint-Denis, Charbon et Contant.
Le Mécanisme du télégraphe Chappe, Olivier, 1986.
Le Télégraphe aérien en France (1690-1856), Charbon.
Télégraphie optique et Claude Chappe, Gachet.

André Marie Ampère

A.-M. Ampère : Enlightment & Electrodynamics, James Hofman, 1995.
Le Grand Ampère, de Launay, 1925.

Samuel Morse

Life of Samuel Morse, S.-B. Prime, 1875.
Samuel Morse, Paul Staiti, 1990.
The American Leonardo – A Life of Samuel Morse, Carleton Mabee.

Robert-Houdin

Confidences d'un prestidigitateur, Robert-Houdin, 1858.
Notes sur les radiations lumineuses, Robert-Houdin, 1869.
Robert-Houdin à Saint-Gervais, L. Chesneau, 1932.
Robert-Houdin ophtalmologiste, Dr Guy Henry, 1943.
Robert-Houdin, le magicien de la science, A. Keime-Robert-Houdin, 1986.
Vie et secrets de Robert-Houdin, Michel Seldow, 1959.

Charles Cros

Charles Cros, inédits et documents recueillis et présentés par Pierre-E. Richard, Atelier du Gué et Jacques Brémond, 1992.
Charles Cros, Louis Forestier, Seghers, 1972.
L'Illustration, 1920 et 1927.
Association « Les Amis de Charles Cros », 11200 Fabrezan.

Thomas Edison

Edison : the Man and his Work, George Bryan, 1926.
Edison, Matthew Josephson, 1959.
Edison, W.A. Simonds, 1935.
My Friend, Mr Edison, Henry Ford et Samuel Crother 1930.
Thomas Edison, Chemist, Byron Vanderbilt, 1971.
Thomas Edison, F.T. Miller, 1932.
Thomas Edison, Mary Nerney, 1934.

Alexander Graham Bell

Alexander Graham Bell, Catherine Mac Kenzie 1928.
Alexander Graham Bell, the Conquest of Solitude, Robert Bruce, 1973.
The History of the Telephone, Herbert Casson, 1910.

Georges Méliès

Georges Méliès, l'illusionniste fin de siècle, J. Malthête et M. Marie, Presses de la Sorbonne Nouvelle.
Histoire générale du cinéma, Georges Sadoul (t. I & II) Denoël.
Lumière – Méliès, Georges Sadoul, L'Herminier, 1985.
Méliès l'enchanteur, Madeleine Malthête-Méliès, Ramsay.
Allocution au gala Méliès du 16.12.1929.

Robert Moreno

De la puce à l'oreille, Claude de Narbonne-Fontanieu, 1989.
L'Argent invisible, Laurent Chemineau, 1987.
La Carte à puce, Jean Donio, Jean Leroux les Jardins, Édouard de Roca, Malika Verstrepen, 1999.
La Théorie du bordel ambiant, Robert Moreno, 1990.
Les Cartes à mémoire, AXIS, 1987.
Les Cartes à microcircuit, Guez, Robert et Lauret, 1988.
Les Systèmes électroniques de paiement, Jean-Pierre Toernig, 1991.

Bill Gates

Barbarians led by Bill Gates, Eller et Edstrom, 1998.
Bill Gates et la saga de Microsoft, Daniel Ichbiah, 1995.

Bill Gates et le phénomène Microsoft, James Wallace et Jim Erickson, 1993.

La Route du futur, Bill Gates, Nathan Myhrvold et Peter Rinearson, 1995.

Microserfs, Douglas Coupland, 1996.

Overdrive, James Wallace, 1997.

Ouvrages généraux

Histoire de la communication moderne, Flichy, 1991.

La Possession de Loudun, Michel de Certeau, 1970.

Les Inventeurs et leurs inventions, Jean Henri Fabre, 1881.

Les Merveilles de la science, Figuier, 1868.

Naissance d'un nouveau pouvoir : sciences et savants en France de 1793 à 1824, N. et J. Dhombres

Télégraphes et téléphones, de Valmy au microprocesseur, Catherine Bertho.

TABLE

Cet ouvrage a été imprimé par la
SOCIÉTÉ NOUVELLE FIRMIN-DIDOT
Mesnil-sur-l'Estrée
pour le compte des Éditions Tallandier
en avril 2001

Composition Express Compo
27110 Le Neubourg